Simon Hadler

WIRKLICH WAHR!

Die Welt zwischen Fakt und Fake

Mit Illustrationen von
Stefan Rauter

Deuticke

Textnachweis:
Douglas Adams *Per Anhalter durch die Galaxis*
Copyright © 2017 by Kein & Aber AG Zürich–Berlin
Douglas Adams *The Hitchhiker's Guide to the Galaxy*
published by Pan Books Ltd, London Copyright ©1979 by
Completely Unexpected Productions Ltd

1 2 3 4 5   21 20 19 18 17

ISBN 978-3-552-06350-1
Alle Rechte vorbehalten
© Deuticke im Paul Zsolnay Verlag Wien 2017
Satz: Eva Kaltenbrunner-Dorfinger, Wien
Druck und Bindung: CPI books GmbH, Leck
Printed in Germany

MIX
Papier aus verantwortungs-
vollen Quellen
FSC® C083411

Für Jonas, Jan und Birgit

»Mein ganzes Leben hatte ich das komische, unerklärliche Gefühl, irgendwas ginge vor in der Welt, irgendwas Gewaltiges, vielleicht sogar Böses, und niemand könne mir sagen, was das sei.«

»Nein«, sagte der Alte, »das ist nur eine ganz normale Paranoia. Die hat jeder im Universum.«

»Jeder?«, fragte Arthur. »Na, wenn das jeder hat, vielleicht bedeutet das irgendwas! Vielleicht dass irgendwo außerhalb des Universums …«

»Vielleicht. Wen kümmert's?«, sagte Slartibartfaß, ehe Arthur noch weiter in Fahrt kommen konnte. »Vielleicht bin ich zu alt und zu müde«, fuhr er fort, »aber ich glaube halt, dass die Chancen herauszufinden, was wirklich vor sich geht, so lächerlich klein sind, dass man sich bloß sagen kann: Schlag's dir aus dem Sinn und sieh zu, dass du was Nützliches tust.«

Aus dem
Hitchhiker's Guide to the Galaxy
von Douglas Adams

Inhalt

VON RELATIONEN UND RELATIVIERUNGEN

ALLTÄGLICHKEITEN

GUT GELAUNTER SKEPTIZISMUS

WISSENSDURST UND BILDERRAUSCH

Digitale Windmühlen

Eine Rittersfrau mit Kettenweste, Rüstung und gleißend weißer Feder auf dem Helm galoppiert in Richtung Burg. Von ferne sieht man sie, von ferne hört man sie. Das Pferd dampft und schnaubt, die Kettenweste glitzert und scheppert, die Hufe klappern in einem Rhythmus, der klingt, als würde das Tier eine Botschaft steppen: »Fak-ten, Fak-ten, Fak-ten.« Der Aussichtsposten ist außer Rand und Band, seine Stimme überschlägt sich: »Sie kommt, sie kommt!« Er braucht ihren Namen nicht zu nennen, denn das Volk weiß, auf wen es seit langer Zeit voll Sehnsucht wartet: die Wahrheit. Ihr Helm ist geformt wie ein Smiley, den Brustharnisch ziert ein rotes Facebook-Herz, und der Schild, in Blau gehalten, zeigt einen weißen »Daumen hoch«. Sie ist es, die Erlöserin, deren Lanze den Namen »Daten« trägt und deren Schwert »Zahlen« gerufen wird. Wenn erst sie über den Burgfrieden wacht, dann wird alles gut. Zermalmt werden die Legionen der Lügenpresse, aufgerieben die Phalanx der Politschickeria, in die Flucht geschlagen die Garnisonen der Gutmenschen, aber auch den Regimentern der Rechtspopulisten und den Prolos von der postfaktischen Fraktion geht es an den Kragen. So schön könnte die Welt sein.

Könnte. Wäre da nicht Miguel de Cervantes, der ritterliche Heldenepen als Fake News enlarvt hatte – denn seit Don Quijote wissen wir, dass sich eine blutige Nase holt, wer die Märchen der mediatisierten Welt im Alltag nachspielt, und dass sich zum Idioten macht, wer gegen Windmühlen kämpft, die er für Ungeheuer hält. Wohlmeinende Freunde hatten dem Ritter von der traurigen Gestalt seine Bibliothek zugemauert, und so manchem Zeitgenossen würde man gerne einen Hamster schicken, der das Kabel des WLAN-Modems durchknabbert. Don Quijote nahm das Gelesene allzu ernst, er konnte nicht in Liebesabenteuern schwelgen und sich in siegreiche Ritter hineinversetzen, ohne zu vergessen, dass es sich dabei um Fiktion handelt. In seinem Kopf schuf die Romantik Realität und der Furor der Wagemutigen Wirklichkeit. Er kam da einfach nicht mehr raus.

Heute sind es nicht Rittergeschichten, sondern Räuberpistolen, die Menschenmassen glauben lassen, inmitten eines Glaubenskrieges zu leben. Die Schlagzeilen der Boulevardmedien insinuieren den Untergang des Abendlandes, das

Versinken der Welt in Terror und Kriminalität. Qualitätsmedien reden ebenfalls den Untergang des Abendlandes herbei – und zwar mit der Argumentation, dass Boulevardmedien und rechtspopulistische Politiker den Untergang des Abendlandes insinuieren und zu viele Menschen darauf hereinfallen, weshalb die Welt am Rande des Abgleitens in Faschismus und Krieg stehe. Leser von Boulevard- und Qualitätsmedien eint das Narrativ, dass es erstens eine unzweifelhafte Wahrheit gibt; zweitens, dass sie selbst die Wahrheit kennen; und drittens, dass sich der Kampf um die Durchsetzung der Wahrheit lohnt, obwohl er Opfer fordert, allen voran die Gelassenheit, immerhin zentrale Ingredienz eines dauerhaft zufriedenen Lebens. Es ist auf den ersten Blick paradox, dass die Weltflucht des Don Quijote und des postmodernen Menschen in virtuelle Kriege führt und nicht auf Blumenwiesen samt Blümchensex. Und dennoch ist der Eskapismus vom Eskapismus keine Option, das Internet lässt sich nicht einmauern wie eine Bibliothek.

Auf der Suche nach einer Immunisierung gegen die Don-Quijoterie des 21. Jahrhunderts kann man nach Ursachen fahnden, von denen es eine ganze Reihe gibt, wobei ich zwei für zentral halte: Langeweile und Verdrängung. Warum nicht Angst, sondern Langeweile, davon wird später die Rede sein; zunächst zur Verdrängung.

Dem Tode geweiht

Der deutsche Philosoph Michael Schmidt-Salomon gibt in seinem Buch »Hoffnung Mensch« die folgende Anekdote aus seiner ersten Zeit als Uni-Lektor wieder. Ordentlich reinknallen wollte er im Hörsaal – und hörte tatsächlich einen Knaller, als er fertig war: Eine Studentin rutschte vom Sessel und fiel auf den Boden, nachdem sie heftig zu hyperventilieren begonnen hatte. Was war passiert? Womit hatte er sie so sehr aus der Bahn geworfen? Schmidt-Salomon setzte dem Auditorium auseinander, in anderen Worten, aber trotzdem klar und deutlich, dass die Menschheit austrocknet und/oder verglüht, weil, an der Geschichte des Universums gemessen, schon bald der Abstand zwischen Sonne und Erde so sehr abnimmt, dass an menschliches Leben nicht mehr zu denken sein wird.

Auf lange Sicht gesehen ist es also herzlich egal, was irgendjemand von uns tut oder sein lässt. Am Ende wird sich niemand daran erinnern können, dass es jemals Menschen gegeben hat, daran, was Liebe ist, Fußball, ein Buch oder ein Glas Wein. Es ist ja schon die große Zumutung des Lebens, sich der eigenen Endlichkeit bewusst zu sein, wenn man nicht mit einem religiösen Jenseitsglauben gesegnet ist. Immerhin hat Kant für das Individuum weltlichen Trost parat: »Wer im Gedächtnis seiner Lieben lebt, ist nicht tot. Er ist nur fern. Tot ist nur, wer vergessen wird.« Aber die ganze Menschheit? Wir werden so etwas von vergessen sein. Wir werden nicht einmal vergessen sein, weil es niemanden mehr gibt, der uns vergessen haben könnte.

Es gibt jede Menge postapokalyptische Science-Fiction-Filme und -Bücher, die eine Welt heraufbeschwören, in der kümmerliche Reste der Menschheit wegen einer vernichtenden Seuche unter der Erde vor sich hin vegetieren (»Twelve Monkeys«), marodierend durch die rußverschmierten Lande ziehen (»The Road«) oder nach einem Meteoriteneinschlag in der Wüste Faschismus spielen (»Tank Girl«). Aber in all diesen Büchern und Filmen spielt nach wie vor der Mensch eine Rolle.

Den entscheidenden Schritt weiter geht der österreichische Regisseur Nikolaus Geyrhalter in seiner Dokumentation »Homo Sapiens«. In rund zwanzig Sekunden langen Einstellungen werden Orte gezeigt, die der Mensch verlassen hat: Wohnsiedlungen, die zugewuchert sind; eine McDonald's-Filiale mit eingeschlagenen Scheiben und Farnen vor dem Schaufenster; ein OP-Saal; eine Kathedrale; ein Schokoladenautomat mitten im Dschungel; ein Observatorium, das erblindet ist; jede Menge Industrieruinen. Dazu die Geräuschkulisse: Vögel zwitschern, Bienen summen, der Wind bläst durch die Bäume, Regen prasselt auf verlassene Atomreaktoren, Tiergeräusche hallen durch leere Räume, Wasser plätschert, Tropfen fallen. Man darf sich die posthumane Zukunft nicht als Stille vorstellen, zumindest nicht so, als habe jemand den Ton ausgeschaltet, nur weil es keine Menschen mehr gibt, die hören könnten. Die Zukunft, so viel ist sicher, gehört nicht den Menschen, sie gehört den Farnen, dem Moos, den Insekten, dem Wasser. Es ist eine schöne Welt und gleichzeitig die größtmögliche Zumutung für den menschlichen Betrachter. Sie schmettert ihm entgegen: Du bist irrelevant.

Alles läuft also darauf hinaus, dass wir eine Welt der Ruinen hinterlassen werden, zugewuchert von Farnen. Wer will da noch vom Sinn des Lebens sprechen? Jeder von uns kommt zur Welt, stirbt am Ende und weiß das auch. Und dazwischen – dazwischen lenken wir uns von diesem Wissen, von dieser Zumutung ab. Der brasilianische Medienphilosoph Vilém Flusser hat das so formuliert: »Die menschliche Kommunikation ist ein Kunstgriff gegen die Einsamkeit zum Tode.« Er meint damit nicht, dass man sich die letzten sieben Staffeln seiner Lieblingsserie noch ein zweites Mal ansehen sollte, um endlich das Bild von sich selbst im Sarg aus dem Kopf zu bekommen. Er spricht von der Verlorenheit des Menschen, der dadurch, dass er sich im Zuge der Menschwerdung seiner selbst bewusst geworden ist, aus der Selbstverständlichkeit, aus dem Einfach-nur-so-Sein, aus der Welt der Tiere katapultiert wurde; einer Welt, in die es kein Zurück gibt, wie der britische Tierarzt, Rechtsanwalt, Ethiker und Philosoph Charles Foster eindrucksvoll gezeigt hat. Monatelang versuchte er, wie ein Dachs zu leben, ließ sich im Wald einen Bau ausheben, schlief bei Wind und Wetter auf dessen Erdboden, fraß eine Unzahl von Würmern, ging nur nachts und nur auf allen vieren nach draußen und orientierte sich nach dem Geruch. Das Experiment veränderte Fosters Perspektive buchstäblich und damit auch seinen Blick auf sich selbst, die Menschheit und die Natur; das Experiment war also gewinnbringend, auch wenn Foster zugab: In den Kopf eines Tieres konnte er sich nicht hineinversetzen. Der evolutionäre Schritt zurück ist uns verstellt. Manche Tiere haben zwar ein Bewusstsein, aber eine Reflexion ihrer selbst samt Blick in eine weitere Zukunft ist ihnen nicht möglich. Dieser Unterschied ist entscheidend.

Der Mensch ist mit einem solchermaßen ausdifferenzierten Bewusstsein gesegnet – oder bestraft. Er ist dazu verdammt, sich zu überlegen, was er mit sich anfangen soll. Das ist, vereinfacht gesagt (Flusser hat eine ganze »Kommunikologie« entworfen), die Einsamkeit, die Unsicherheit, mit der ein Mensch klarkommen muss, von der er sich ablenkt mit Kommunikation – sei es zwischenmenschlich, sei es Kultur, seien es empörte Social-Media-Einträge, in denen die jüngste politische Entwicklung kommentiert wird. Die Ablenkung will eine intensive sein, weil eben: wofür das Ganze, wenn man am Ende ohnehin stirbt?

So widersprüchlich das klingt: Trotz dieser Einsamkeit ist das Individuum nicht allein. Schon früh haben sich Menschen aus pragmatischen Gründen dazu entschlossen, in Gruppen zu leben, obwohl das lästig ist, wie jeder weiß, der eine Familie hat und einen Arbeitsplatz und so weiter. Gruppen sind organisiert – und den Regeln der Organisation liegen Prämissen zugrunde, die zuvor entweder gesellschaftlich ausverhandelt wurden oder sich im Zusammenleben ausdifferenziert haben. Die Summe dieser Prämissen nennt man »Moral« – und sie wurde nicht erst mit dem Aufkommen von Facebook erfunden, damit sich Hassposter und Hassposter-Hasser mit der Moralkeule gegenseitig erschlagen können.

Von Keulen, Moral, Angst und Sex

Allein dem wütenden Mammut mit einer primitiven Steinwaffe gegenüberzustehen ist keine gute Idee, da wird der Jäger rasch zum Gejagten, gemeinsam hingegen hat man die Chance, zu überleben und den Koloss sogar zu erlegen. Auch das Sesshaftwerden war arbeitsteilig leichter: Die Felder wollten bestellt, Tiere versorgt, Früchte der Natur gesammelt werden – und irgendjemand musste Behausungen bauen, jagen, die Kinder großziehen, kochen und sich um den Haushalt kümmern. Schon bald stellte sich heraus, dass es beim Zusammenleben Regeln braucht. In seinem Buch »Die Naturgeschichte der menschlichen Moral« hat Michael Tomasello, der Direktor des Leipziger Max-Planck-Institutes für evolutionäre Anthropologie, akribisch nachgezeichnet, wie sich die zunächst ungeschriebenen Gesetze der Kooperation entwickelt haben. Wie so oft im Leben geht es dabei nicht zuletzt um Sex.
Jeder will sexy sein. Wer sexy ist, wird begehrt und hat mehr Sex. Mehr Sex ist besser als weniger Sex, weil wir beim Sex Lust empfinden, weil ein Orgasmus geil ist, was die Natur wiederum aus Gründen der Arterhaltung so eingerichtet hat. Aber wer ist sexy? Die Menschheit hat 95 Prozent ihrer Existenz in Jäger- und Sammlergesellschaften verbracht, in denen die Kooperation besonders wichtig war. Wer sich kooperativ verhielt, der war wertvoll für die Gruppe und wurde von der Gruppe beschützt und unterstützt. Wer unkooperativ war, lief Gefahr, ausgestoßen zu werden. Bei der Partnerwahl galten also kooperative Individuen als attraktiv – sie versprachen für die ganze Familie Sicherheit. Das schließt einen Anteil an Egoismus nicht aus, weil ja nur der für die Gruppe

etwas tun kann, der körperlich dazu in der Lage ist, was in den meisten Fällen bedeutet: Fitness ist sexy. Und um fit zu sein, muss man genügend essen, mit anderen teilen ist da nicht immer die beste Option.

Tomasello verteidigt in seinem Buch auch zu Recht das Mitgefühl als Strategie eigennütziger Interessen. Wo ist das Problem, wenn jemand Gutes tut, um damit angeben zu können? Das sind zwei Fliegen mit einer Klappe. Ans Ende seiner Überlegungen stellt er schließlich den Appell, die Tatsache zu feiern, dass sich die Entwicklung der Moral, die das Wohl der Allgemeinheit über den kurzfristigen Lustgewinn des Einzelnen stellt, als gut für die Menschheit und gut für das Individuum herausgestellt hat. Kein schlechter Grund für eine Party, zumal diese Erkenntnis durch Datenmaterial gesichert ist. Steven Pinker hat das in seinem Buch »Gewalt. Eine neue Geschichte der Menschheit« eindrucksvoll dargelegt: Die Gewalt wird historisch gesehen immer weniger, ausgehend von den Jäger- und Sammlergesellschaften über Antike und Mittelalter und quer durch das 20. Jahrhundert bis zur heutigen Zeit, dem Terrorismus und den Kriegen zum Trotz. Noch nie gab es so wenig Gewalt. Das ist bemerkenswert angesichts der Berichterstattung der Medien, die den Eindruck vermittelt, dass einem jederzeit der Schädel eingeschlagen werden kann, wenn man das Haus verlässt – sofern das Haus zuvor nicht schon von Terroristen weggebombt worden ist.

Zurück zu den zwei Gruppen, die eingangs erwähnt wurden. Den einen, die »Lügenpresse« schreien, ihren nationalen Identitäten nachtrauern und sich geknechtet fühlen, und den anderen, die über eine »postfaktische Gesellschaft« jammern und die Moral im Niedergang sehen. Was die gesamte Debatte in Schieflage bringt, ist die Tatsache, dass der Konflikt nicht entlang der Trennlinie moralisch/amoralisch verläuft, sondern zwischen zwei unterschiedlichen Formen von Moral. Beide Gruppen wähnen sich selbst moralisch. Traditionell galt das Gebot der Kooperation ausschließlich der eigenen Gruppe. Man half einander – und erschlug gemeinsam die Gegner, ohne dabei von Gewissensbissen geplagt zu werden. Im Urchristentum gab es Gegentendenzen, und auch im Buddhismus, aber erst mit Beginn der Aufklärung begann sich eine andere Form von Moral durchzusetzen, nämlich eine, die alle anderen Gruppen auch einschließt, gipfelnd in der allgemeinen Erklärung der Menschenrechte im Jahr 1948: »Alle Menschen sind frei und gleich an Würde und Rechten geboren.«

22

Dieser Gedanke ist evolutionär nicht verankert, er ist revolutionär. Man muss ihn sich erarbeiten, er verbreitet sich nur langsam.

Worin besteht nun die Schieflage? Jene, die den Gedanken der gleichen Rechte für wirklich alle verinnerlicht haben, sprechen dem Rest der Gesellschaft jegliche Moral ab, weil viele von diesem großen »Rest der Welt« Parteien wählen, die mit Slogans wie »Unser Volk zuerst« werben. Aber auch dieser »Rest der Welt« agiert großteils moralisch. Sie helfen den Nachbarn, wenn diese Hilfe brauchen, ermahnen ihre Kinder, niemanden zu schlagen, sie bringen sich bei der freiwilligen Feuerwehr oder der Rettung ein und machen bei der Organisation von Schulveranstaltungen mit. Sie wollen sich *die Moral an sich* nicht absprechen lassen, nur weil ihre Moral über die Grenzen der eigenen Gruppe nicht hinausgeht – und schlagen nun wild um sich, weil sie unter Druck geraten sind. Die anderen schauen umso oberlehrerhafter auf sie herunter, ignorieren ihre Bedürfnisse und nehmen ihnen die Würde, anstatt immer wieder die eigentliche Frage auf Augenhöhe zu diskutieren: Was kostet es uns wirklich, die alte, gruppenbezogene Moral gegen die neue, auf die ganze Menschheit ausgeweitete zu tauschen – und was bringt es uns? Im Sinne der Aufklärung sind die Medien gefordert, moralisch zu handeln und diesen Diskurs auf Augenhöhe zu ermöglichen. Denn die Polarisierung der Gesellschaft verläuft nicht zwischen Arm und Reich, zwischen Verlierern und Gewinnern, zwischen Ungebildeten und Gebildeten, sie verläuft zwischen Anhängern einer Moral vor der Aufklärung und einer Moral nach der Aufklärung.

Gewichtige Argumente für die weitere Globalisierung der Moral anstatt ihrer Re-Regionalisierung sind die Verhinderung von Kriegen und zuvorderst der Umweltschutz, bei dem jedes Land für sich genommen hilflos ist und die ganze Welt die moralischen Verfehlungen, die Egoismen einzelner Länder ausbaden muss (wie anhand von Statistiken im weiteren Verlauf des Buches noch gezeigt wird). Doch die Globalisierung ist zum Reizwort geworden für beide Seiten. Die einen kritisieren die Vermischung der Kulturen und den Verlust von Arbeitsplätzen im eigenen Land, die anderen sehen nach der Ablöse des Kolonialismus durch den Postkolonialismus ausbeuterische Verhältnisse und eine Globalisierung lediglich der Geldflüsse – nicht jedoch der Werte der Aufklärung.

Es lohnt sich, einen Schritt zurückzutreten und die Fakten von außen zu betrachten. Das Erstarken staatlicher Institutionen und deren Einbettung in ein internationales Netzwerk haben zu einer schrittweisen Demokratisierung der Welt geführt, deren Meriten sich durchaus in Zahlen messen lassen. Die Lebenserwartung steigt kontinuierlich – auch in den ärmsten Ländern Afrikas –, die Alphabetisierung schreitet ebenfalls voran, und es leben weltweit immer weniger Menschen in bitterster Armut. Das soll nicht darüber hinwegtäuschen, dass viele Fehler gemacht wurden und werden. So führt die Globalisierung etwa durch den Fall von Handelsbarrieren zur Zerstörung von lokalen Märkten in Afrika, und in asiatischen Billiglohnländern schuften Menschen unter sklavenähnlichen Bedingungen, damit im Westen beim Discounter T-Shirts um den Gegenwert eines Kilos Brot verkauft werden können. Der Hunger grassiert weiter, und der Klimawandel schreitet munter voran. Zu Recht werden hier gewissenlose Konzernchefs und die absichtsvoll desinteressierten Profiteure unter den Anlegern genauso wie geizige Kunden an den Pranger gestellt. Aber unterm Strich, wenn man die Statistiken sprechen lässt, geht es den Menschen heute besser als früher.

Das gilt umso mehr für Industrienationen: Weil die zehn Prozent der Reichsten ganz besonders viel dazugewonnen und sogar von der Finanzkrise des Jahres 2007 noch profitiert haben, ist von dem dramatischen und immer weiteren Auseinanderklaffen der Schere zwischen Arm und Reich innerhalb einzelner Länder die Rede. Und wieder: zu Recht! Aber Faktum ist auch: Dem überwiegenden Großteil der Menschen geht es heute besser als früher, gemessen an Einkommen, Gesundheit und Lebenserwartung sogar besser denn je. 1999 lebten 29 Prozent der Weltbevölkerung unter der Armutsgrenze, 2015 waren es nicht einmal mehr zehn Prozent (Zahlen der Weltbank). Das ist ein Sieg der Moral im Sinne der Aufklärung.

Was zur zweiten Ursache für das führt, was eingangs die Don-Quijoterie des 21. Jahrhunderts genannt wurde, also dem Schattenfechten zwischen Apologeten der »Lügenpresse« und Proponenten der »postfaktischen Gesellschaft«, die beide den Untergang des Abendlandes beklagen: Neben der Verdrängung des Todes ist es die Langeweile, die uns den Alltag als Krieg inszenieren lässt. Denn mit dem tatsächlichen Ringen um die eigene Existenz geht die allererste Triebkraft unseres Tuns verloren. Angst, berechtigte Angst spielt bei jener Minderheit eine Rolle, die von der Gesellschaft immer weiter abgehängt wird: alten Menschen mit geringen Pensionen, »Bildungsfernen«, über Fünfzigjährigen und schlecht ausgebildeten Jungen ohne Job, alleinerziehenden Müttern ohne finanziell abgesichertes Umfeld, chronisch Kranken, Menschen mit psychischen Problemen. Jenen also, die erstens als »manifest arm« beziehungsweise »akut armutsgefährdet« gelten und die zweitens wenig Perspektive haben, dass sich ihre Situation verbessert. Dass *sie* empfänglich sind für die Gesänge der Sirenen, für das Krakeelen der Rechtspopulisten, darf nicht weiter verwundern. Die bieten zwar ausschließlich rhetorisch Unterstützung an, aber immerhin: »Wir haben euch nicht vergessen!« Es geht hier nicht um rationale Argumente. Was für ein schönes Gefühl! Sie haben uns nicht vergessen. Wer wirklich wenig hat, der kann sich in solche Worte kuscheln wie in eine Daunendecke an einem Februarmorgen. Die kalten Fakten der Rationalisten wärmen hingegen nicht. Das »Wir haben euch nicht vergessen« wirkt wie das beruhigende »Schschsch, schschsch, schschsch« einer Mutter, die ihr Kind in den Schlaf streichelt, wenn es wegen eines Albtraums aufgewacht ist. Kommt der Vater statt der Mutter und referiert über die physikalisch-biologische Unwahrscheinlichkeit der Existenz eines Monsters, versteht das schlaftrunkene Kind schon einmal die Hälfte des Vortrages nicht, wird emotional weiter alleingelassen und noch dazu als Trottel hingestellt, weil es an so etwas Irrationales wie Monster glaubt. Scheiß auf die Fakten! So weit, so verständlich.

Nur: eine kleine Minderheit? US-Präsident Donald Trump wurde von knapp unter fünfzig Prozent der Bevölkerung gewählt, was aufgrund der Wahlarithmetik für eine Inauguration reichte. Norbert Hofer, der unterlegene Präsidentschaftskandidat der rechtsnationalen FPÖ, erhielt in Österreich fast die Hälfte der Stimmen. Die stramm autoritär regierenden Populisten Wladimir Putin und Recep Tayyip Erdoğan werden in Russland bzw. der Türkei mit satter Mehrheit gewählt – und Erdoğan ließ sich im April 2017 sogar die Ausweitung seiner Machtfülle per Referendum absegnen. Die rechtsradikale AfD bekam im März 2016 in Deutschland bei drei Landtagswahlen von besonders vielen Arbeitslosen ihre Stimmen – obwohl die Partei plant, Arbeitslosenversicherungen zu privatisieren, was bedeuten würde, dass viele dieser Wähler kein Arbeitslosengeld mehr beziehen könnten. Aber die Kriegsrhetorik kam gut an; sogar im Bedarfsfall auf Flüchtlinge an der Grenze scharf zu schießen wurde vorgeschlagen. Der Philosoph Byung-Chul Han schreibt in seinem Buch »Die Austreibung des Anderen. Gesellschaft, Wahrnehmung und Kommunikation heute«: »Auch Immigranten und Flüchtlinge sind in Wirklichkeit keine Anderen, keine Fremden, bei denen man eine reale Bedrohung, eine wirkliche Angst empfände. Sie existiert nur im Imaginären. Immigranten und Flüchtlinge werden eher als Belastung empfunden. Ihnen gelten als möglichen Nachbarn Ressentiment und Neid, die im Gegensatz zu Furcht, Angst und Ekel keine echte immunologische Reaktion sind. Die fremdenfeindliche Masse ist zwar gegen die Nordafrikaner, aber sie macht Pauschalurlaub bei ihnen.« Und selbst der Neid ist faktisch nicht gerechtfertigt. In einer ersten Übergangsphase kosten die Flüchtlinge, wie ich für Österreich in »Die Angst vor dem ›Ansturm‹« vorgerechnet habe, den einzelnen Bürger im Durchschnitt allerhöchstens 200 Euro im Jahr – wobei Geringverdiener selbstredend weit weniger bezahlen, weil sie weniger Steuern entrichten müssen.

Auf dem Höhepunkt der sogenannten »Flüchtlingskrise« im Jahr 2015 saß ich in Wien mit einem Mann zusammen, der besser als jeder andere weiß, dass die Armut, das Leid und auch die Angst der zehn Prozent mit dem geringsten monatlichen Einkommen real sind. Martin Schenk ist nicht nur ein Theoretiker und Analytiker, der packende Bücher über die Themen der Zeit schreibt, er ist auch stellvertretender Direktor der Diakonie, die dort hilft, wo der Staat versagt, wo echtes Elend vorherrscht. Schenk ist in den Medien als Mahner dauerpräsent, er wird nicht müde, den Ärmsten eine Stimme zu geben. Schenk schalt mich wegen des Titels meines Buchs, namentlich wegen der »Angst«, die dem »Ansturm« vorangestellt ist. Dem »Ansturm« hatte ich Anführungszeichen gegönnt, der »Angst« nicht: »Es ist keine Angst!« Schenk argumentierte wie Byung-Chul Han mit Missgunst und Neid, aber auch mit empfundener Ohnmacht und Kränkung, mit Beschämung angesichts versagter Anerkennung. Neunzig Prozent der Österreicher hätten keine Angst.

Der Neid aber gehört zur Familie der Angst, er ist der unsympathische kleine Bruder der Existenzangst; es geht um die Befürchtung, zu kurz zu kommen im Vergleich zu anderen. »Und was bleibt für uns Österreicher?«, war wie ein Mantra 2015 zu hören. Meine Antwort mit den maximal 200 Euro pro Jahr an Kosten für den Einzelnen und meine Beweisführung, wie viele Milliarden Euro für die Österreicher übrig bleiben, wurden zur Kenntnis genommen, aber ignoriert. Auf Facebook hatte ich es schon einmal gelesen, jetzt schmetterte es mir ein Gesprächspartner im burgenländischen Bierzelt entgegen: »Die Fakten sind mir wurscht! Die Regierung soll tun, was die Bevölkerung will!« Und die Regierung tat, wie ihr geheißen, sie führte rigorose »Obergrenzen« ein, jeder weitere Asylwerber sollte an der Grenze abgewiesen werden, der Genfer Flüchtlingskonvention zum Trotz, den Fakten zum Trotz, nur um dem »gefühlten Sicherheitsempfinden« der Bürger gerecht zu werden, aus Angst der Parteien – und diesmal ist es echte Angst –, bei den nächsten Wahlen mit nassen Fetzen von der Regierungsbank vertrieben zu werden. Man muss sich das Ausmaß dieser Kapitulation vor Augen halten: Eine Regierung aus Sozialdemokraten und einer Mitte-rechts-Partei hat so wenig Vertrauen in ihre eigene Argumentation und in ihre Überzeugungskraft, dass sie lieber wider die Fakten handelt, als den Bürgern die Faktenlage zu erklären. In das Regierungsübereinkommen des Jahres 2017 wurde sogar jener denkwürdige Satz geschrieben: »Wer aber nicht bereit ist, die Werte der Aufklärung zu akzeptieren, wird unser Land und unsere Gesellschaft auch wieder verlassen müssen.« Die Moral im Sinne der Aufklärung würde es gebieten, nach der Allgemeinen Erklärung der Menschenrechte und der aus ihr resultierenden Genfer Konvention zu handeln, die Vernunft also höher zu bewerten als das Fühlen und Glauben, sprich: Schutzbedürftige aufzunehmen, auch wenn sie nicht zur eigenen Gruppe, wenn sie nicht zum »christlichen Abendland« gehören. Die Regierung hat sich somit des Landes verwiesen. Ihre fremdenfeindliche Pseudomoral wendet sich gegen sie selbst.

Das Vakuum füllen: Action, Action, Action

Donald Trump führte seinen Wahlkampf mit erlogenen Fakten über Afroamerikaner, Recep Tayyip Erdoğan und Wladimir Putin präsentieren westliche Mächte, kritische Künstler und Homosexuelle als Zersetzer der geknechteten »normalen« Ursprungsbevölkerung, Frankreichs Rechtsaußen-Chefin Marine Le Pen, die deutsche AfD, die britische Brexit-Partei UKIP, Ungarns Ministerpräsident Viktor Orbán und die österreichische FPÖ machen Stimmung gegen Muslime. Sie sind damit nicht allein – Boulevardmedien machen mit. Auf der anderen Seite des politischen Spektrums gibt es nicht wenige selbstgerechte Mahner, die mit demselben Aggressionsaufkommen gegen Hitlergleiche Faschisten wettern, die drauf und dran sind, ein weltweites nazikapitalistisches Überwachungs- und Unterdrückungssystem einzuführen. Hier stehen Qualitätsmedien mit alarmistischen und dramatisierenden Kommentaren in der ersten Reihe. Beide Seiten haben ihren verlängerten Arm in den sozialen Medien. Die einen übersehen, dass sie sich als Mitglieder der Mehrheitsgesellschaft lächerlich machen, wenn sie sich als Freiheitskämpfer eines unterdrückten Volkes gerieren. Und die anderen machen sich lächerlich, wenn sie sich als Widerstandskämpfer aufspielen, der Weißen Rose gleich, nur weil sie Menschen in Online-Foren wegen ihrer mangelhaften Rechtschreibung mit Häme überschütten. Was ist schiefgegangen, dass auf beiden Seiten so viele Menschen den Kampf gegen Windmühlen für die Realität halten?

Das Schattenfechten hat kein Ende, weil, wie bei jedem Krieg (also auch bei einem virtuellen) Kriegsgewinnler ein Interesse daran haben, dass es kein Innehalten auf den Schlachtfeldern gibt. Das klingt nach einer Verschwörungstheorie, die den großen bösen Demiurgen als Direktor eines Marionettentheaters zu entlarven versucht. Darauf laufen die Überlegungen allerdings nicht hinaus. Vielmehr versucht ein vernetztes System an Akteuren sich selbst zu erhalten – und das lässt sich ohne jede Verschwörungstheorie recht simpel erklären, so simpel, dass der deutsch-österreichische Theoretiker Georg Franck zunächst gar nicht glauben konnte, dass es vor ihm noch niemand getan hatte, zumindest nicht mit seinem naheliegenden Erklärungsmuster. Vereinfacht gesagt behauptet Franck, dass man Aufmerksamkeit mit Geld gleichsetzen kann. Mit der Aufmerksamkeit wird gehandelt – und wer geschickt ist und/oder Glück hat, kann viel Aufmerksamkeit auf sich verbuchen. Wer ungeschickt ist und/oder Pech hat, wird ignoriert. Aufmerksamkeit kann wiederum gegen Geld getauscht werden. Die Aufmerksamkeit ist also eine Währung. Firmen brauchen Aufmerksamkeit für ihre Produkte, Politiker brauchen Aufmerksamkeit für ihre Botschaften, Medien brauchen sowieso Aufmerksamkeit. Jeder einzelne Mensch hat eine begrenzte Menge an Aufmerksamkeit zur Verfügung, die er verteilen kann, der Tag hat schließlich nur 24 Stunden. Um diese begrenzte Ressource Aufmerksamkeit wird gekämpft. Die Kulturindustrie hat als Spieleinsatz Unterhaltung zu bieten, Medien und Politik hingegen Fakten. Aber was wäre, wenn sich beide Spieleinsätze potenzieren ließen, wenn also Fakten als Unterhaltung verkauft werden (durch Zuspitzung und Übertreibung) oder umgekehrt Unterhaltung als Information (Fake News)?

Franck hat in seinem Werk »Ökonomie der Aufmerksamkeit« und der Folge-
publikation »Mentaler Kapitalismus« nicht nur den waghalsigen und weitrei-
chenden Versuch unternommen, mit den Theorien der Ökonomen das
Feilschen um Aufmerksamkeit zu beschreiben, sondern er hat auch die Wech-
selbeziehung zwischen Wirtschaft, Politik, Kulturindustrie und Medien von einem neuen Blickwinkel aus betrachtet; ein lohnendes Unterfangen, sowohl auf
die Geschichte bezogen als auch auf die Gegenwart. Wer sich Francks Gedan-
kenspiel zu eigen macht, sieht die Welt mit anderen Augen.

Spannend wird es bereits dort, wo Franck die Bedingungen beschreibt, unter
denen der Kampf um Aufmerksamkeit im großen Stil begonnen hat. Im kleinen
Stil, das war früher: Wer brüllt lauter auf dem Marktplatz? Wer lockt das andere Geschlecht am geschicktesten ins Bett? Doch dann wurde aus dem Obst-
und Gemüsemarkt ein Mehrzahlwort: »die Märkte«. Aus den Kolonien karrten
die Kolonialmächte alles an, was nicht niet- und nagelfest war. Die Menge an
Waren, für die geworben wurde, vergrößerte sich. Im 18. Jahrhundert schließlich begannen die Schlote den Himmel zu verdunkeln, als die industrielle Revolution das Volk der Proletarier erschuf. Um 1900 erklärte Frederick Winslow
Taylor den Kapitalisten, wie sich mit wissenschaftlichen Methoden die Produktion bzw. der Einsatz von Arbeitskraft perfektionieren lässt; dann führte Henry
Ford nach dem Ersten Weltkrieg die Fließbandarbeit ein.

Nun ließen sich also in kurzer Zeit riesige Mengen an Waren produzieren und
aufgrund der technologischen Weiterentwicklung der Transportsysteme weltweit handeln. Es sagt einem schon der Hausverstand: Wenn nicht plötzlich, von
einem Tag auf den anderen, sehr viel mehr Menschen da sind, um etwas zu kaufen – warum sollte es dann plötzlich einen viel größeren Absatzmarkt für eine
Ware geben als bisher? Um diesen zu erhalten, müssen erstens Konkurrenten
verdrängt, also deren Kunden geködert werden, und zweitens sollte man Menschen erreichen, die bisher kein Bedürfnis hatten, bestimmte Waren zu kaufen.
Deshalb brauchte es plötzlich Werbung in bis dahin nicht gekanntem Ausmaß.
Die wiederum ist von Publikationsflächen abhängig, neben Plakaten sind das
Medien, deren ökonomisches Modell in erster Linie der Verkauf von solchen
Flächen darstellt – und erst danach der Verkauf des Mediums selbst. Der Anzei-
genverkauf ist wichtiger als der Erlös am Kiosk. So ging die um sich greifende
Massenproduktion von Waren mit dem Siegeszug der Massenmedien einher – 29

eines bedingte das andere. Keine industrielle Produktion ohne Massenmedien, keine Massenmedien ohne industrielle Produktion.

Irgendwann sind die Märkte gesättigt, sollte man meinen. Wachstum ist kaum noch möglich. Was dann? Bei Waren, die nicht für den kurzfristigen Verbrauch gedacht sind, hilft die Obsoleszenz, um künstlich Nachfrage zu generieren: Man stellt ein Produkt absichtlich so her, dass es bald kaputt ist, damit der Kunde wieder ein neues kaufen muss. Außerdem gibt es die Möglichkeit der Innovation, ganz egal, ob es sich dabei um eine tatsächliche oder nur eine behauptete handelt: Das neue Produkt ist so viel besser als das alte, dass ich das alte, noch funktionstüchtige wegwerfe, um es durch das neue, bessere zu ersetzen. Der Lärm, der dabei durch Werbung entsteht, wird immer lauter. Denn um all die Produkte verkaufen zu können, muss man mitunter nicht nur Konkurrenten verdrängen, sondern auch die eigenen alten Produkte. Bei Nudeln gilt es nur, die Konkurrenz auszubooten. Bei Kaffeemaschinen reicht das nicht, sie müssen das Vorgängermodell ersetzen – also noch stromsparender sein, eine noch bessere Crema machen als früher, die Milch zu einer noch dichteren Konsistenz aufschäumen, die Tassen noch länger warm halten und sich am besten auch völlig selbständig reinigen.

Es werden also immer mehr Waren hergestellt. Das ist gleichzeitig die Grundbedingung für Wachstum und der Motor für die »Wegwerfgesellschaft«, die Ursache für den verschwenderischen Umgang mit nicht erneuerbaren Rohstoffen und auch die Hauptursache für die Zerstörung der Umwelt, neben dem Gebrauch der Waren selbst (insbesondere dem Fahren mit Kraftfahrzeugen). Das Rad muss sich immer schneller drehen, immer schriller muss um Aufmerksamkeit geworben werden, nur dann ist Wachstum möglich. Leise Töne werden nicht mehr gehört nach jahrzehntelanger Desensibilisierung – wem ständig ins Ohr gebrüllt wird, der wird schwerhörig.

Bis jetzt war nur von Werbung die Rede, aber dieser Prozess überträgt sich eins zu eins auf die Medienberichterstattung. Denn so viel Werbung braucht jede Menge Werbefläche, deren Verkauf lukrativ ist – und es gibt kein besseres Verkaufsargument für die Anzeigenabteilung als die möglichst weite Verbreitung des Mediums. Das muss nicht immer die Verbreitung in der Masse sein – es kann ja auch um spezielle Zielgruppen gehen. Für Massenprodukte freilich sind Massenmedien der ideale Verstärker. Ein beinharter Verdrängungswettbewerb ist im Gange: Massenmedien müssen ständig versuchen, lauter zu brüllen als die Konkurrenz, um hervorzustechen.

Auf dem Markt schreien die Verkäufer: »Billiger, billiger!« Das können die Massenmedien noch besser: »Gratis!« Dabei ist ein günstiger Kaufpreis gar kein Argument mehr, im Kampf um Aufmerksamkeit zählt nur noch die schrillste Schlagzeile. Nach einer Vergewaltigung und einer Attacke mit einer Eisenstange lautet die Schlagzeile: »Gewalt explodiert« (Tageszeitung *Österreich*), obwohl die Statistik das Gegenteil beweist. Ein kleiner Protest im Flüchtlingslager wird zum gewalttätigen »Aufstand« (*Kronen Zeitung*). Und wenn Grünpolitiker eine Straße zur Fußgängerzone umfunktionieren, haben wir einen »Skandal«. Es ist wie bei Drogensüchtigen: Man muss ständig die Dosis erhöhen, und Aufmerksamkeit stellt sich am ehesten durch Erregung ein. In friedlichen Zeiten, in denen es wirtschaftlich bergauf geht, worüber soll man sich da erregen? Dann muss aus den friedlichen Zeiten eben ein Krieg werden, oder zumindest ein packender Actionfilm.

Denn das ist es schließlich, was wir aus dem Fernsehen als spannendes Leben kennen: In nur zwei Stunden schmusen die Stars auf dem Bildschirm mit anderen Stars herum, verfolgen Autos mitten in der Rushhour inklusive Überschlag und liefern sich fünf Schießereien mit Ganoven. So viel tut sich bei uns in zwei Jahren, ach was, im ganzen Leben nicht. Wir stehen in der Früh auf, gehen arbeiten, kommen heim, essen entweder allein oder mit der Familie; die Reproduktion zum Arterhalt und die Aufzucht des Nachwuchses zählen noch zum abwechslungsreicheren Teil unseres Daseins. Das Wort »Zeitvertreib« spricht bereits Bände als Beschreibung dessen, was wir tun, wenn wir gerade nicht mit Erwerbs- oder Hausarbeit beschäftigt sind. Unsere Lebenszeit rieselt die Sanduhr hinab, unten häufen sich Sandkörner an wie Erinnerungen an Erfahrungen aus zweiter Hand: Reisen im Modus des Konsums – Massenabfertigung am Strand oder als einer von Hunderttausenden die immer gleichen Sehenswürdigkeiten abklappern; Gespräche mit Freunden über Konsumgüter, den Urlaub, den Nachwuchs, den Partner, die Arbeit, über andere Freunde – Geplänkel an der Oberfläche; Shopping als Ersatzbefriedigung, seltener im Einkaufszentrum, immer öfter online; der Klick auf den »Kaufen«-Button befriedigt ähnlich wie jener auf die Vorschaubildchen bei Pornoportalen. Nichts von alledem verleiht unserem zum Tode verurteilten Dasein übergeordneten Sinn, vor allem seit die Religion den meisten von uns keine Hoffnung mehr gibt, dass wir im zweiten Leben für das Stillhalten und Bravsein im ersten belohnt werden. Wenn wir sterben, sieht unsere Bilanz mager aus: Wir haben funktioniert (Arbeit), uns reproduziert (im Idealfall) und konsumiert (Freizeit).

Wie anders verhält sich das bei den Helden der Geschichte! Sie haben für etwas gekämpft, das bleibt. Nehmen wir William Wallace, Anführer der schottischen Freiheitskämpfer Ende des 13., Anfang des 14. Jahrhunderts, und stellen ihn uns als Mel Gibson in »Braveheart« vor: die wallende Mähne, vorne kurz, hinten lang; Kriegsbemalung im Gesicht; ein Muskelshirt aus Leder, dazu ein zentnerschwerer Bihänder. Die Engländer nehmen ihm den Vater, den Bruder, die Braut und rauben den Schotten die Unabhängigkeit, sie vergewaltigen ihre Frauen und unterdrücken ihre kulturelle Identität. William eint das stolze Volk hinter sich, steht in einer siegreichen Schlacht nach der anderen an der Front, metzelt und meuchelt für die schottische Nation und lenkt selbst dann nicht ein, als die englischen Schergen drauf und dran sind, ihm den Kopf abzuschlagen. »Freiheit« brüllt er, dass ihm die Adern am Hals zur Größe einer Gebirgslandschaft anschwellen; sein Schrei hallt noch nach, als das Haupt sich vom Helden trennt. Schon bald wird sein Werk zu Ende geführt, und die Schotten sind frei.

Was für eine Geschichte! Was für ein Leben! Was für ein Tod! Es kann doch nicht sein, dass unser Kampf dem Erreichen der Frühpension gilt und wir statistisch gesehen an koronaren Herzkrankheiten sterben. Und es muss auch nicht sein. Denn auch wir werden gebraucht im Unabhängigkeitskrieg – endlich hat unser Leben einen Sinn.

1. Wir Europäer. Dank willfähriger Kollaborateure der EU, unfähiger Behörden in den Oststaaten und hinterhältiger Türken sowie der Agenten der »Political Correctness« und rückgratloser Politiker werden wir überrollt, kolonisiert und unterdrückt von Moslemhorden. Wir dürfen im Kindergarten nicht mehr das Fest des heiligen Nikolaus feiern, das Tragen religiöser Symbole wird verboten; unsere Frauen werden belästigt und vergewaltigt; die Zahl der Verbrechen schnellt in die Höhe (auch wenn die Lügenpresse, die Systemmedien des Establishments, entsprechende Informationen unterdrücken). Und vor allem sind wir ständig mit dem Tod bedroht, weil in jedem Moslem ein potenzieller Terrorist steckt.

2. Wir weißen Amerikaner. Die Europäer in ihrer grenzenlosen Arroganz wollen uns diktieren, wie wir zu leben haben, und selbst liberale Politiker aus den eigenen Reihen haben längst vergessen, was es heißt, Amerikaner zu sein. Tief verwurzelte Traditionen wie den Waffenbesitz wollen sie uns nehmen – damit wir uns nicht wehren können gegen Schwarze, die unsere Frauen vergewaltigen und uns abschlachten wie Vieh, während uns Mexikaner die Jobs stehlen und unser Land mit Drogen überschwemmen. Seit 2001 ist unser Land im Krieg, angegriffen von einer Armee islamistischer Attentäter, die jederzeit und überall zuschlagen kann. Wir müssen endlich den Mumm haben, uns ordentlich zu verteidigen, und wieder jene stolze Nation werden, die wir einmal waren.

So, jetzt sieht die Sache schon ganz anders aus. Von wegen langweiliges Leben. Wir befinden uns in einem Guerillakampf, bei dem wir selbst mitmachen können, zumindest als Propagandisten in sozialen Medien und an der Wahlurne. Wir haben Freiheitskämpfer: Trump, Le Pen, Strache, Orbán, Wilders. Wir haben unsere Feinde: Ausländer, Linke, Systemmedien. Gott sei Dank gibt es noch Zeitungen und Blogs, die sich nicht den Mund verbieten lassen und die Wahrheit schreiben.

Und die Medien stürzen sich mit Begeisterung in diesen Krieg der Worte. Bernhard Pörksen, Professor für Medienwissenschaft an der Universität Tübingen, schrieb in einer Analyse des US-Wahlkampfs für die *Zeit*: »Trump lieferte zuverlässig immer neue Attacken, dröhnende Soundbites, Skandälchen in Serie. Um bis zu 170 Prozent stiegen die Zuschauerzahlen, wenn er auf Sendung ging. Voller Freude über Einschaltquoten und Werbeerlöse verkündete der CBS-CEO Leslie Moonves schließlich in einem Moment der Offenheit, dass Trump womöglich schlecht für Amerika sei, aber gewiss ›verdammt gut für CBS‹.«
Medien sind dankbare Durchlauferhitzer für die Botschaften der Populisten. Und weil es bei den Populisten so gut funktioniert, legen sie gerne noch eins drauf: Statistiken werden falsch zitiert oder aus dem Kontext gerissen (»Ein Drittel der jungen Muslime radikalisiert«), Fakten übertrieben (»Aufstand im Flüchtlingslager«), Quellen nicht überprüft (Facebook-Gerüchte über Flüchtlinge, die Schnellbahnsitze aufschlitzen und darauf ihre Notdurft verrichten, in der *Kronen Zeitung*), Behauptungen aufgestellt (»Gewalt explodiert«, Tageszeitung *Österreich*), und auf der anderen Seite wird unnötig dramatisiert (die zahlreichen Trump-Hitler-Vergleiche).

Die Welt da draußen zeigt ein anderes Bild. Ein Großteil der Menschen stirbt an koronaren Herzkrankheiten, gefolgt von Krebs und Diabetes. Die Wahrscheinlichkeit, bei einem Anschlag zu sterben, ist so gering, dass sie statistisch nicht erfassbar ist – und auch die Gefahr, in einem faschistischen Vernichtungslager ums Leben zu kommen, ist nicht real. Beide Befürchtungen sollen hier nicht lächerlich gemacht werden. Es sind seit 2001 Tausende Menschen bei Terroranschlägen ums Leben gekommen, die meisten davon im Irak und in Afghanistan – und tatsächlich werden Systemkritiker in Russland und in der Türkei ins Gefängnis gesteckt und Flüchtlinge im Mittelmeer ihrem Schicksal überlassen und an den EU-Außengrenzen in Lager gepfercht. Die Frage ist nur: Warum konstruieren wir mit medialer Unterstützung ausgerechnet daraus den Actionfilm unseres Lebens?

Es ist wenig wahrscheinlich, dass kommende Generationen auf uns als die zurückblicken werden, die wie William »Braveheart« Wallace ihre Nationen heldenhaft vor ausländischen Einflüssen bewahrt haben, indem sie auf Facebook fremdenfeindliche Memes teilten, oder als die, die den Faschismus verhindert haben, weil sie sich über die Rechtschreibfehler in diesen Memes lustig machten. Viel eher werden wir als jene völlig Irren erinnert werden, die wider besseres Wissen, nur aus Faulheit und Spaß, den Planeten ruiniert haben. Der CO_2-Austoß steigt weiterhin dramatisch an. Der Kampf gegen den Klimawandel ließe sich hervorragend medial inszenieren – und jeder von uns könnte sich im Alltag als Guerillakämpfer betätigen. Das Problem: Da reicht es nicht, sich zu empören. Da muss man seinen Hintern hochkriegen.

Zunächst einmal sind wir jedoch auch beim Umweltschutz auf Fakten aus den Medien angewiesen. Im Alltag haben wir nicht die Möglichkeit, alle Elektroautos zu zählen, die es in unserem Land gibt. Aber wir können uns angesichts der Jubelmeldung über einen dreißigprozentigen Anstieg beim Verkauf derselben fragen: Von welchem Niveau geht der Anstieg aus? Wie viele Autos mit Verbrennungsmotor wurden im selben Zeitraum verkauft? Sind nationale Zahlen überhaupt relevant bei einem Thema wie dem Klimawandel, das keine nationalen Grenzen kennt? Was bedeutet es, dass in unserem Land im vergangenen Jahr 4000 Elektroautos verkauft wurden, wenn sich international gesehen Elektromobilität im Promillebereich bewegt? Wenn die Zahl der gefahrenen Straßenkilometer weltweit regelrecht explodiert, weil sich immer mehr Chinesen ein Auto anschaffen – mit Verbrennungsmotor wohlgemerkt? Wenn neue, ressourcensparende Technologien diesen Anstieg bei weitem nicht kompensieren können?

Was macht sie mit mir, diese Headline: »Verkauf von Elektroautos um dreißig Prozent gestiegen«? Sie verschafft mir einen kurzen Moment der Entspannung, sie gibt mir das Gefühl, dass es der Umwelt gut geht. Ich will mir keine Sorgen machen müssen. Ich will vor allem weitermachen können wie bisher. Ich will meine kognitive Dissonanz zum Verstummen bringen: den Widerspruch zwischen Denken und Handeln. Ich weiß, dass Autofahren für die Umwelt nicht gut ist. Wenn ich ehrlich zu mir selbst bin, weiß ich, dass ich mein Leben auch ohne Auto organisieren könnte. Aber es ist halt so bequem. Ich müsste eine halbe Stunde früher aufstehen. Ich müsste mich in aller Früh mit schwitzenden und schwatzenden Menschen in öffentliche Verkehrsmittel drängen. Ich müsste mich mühsam mit anderen Eltern absprechen, wenn es gilt, die Kinder vom Nachmittagssport abzuholen. Ich müsste das Fahrrad vom Keller hochschleppen, obwohl ich dann überall verschwitzt und außer Atem ankäme, weil es mit meiner Fitness nicht zum Besten steht. Es ginge Spontaneität verloren, weil ich nicht in jedem Moment ohne Verzögerung von A nach B fahren könnte. Und schließlich lieben wir unsere Prothesen, die uns größer, schneller und schöner machen. Der auratische Glanz des Autos, bibelgleich beschworen von Roland Barthes, er schimmert weiter in den Strahlen jener Sonne, die den Planeten immer weiter aufheizt, weil die Luft von den Abgasen verpestet wird. Das Auto, es ist der Sonntagsanzug und das Brautkleid unserer Tage. Wer seine Männlichkeit aufladen will, fährt einen bulligen oder sportlichen Wagen, wer seine Weiblichkeit unterstreichen möchte, einen verspielten mit Retro-Charme. Die Vernünftigen mit den schicken Anzügen und Kostümchen setzen auf Hybrid. Respektable Vater- oder Mutterfiguren parken den sündteuren Familien-Van vor dem Reihenhaus, man hat es schließlich zu etwas gebracht, und längst umfasst der Nestbautrieb auch das Nest auf vier Rädern.

All das steht natürlich nicht im Artikel über den dreißigprozentigen Anstieg bei Elektroautos, der auf einer Presseaussendung der Automobilindustrie basiert. Die Presseagentur »deutscht die Meldung ein« – sprich, sie macht aus einem reinen PR-Text etwas, das sich wie ein Artikel liest. Redaktionen greifen immer mehr auf Presseagenturmeldungen zurück, weil aufgrund der ausgedünnten

Personaldecke nur noch wenig Zeit für eigene Recherchen bleibt. Aber es gibt viele Agenturmeldungen – wieso wird also gerade diese kopiert und publiziert? Die Ressortleiterin entscheidet, den Bericht zu bringen; sie ist selbst Autofahrerin, weil es halt nicht anders geht, und sie liebt ihren SUV, weil er so sicher ist und man von seinem beheizten Thron aus den Verkehr überblickt. Man muss keine Verschwörungstheorie bemühen, um die Vernetzung von Medien und Wirtschaft zu hinterfragen, es reicht die Systemtheorie, namentlich Niklas Luhmanns »Die Realität der Massenmedien«. Journalisten bekommen von Autofirmen Testfahrzeuge und prominente Interviewpartner zur Verfügung gestellt, in den Medien werden Anzeigen geschaltet. Es herrscht ein Klima des Wohlwollens – und hier ist kein Klimawandel in Sicht.

Umweltschutz ist eine Querschnittsmaterie. Es kann durchaus sein, dass, einen Tag nachdem auf den Wirtschaftsseiten über die Elektroautos gejubelt wurde, im Außenpolitik-Teil ein Bericht mit kritischen Anmerkungen zum laschen Umsetzen der Klimaschutzabkommen zu lesen ist. Die kognitive Dissonanz betrifft nicht nur Individuen, sondern auch einzelne Medien, ja das Mediensystem als Ganzes und darüber hinaus die Gesamtheit der Gesellschaft, in der wir leben. Wir stehen unter einem Dauerbeschuss von Fakten, die einander widersprechen und dennoch nicht falsch sind.

Nichts ist dümmer, unrichtiger und schädlicher als das Gefasel von einer »postfaktischen Gesellschaft«. Noch nie in der Geschichte der Menschheit waren Fakten so präsent. Sie begleiten uns via Smartphone auf Schritt und Tritt, selbst im Bett sind sie jederzeit griffbereit. Die Symptomatik unserer Zeit ist nicht, dass wir auf Fakten pfeifen. Die Symptomatik unserer Zeit ist die Überfülle an Fakten, die sich nicht einordnen lassen, die uns penetrieren, wenn wir zwischendurch auf dem Klo unsere Facebook-Chronik checken.

In diesem Meer an Fakten schwimmen wir, winken hysterisch und wollen gerettet werden vom Dampfer der Gewissheit, jeder von uns ruft: Nimm mich mit! Doch die Gewissheit ist in weiter Ferne, ein Relikt der Vergangenheit wie ein Stern, den wir noch sehen, obwohl er schon vor Millionen von Jahren verglüht ist. Was wir finden, ist nicht Gewissheit, nicht Wahrheit, diese Schlacht müssen wir verlorengeben. Was wir brauchen, ist hingegen eine Haltung im Umgang mit Fakten. Wir müssen schwimmen lernen im Datenozean.

Wer bis zum Abitur bzw. der Matura zur Schule geht, hat bis zu zwölf Jahre Religionsunterricht hinter sich – in dem ein System gelehrt wird zum Umgang mit einer Welt, wie sie vor 2000 Jahren war, ein System, das engagierte Pädagogen auf rührende Art und Weise so hinzubiegen versuchen, dass es uns im Heute hilft. Medienkunde hingegen ist nur in Ausnahmefällen ein Unterrichtsfach. Der durchschnittliche Deutsche beschäftigt sich pro Tag mehr als zwei Stunden mit seinem Smartphone. Cybermobbing, die Abhängigkeit von Likes und Shares, die Flut an Fakten und Meinungen, Datenschutz in Zeiten von »Big Data« – und auch die bereichernden, beglückenden, relevanten, hilfreichen Nischen des Digitalen: All das ist nur am Rande Thema. Wir sind allein gelassen im Datenozean, blicken dem Dampfer der Gewissheit nach, der uns nicht mitnimmt, brüllen verärgert »Lügenpresse« oder »postfaktische Gesellschaft«, je nachdem, ob wir in einem rechten oder linken Umfeld sozialisiert wurden, und warten auf das nächste »Faktum«, auf das wir reflexartig reagieren, ohne länger darüber nachzudenken.

Aber was von alledem soll gerade unsere Zeit in Abgrenzung zur Vergangenheit als »postfaktisches Zeitalter« kennzeichnen? Und warum sollen »Filterblasen« und »Echokammern«, also das Sich-Umgeben mit Gleichgesinnten und Ausblenden abweichender Meinungen, ein Phänomen heutiger Tage sein? Dass sich die Politik an der gefühlten Wahrheit eher orientiert als an Fakten, ist nicht neu. Wenn wir heute im postfaktischen Zeitalter leben – was wäre dann das faktische Zeitalter gewesen? Die Antike, als Tyrannen über ihre militärischen Erfolge logen, dass sich die Balken bogen, und das Volk mit Brot und Spielen davon ablenkten, dass es im Zustand eines dauerhaften Krieges leben musste? Das Mittelalter und die Neuzeit mit Hexenverbrennungen, Religionskriegen, Faschismus und Genozid? Die Zeit der Propaganda im Kalten Krieg? Die neunziger Jahre, in denen das schon früher postulierte »Ende der großen Erzählungen« auf die breite Masse durchschlug und Fragen der Gerechtigkeit deshalb als lächerlich abgetan wurden (außer in linksradikalen Postillen, die leider oft wirklich lächerlich waren)? Die Jahre nach 9/11, als unter dem Postulat des Krieges gegen den Terror schlecht geplante und mit Lügen argumentierte Kriege geführt wurden und man begann, dem Datenschutz den Garaus zu machen?

Der Begriff »postfaktisches Zeitalter« legt nahe: Früher sind Menschen mit Zeitungen dagesessen, haben sich informiert, haben gut recherchierte Artikel gelesen, sich dann eine Meinung gebildet. Und die Regierung hat ihnen nicht nach dem Mund geredet, sondern das beschlossen, was Experten als das Beste für die Gesellschaft erachteten. Es war die Zeit des wirtschaftlichen Aufschwungs, die Zeit der wachsenden Bildung, die Zeit der sozialen Marktwirtschaft, in der alle ihr Auskommen hatten. Das stimmt zum Teil – für Westeuropa. Es war die Zeit der Stellvertreterkriege in Lateinamerika, in Afrika und im Nahen Osten. Es war die Zeit des letzten Aufbäumens des Kolonialismus, bevor er in den ebenfalls problematischen Postkolonialismus überging. Und auch was die soziale Ungleichheit in »westlichen« Staaten betrifft, die heute (zu Recht) beklagt wird: Sie war damals größer, wenn man nicht nur die Ränder der Gesellschaft in die Rechnung einbezieht! Gemessen am Warenkorbindex hatten die meisten Menschen weniger Geld. Und gut, dass Lesern damals nicht die minderwertigen Informationen aus dem Internet zugemutet wurden. Sie hatten ja in Deutschland die *Bild*, in Österreich die *Krone* und in der Schweiz den *Blick* – da brauchte es keine Fake News, und der Stammtisch war die Filterblase, die niemals platzte, die Echokammer, die geschlossen blieb, weil die Hasstiraden sich immer nur gegen die da draußen richteten, jene, die Gott sei Dank nie hereinkamen. Einen Tag lang nur möchte man in Deutschland und Österreich in die Zeit Anfang der achtziger Jahre zurückreisen und die Menschen von damals auf Facebook posten lassen. Das Ergebnis wäre erschreckend – wie alle bestätigen werden, die jene Zeiten politisch bewusst miterlebt haben.

Zusammenfassend bleibt festzuhalten: Medien greifen lange vorhandene Narrative auf (der nationale Freiheitskämpfer, der Widerstandskämpfer), vermischen sie mit aktuellen Fakten, ob akkurat, übertrieben oder erlogen, und zimmern daraus ein Bild der Realität, das in etwa so realistisch ist wie ein Actionthriller, bei dem am Anfang der Disclaimer eingeblendet wurde: »Basiert auf wahren Begebenheiten.« Es ist eine Welt, die erst in der Wahrnehmung der Menschen entsteht, eine Welt, die nicht auf Fakten basiert, sondern einem unterhaltsamen Rollenspiel im Bereich der Fact-Fiction gleichkommt, einem Rollenspiel, für das viele dankbar sind, weil es Würze ins Leben bringt und unserem Dasein vermeintlichen Sinn verleiht, auch wenn die Probleme, gegen die im Spiel angekämpft wird, so virtuell sind wie Don Quijotes ritterliche Gegner oder so relevant für das Leben des einzelnen Individuums wie der sprichwörtliche Sack Reis, der irgendwo umfällt.

Medien fungieren als Spielmacher, weil es ihnen Reichweite bringt – und die Reichweite bestimmt, wie viel sie für Werbeflächen verlangen können. Die Quotengeilheit ist durch das Netz nicht gerade kleiner geworden. Stündlich kann man sehen, wie oft ein Artikel angeklickt wird. Nicht nur der Chefredakteur oder die Chefredakteurin werden jenen auf die Schulter klopfen, die gerade die »Quotensau« des Tages produziert haben. Auch für einzelne Redakteure ist der stündliche Klick auf die Statistik Balsam auf die Wunden des Redakteursalltags (zu viel Arbeit für zu wenig Geld) – ein Klick, der ein wenig an Laborratten erinnert, die durch Betätigen eines Schalters eine Droge verabreicht bekommen.

Seit der Finanzkrise von 2007 sind die Budgets der Unternehmen für Werbung begrenzt, weshalb Medien ihre Quoten umso mehr erhöhen oder zumindest halten müssen, um am umkämpften Werbemarkt bestehen zu können. Ein Finanzierungsmodell nach dem anderen bricht weg. So sind beispielsweise auch Kleinanzeigen weitgehend obsolet geworden durch die zahllosen Verkaufsplattformen im Web.

Sprich: Das Gieren nach Aufmerksamkeit wird für Medien zur Überlebensfrage, und in Zeiten des Existenzkampfes hat die Moral das Nachsehen. Medienmacher sind die Regisseure des Actionfilms, zu dem sie die Gegenwart machen. Je spannender der Film, desto geringer die Wahrscheinlichkeit, dass die Zuseher wegzappen. Aber Medien, Unternehmen und Politiker sind nicht die Einzigen, die um Aufmerksamkeit kämpfen.

Jeder will geliebt werden

Jeder kämpft um Aufmerksamkeit. Gäbe es Social-Media-Plattformen nicht, hätte sie früher oder später ein Science-Fiction-Autor erdacht, denn nichts bringt die vorherrschende Befindlichkeit der Gesellschaft so schön auf den Punkt wie das Prinzip »Like«. Unser ganzes Leben wird zur Statistik, unsere Persönlichkeit steht auf dem Prüfstand. Die Anzahl der Friends und Follower ist das Barometer der Beliebtheit: Unter hundert »Freunde« auf Facebook? Was ist mit dem los? Ein Außenseiter, ein Freak? Nur zwanzig »Follower« auf Instagram? Ein Langweiler? Tweets, die kaum jemals retweetet werden? Peinlich! Früher war es wichtig, nicht der Klassentrottel zu sein und auf die wichtigen Partys eingeladen zu werden. Wie viel mehr Druck lastet auf den Teenagern dieser Tage, deren Beliebtheitsstatistik permanent für jeden einsehbar ist? Aber die sozialen Medien sind beileibe kein Teenagerphänomen.

Wir wollen nicht Hillary Clinton sein, Hillary ist langweilig. Im Vorfeld der Oscar-Verleihung 2017, für die geharnischte Kritik an Trump erwartet wurde, schrieb Hollywoods Branchenmagazin *Variety*, dass sich der US-Präsident als Performer und weniger als Politiker in sein Amt hochgehangelt habe. *Variety*-Chefkritiker Owen Gleiberman: »Er ist der Präsident der Entertainment-Staaten von Amerika und vermutlich ein besserer Schauspieler als viele der Nominierten.«

Wir wollen Trump sein, wir wollen unterhalten – wir wollen Likes bekommen. Jedes Like ist eine Streicheleinheit. Jedes Like tut uns so gut, wie es einem Kind guttut, wenn seine Mutti die krakelige Zeichnung lobt: »Das hast du aber schön gemacht!« Doch die Likes machen abhängig und unfrei – wer seinen Alltag nach der Likebarkeit auf Facebook durchdesignt, trifft keine autonomen Entscheidungen mehr, wer bei seinen Aktivitäten stets im Hinterkopf hat, wann und wie man ein Foto für Instagram machen könnte, nimmt sich die Unmittelbarkeit des Erlebens, wird zum Regisseur des eigenen Biopics und muss ständig fürchten, dass dieser Film auf »Rotten Tomatoes« in der Wertung durchfällt, dass man also keine Likes bekommt, wenige Freunde hat, uninteressant ist – für jeden sichtbar, ob am Arbeitsplatz, bei den Freunden oder innerhalb der Familie. Früher war Status genauso wichtig wie heute, aber er war verhandelbar, war ständig im Fluss. Heute ist er festgeschrieben, als könne man den Wert eines Menschen an einer Statistik bemessen.

Ein Gleichnis dafür liefert »Black Mirror«, jene TV-Serie aus den USA, in der technologische und gesellschaftliche Entwicklungen weitergedacht und auf die Spitze getrieben werden. Strahlend lacht Lacie in der Episode »Abgestürzt« jeden an, den sie sieht, macht Kellnern Komplimente, scherzt im Vorbeigehen mit Fremden und schwimmt im Büro mit dem Strom: nur nicht anecken, lieb sein, lustig sein, schön sein – denn dafür gibt es Likes. Das Smartphone ist nur noch ein »Likometer«, es zeigt eine Fünf-Sterne-Skala an, wie man sie von Amazon kennt. Jeder – wirklich jeder, auch Zufallsbekanntschaften, selbst Passanten – kann jederzeit jeden anderen bewerten. Und jeder – wirklich jeder –

wird dadurch zu einem Produkt, ganz wie bei Amazon. Den Durchschnittswert sämtlicher Sternchen-Bewertungen tragen die Menschen vor sich her, er ist zur Klassifizierung des Daseins geworden. Eine geringe Bewertung, zum Beispiel »ein niedriger Zweier« auf der Fünf-Sterne-Skala, das ist, als wäre man in den USA zu Zeiten der Rassentrennung Schwarzer gewesen: Man bekommt kein Haus in einer guten Gegend, wird bei der medizinischen Versorgung nachgereiht – selbst dann, wenn es um Leben und Tod geht –, ganz zu schweigen von der sozialen Ächtung.

Es kommt, wie es kommen muss. Durch eine Verkettung von Missgeschicken und Missverständnissen stürzt die Bewertung von Lacie dramatisch ab. Gerade noch war sie kurz vor dem Sprung in die Gruppe der privilegierten 4,5er gewesen, jetzt steht sie vor dem Abstieg unter die Zwei. Nach der Verzweiflung kommt die Revolte: Lacie dreht durch, und zwar so richtig – es ist befreiend, dabei zuzusehen, wie das gekünstelte Dauerlächeln aus ihrem Gesicht verschwindet und durch eine Fratze der Wut ersetzt wird. Jetzt ist es ihr nicht mehr wichtig, von einem »hohen Vierer« fünf Sternchen zu bekommen. Mit einer Wertung von 1,3 sitzt sie schließlich im Gefängnis; in der Zelle gegenüber ein Mann, dem es offenbar ähnlich ergangen ist. Die beiden beginnen, einander zu beschimpfen, zuerst ein wenig, dann immer wilder, sie lachen dabei, sie sind glücklich. So frei wie hinter Gittern hat sich Lacie noch nie gefühlt. Sie muss nicht mehr gefallen. Likes sind nicht mehr wichtig.

So weit ist es in der Realität noch nicht, die Übertreibung verdeutlicht jedoch das Prinzip, nach dem soziale Medien funktionieren. Aber wie kommt man nun zu Likes, wenn man kein Star ist, nur durchschnittlich mit Humor gesegnet und kein begnadeter Geschichtenerzähler? Eine recht einfache Möglichkeit ist es, beim oben beschriebenen Rollenspiel mitzumachen, sich ins Gemetzel zu werfen. Empörung geht immer, und ein Artikel ist schnell geteilt. Nur selten wird jemand zum Verbreiter der eigenen Botschaft, die meisten agieren als Verstärker. Ein Blick auf die Facebook-Profile der »Freiheitskämpfer« Marke Trump und Co. sowie deren mediale Außenposten zeigt: Sobald es um Themen geht, die sich im virtuellen Krieg als Munition verwerten lassen, schnellen die »Shares« nach oben. Die User verhalten sich wie Medien, nur dass es ihnen nicht um die Reichweite geht, sondern darum, sich selbst zu positionieren. Das Facebook-Profil ist ihre Visitenkarte, die einzelnen geteilten Beiträge prangen wie Wimpel unter ihrem Konterfei. So wird die private Facebook-Seite zum Medium für sich.

Das Sharing auf Facebook und mittlerweile allen möglichen anderen Social-Media-Plattformen ist der Nukleus der neuen Wahrnehmung und Produktionsbedingungen von Medien. Daraus haben längst findige Medienmacher und Unternehmer ein Geschäftsmodell ersonnen – und zwar schon vor Social Media. Bereits 1996 gründete Matt Drudge seinen E-Mail-Newsletter *Drudge Report*, den man für zehn Dollar im Jahr abonnieren konnte. Drudge war sowohl in Hollywood als auch in Washington und bei großen US-Medienhäusern gut vernetzt und hatte ein Händchen dafür, Dinge zu erfahren, die nicht – oder noch nicht – für die Öffentlichkeit bestimmt waren. Sein größter Coup war die Lewinsky-Affäre, die er als Erster an die Öffentlichkeit brachte, noch vor der großen *Newsweek*-Story. Bald folgte eine Website, auf der er neben einer Handvoll eigener Storys vor allem Links zu Artikeln anderer Medien setzte, mit knalligen, boulevardesken Titeln versehen. Gemessen am Publikumsinteresse war der *Drudge Report* ein Riesenerfolg. Drudge selbst war ein konservativer Haudrauf – und hatte schon früh einen Assistenten, der gut aufpasste: Andrew Breitbart. Breitbart wiederum schloss sich 2005 Arianna Huffington an, die gemeinsam mit Kenneth Lerer und Jonah Peretti die *Huffington Post* gründete, die sich weitaus seriöser als der *Drudge Report* präsentierte, eher liberal als konservativ war, sonst aber ein ähnliches Geschäftsmodell verfolgte. Es wurden hauptsächlich Artikel anderer Medien verlinkt und erst im Lauf der Jahre immer mehr eigene Storys produziert. Der Erfolg des *Drudge Report* und später der *Huffington Post* führte zu einem Aufschrei in der Medienszene: Wie Kraken krallen sich »News-Digests« Artikel anderer Medien, bringen ein »Best of«, zu dem sie selbst wenig beigetragen haben, und kannibalisieren so den Journalismus, weil Leser dann lieber zu solchen »Best of«-Sites gehen und nicht mehr auf klassische Weise Medien lesen – von einzelnen Artikeln abgesehen, die in so einem »Best of« vorkommen. Das kostete die Online-Ausgaben von Printmedien nicht nur Leser, sondern auch Werbekunden: Die erste Runde der Medienkrise war eingeläutet – wegen der Verlinkung von Artikeln, was später »Sharing« genannt werden sollte.

Das Kernteam der *Huffington Post* kam groß raus. Arianna Huffington verkaufte 2011 für 315 Millionen US-Dollar an den US-Medienriesen AOL und blieb

Chefredakteurin. Breitbart baute sein eigenes Unternehmen zum stockkon-servativen Medienimperium aus. Und Jonah Peretti gründete Buzzfeed, bei dem auch Kenneth Lerer mit an Bord war. Jetzt kommt Facebook ins Spiel, das seit 2004 in seiner jetzigen Form besteht. Denn Peretti sah den Siegeszug von Social Media voraus und ging den entscheidenden Schritt weiter nach dem Drudge-Huffington-Modell: Jetzt ging es nur noch darum, Nachrichten zu schaffen, die von normalen Menschen geteilt werden. Buzzfeed ist die Mutter aller Listenmedien: »Die zehn unglaublichsten Unfälle, von denen du nie ge-dacht hättest, dass sie passieren könnten« – pixelige Bildergalerien, Videos aus dem Internet, Katzenfotos; es war völlig egal, was publiziert wurde, Hauptsache, es verbreitete sich viral, nach dem Schneeballeffekt im Netz. Peretti und sein Team experimentierten wild und gnadenlos und hatten den Dreh bald heraus. Sie wurden die ungekrönten Kings des Like-and-share-Journalismus, der mit Journalismus im klassischen Sinn nichts mehr zu tun hatte. Hunderte kopier-ten das Buzzfeed-Modell, das dem Infoschrott der alten Boulevardmedien noch ordentlich eines draufsetzte.

Währenddessen trieb Breitbart mit seiner Website breitbart.com das Drudge-Modell auf die Spitze. Wo Drudge rechts war, war Breitbart radikal. Auch er setzte hauptsächlich auf das kommentierte Verlinken – allerdings nicht nur seriöser Medien, sondern oft obskurer Websites vom rechten Rand, deren Berichte auf Gerüchten statt Fakten fußten. Den ganz großen Siegeszug sei-nes Imperiums erlebte Breitbart jedoch nicht mehr, er starb 2013 an Herzver-sagen. Sein Nachfolger Steve Bannon machte Breitbarts Medienhaus endgültig zum Sprachrohr der Neuen Rechten, der »Alt Right«, der rechten Alternative, die Trump auf den Schultern zum Sieg trug. Breitbart.com publizierte keine völlig erfundenen Geschichten, dazu war man viel zu clever. Überhaupt wa-ren es weniger die eigenen Storys und die Links zu anderen Medien, mit de-nen man reüssierte. Es waren die Memes. Scheinbar kontextlos wurden in Bil-der kleine Texte geschrieben, die Anspielungen enthielten. Juristisch war man unangreifbar – aber die eigene Klientel wusste genau, was gemeint war. Breit-bart-Chefredakteur Alexander Marlow sprach in einem seiner Artikel von Memes als »Munition« im Wahlkampf: »Viele Konservative fragen sich: ›Wie kann ich mithelfen, Amerika aus dem Würgegriff der Establishment-Medien zu befreien und die Wahrheit zu verbreiten?‹ Die Antwort ist so einfach wie mächtig: Folge uns auf Facebook, Twitter und jetzt auch Instagram und teile und schieße die ›Patronen‹ überallhin, die wir für dich aufbereiten. Es funktioniert – und die Establishment-Medien merken es.« Es funktioniert tatsächlich. Der erfolgreichste Link von Breitbart wurde 2016 97 000-mal geteilt, das erfolgreichste Meme 592 000-mal. Der Text dieses Memes: »Erinnerst du dich daran, als Republikaner den Aufstand probten, unschuldige Wähler der Demokraten zusammenschlugen, das Eigentum anderer zerstörten und amerikanische Flaggen verbrannten? Ich auch nicht.« Nichts daran ist unwahr. Aber es insinuiert, ohne es auszusprechen, dass Demokraten den Aufstand proben, unschuldige Wähler der Republikaner zusammenschlagen, das Eigentum anderer zerstören und amerikanische Flaggen verbrennen. So funktionieren Medien im Universum der ideologischen Halbwahrheiten und Anspielungen (ein Modell, das sich europäische Rechtspopulisten für ihren Facebook-Auftritt erfolgreich abgeschaut haben).

Trotzdem kann auch breitbart.com nicht ungeschoren einfach die faktenwidrige Unwahrheit behaupten – aber in seinen Links auf eine Reihe von Alt-Right-Websites zurückgreifen, die das zum Zwecke politischer Propaganda tun. Und es sind nicht nur Ideologen vom rechten Rand, die Unwahrheiten verbreiten, Fake News sind auch zu einem Geschäftsmodell geworden. Es ist nicht ohne Ironie, dass hier gerade Buzzfeed zu einem Aufdeckermedium geworden ist – Buzzfeed, die Mutter des viralen Schwachsinns. Aber Buzzfeed verbreitet harmlosen Schwachsinn, der unterhaltsam ist und niemandem wehtut, sondern höchstens ein wenig nervt. Buzzfeed hat politisch im Gegensatz zu Breitbart einen liberalen Hintergrund, es wurde zur *Huffington Post* der Spaßgesellschaft im Netz. Allerdings seit einiger Zeit mit seriösem Touch, vor allem dank eines Redakteurs: Craig Silverman, der sich auf das »Debunken«, also Aufdecken von erlogenen Nachrichten spezialisiert und es dabei zu einiger Expertise gebracht hat. Er und Journalisten des britischen *Guardian* waren es, die entdeckten, dass aus dem mazedonischen 55 000-Einwohner-Städtchen Veles hundert der erfolgreichsten Pro-Trump-Websites im Wahlkampf kamen. Teenager hatten dort ein erfolgreiches Wirtschaftsmodell entwickelt: irgendetwas behaupten und hoffen, dass es im Alt-Right-Universum viral wird. Einer der Burschen sagte im Interview mit dem IT-Magazin *Wired*, dass er auf diese Weise 16 000 Dollar an Werbeeinnahmen verdient habe – verglichen mit dem mazedonischen Durchschnittsgehalt von 371 Dollar nicht schlecht. Die Teenies von Veles lieferten einander einen Wettbewerb und wurden immer besser. Buzzfeed rechnete aus, dass die zwanzig meistgeklickten Links zu Fake News im US-Wahlkampf öfter gelikt, kommentiert und geshart wurden als die zwanzig erfolgreichsten Storys seriöser Medien.

Und Facebook hatte dabei geholfen, wie *Wired* in einem lesenswerten Artikel herausgearbeitet hat. Facebook bewirbt »Trending Topics«, also Storys, die sich viral verbreiten – wobei ein Algorithmus dafür sorgt, dass solche Postings, die besonders oft geteilt und gelikt werden, von so vielen Menschen wie möglich gesehen werden. Das letzte Wort hatte jedoch stets ein Angestellter. Nachdem ein ehemaliger Mitarbeiter öffentlich angeprangert hatte, dass das Redaktionsteam konservative Postings von den »Trending Topics« ausgeschlossen hatte und nachdem ein Artikel in der *New York Times* beschrieben hatte, wie sich politische Propaganda auf Facebook viral verbreitet, soll Facebook die Trending-Topics-Redaktion auf die Straße gesetzt haben. Nun sollte nur noch Software entscheiden, ohne menschlichen Einfluss darauf, was von Facebook als Trending Topic gepusht wird – ein vermeintlicher Schritt Richtung Objektivität. Schon drei Tage nach dem Rausschmiss des Teams war eine handfeste Lügengeschichte unter den Top Storys – und sie sollte nicht die letzte bleiben. Immer wieder musste Facebook sich danach dafür entschuldigen, Fake News gepusht zu haben. Mit Hochdruck arbeiten Programmierer daran, die Algorithmen zu verbessern – und die Top-Liste wird auch wieder kuratiert.

Wie groß der Einfluss von Fake News auf den Ausgang der Wahl war, wird sich niemals mit Sicherheit sagen lassen. Aber das Argument von Facebook-Gründer Mark Zuckerberg könnte stichhaltig sein – nämlich, dass vielleicht die Top 20 der Fake News öfter als die Top 20 der seriösen Nachrichten angeklickt wurden, dass aber insgesamt im selben Zeitraum viel mehr Artikel von Mainstream-Medien verlinkt, geshart und gelikt wurden als Fake News. Sprich, dass Fake News nur einen Bruchteil jener Artikel ausmachten, die Facebook-User während des Wahlkampfes zu Gesicht bekamen. Der Medienhype rund um die Achse US-Wahl/IT ist groß. Aber vielleicht war der direkte Einfluss auf die Wähler geringer als die Einflussnahme über einen Umweg.

Denn Breitbart-Chef Bannon war einer der wichtigsten Berater Trumps. Trump lernte von den Besten, denn Bannon hat ihre Lehren intus: Drudge, Breitbart,

Buzzfeed und Fake-News-Produzenten. Sie waren Trumps Lehrmeister im Generieren von Aufmerksamkeit im Internet-Zeitalter. Trump wurde zum gekrönten Meister der Aufmerksamkeitsökonomie, er hat es damit bis zum mächtigsten Amt der Welt gebracht, jenem des US-Präsidenten. Er wirkt, als ob er sagt, was er denkt, und nicht das, was ihm vernunftgesteuerte Spindoktoren eingeflüstert haben. *Was* er sagt, ist dabei weitgehend egal – es geht um das *Wie*, es geht um vermeintliche Authentizität, es geht um die Show. Wahr oder falsch? Egal – Hauptsache, kurz und knackig. Was sich nicht auf der Fläche eines Memes oder als Tweet ausgeht, ist zu komplex. Der Unternehmer Trump war immer schon Showmaster und eine Fleisch gewordene Werbebotschaft der eigenen Marke.

Und Trump wurde nicht aufgrund seines Netzwerks von ein paar hunderttausend Spinnern in sein Amt gewählt, Spinnern, die Fake News für bare Münze nehmen, sondern von über sechzig Millionen US-Amerikanern. Wer ausschließlich mazedonische Fake News, spionierende Social-Media-Datenkraken als Wahlkampfhelfer (siehe Statistikkapitel »Wie Big Data zu Big Brother wurde«), die Berichterstattung von Breitbart und russische Hacker (die das FBI mit angeblich belastenden Fakten über Clinton versorgt haben sollen, was schlechte Presse nach sich zog), wer all das für den Wahlsieg verantwortlich macht, will erstens nicht wahrhaben, dass die etablierten Medien einen viel größeren Anteil daran haben, weil sie sich thematisch vom Trump-Lager (samt Fake News) treiben ließen. So berichteten etwa die drei großen TV-Netzwerke laut Tyndall Report (Andrew Tyndall beobachtet die Nachrichten von ABC, CBS und NBC) in der ersten September-Hälfte 2015 länger über die E-Mail-Affäre Clintons als über sämtliche Wahlkampfthemen in Bezug auf die Demokraten zusammengenommen (zweiter Platz: Terror – ein Trump-Thema), Außenpolitik spielte so gut wie gar keine Rolle. Insgesamt wurde in den TV-Nachrichten der drei Netzwerke während des gesamten Wahlkampfes 2016 mehr als doppelt so viel über Trump berichtet wie über Clinton. Und zweitens will offenbar niemand akzeptieren, dass die Leute Trump wählten, weil sie Trump wollten. Weil er ein guter Entertainer war. Weil er Action versprach.

Und er hielt sein Versprechen, gerade auch was Fake News betrifft. Er drehte den Begriff nach seiner Inauguration als Präsident einfach um – ein genialer Schachzug – und machte ihn damit völlig wertlos. Jeder Kritiker seiner kruden politischen Ansagen wird von ihm per Twitter als Verbreiter von Fake News desavouiert, ganze Medienhäuser, allen voran CNN, bezeichnet er als Zentralorgane einer großen Fake-News-Verschwörung gegen seine Person. Die ganze Debatte über Fake News hatte damit ihren Höhe- und gleichzeitig Endpunkt erreicht, noch während Facebook um eine Haltung zu der Thematik rang und Regierungen sich weltweit fragten, ob und wie sie gegen das bewusste Verbreiten von Unwahrheiten vorgehen sollen.

Unwahrheiten und Gerüchte hat es immer gegeben. Aber während früher im Wirtshaus getratscht wurde, sitzt man nun beim digitalen Facebook-Wirt und hat mitunter Hunderttausende Zuhörer, die das Gerücht weitertratschen. Das Gegengift ist guter Journalismus, der die Komplexität der Welt nicht reduziert, sondern sie verständlich darstellt und dabei auch noch gut unterhält. Diesen Journalismus gibt es, wenn auch viel zu selten, er ist da draußen – und erreicht die Menschen, paradoxerweise gerade deshalb, weil sie nicht mehr im echten, sondern im virtuellen Wirtshaus sitzen.

Denn ein Blick auf die Facebook-Seiten der Rechtspopulisten Europas zeigt, dass die Filterblasen-und-Echokammern-Theorie nicht hält. Es kommt ja gerade deshalb zu all den Online-Scharmützeln, weil die Menschen ihre Filterblasen verlassen und plötzlich mit anderen Meinungen konfrontiert sind. Die Filterblase, das war früher, die war das Wirtshaus, jetzt ist direkte Konfrontation angesagt. Man rottet sich zwar in Gruppen zusammen, streichelt einander mittels Likes und Shares, bleibt aber nicht mehr ausschließlich unter sich – sonst würde das Spiel keinen Spaß machen. Man muss sich ja behaupten als Soldat im Unabhängigkeitskrieg oder als Widerstandskämpfer. Gar nicht so selten gehen die Angriffe ins Leere, und der geteilte Content bringt nicht mehr als ein oder zwei Likes. Aber dann läuft es wieder, gleich drei, vier Gleichgesinnte schicken ein Wut-Symbol, weil sie sich ebenfalls über den jüngsten Anlass der Empörung ärgern. Oder, noch besser: Der Kommentar, in dem ich einem Andersdenkenden so richtig die Meinung gesagt habe auf der Facebook-Seite meines Helden, wird zwanzig-, dreißigmal gelikt.

Es ist ein sich selbst verstärkender Kreislauf, in dem Politiker, Medien und User sich gegenseitig aufschaukeln und einander die Bälle zuspielen. Natürlich ist es dankbarer, den Rechtspopulisten, den Heimatbewahrern, den selbsternannten Freiheitskämpfern auf die Finger zu klopfen, weil ihre Methoden der Manipulation sichtbarer sind. Aber wer für einen sauberen Umgang mit Fakten ist, darf bei den Krakeelern nicht aufhören. Ein zweiter Blick lohnt immer, Schlampigkeit, Denkfaulheit und Meinungsmache finden sich mitunter auch in Qualitätsmedien – siehe diverse Beispiele im Statistikteil des Buches.

Als auf dem Höhepunkt der Flüchtlingskrise in Österreich die Unsicherheit am größten war, wurde ich in ein Gymnasium eingeladen, um einen Vortrag zu halten und mit Schülern zu diskutieren. Nachdem ich ihnen anhand mehrerer Beispiele gezeigt hatte, wie schamlos in Medien Lügen und Halbwahrheiten verbreitet werden, war ich mir sicher, damit einen Erfolg gelandet zu haben. Meine Botschaft war schließlich: Lasst euch von Medien nicht verunsichern! Als ich mit meinen Ausführungen fertig war und die Diskussion beginnen sollte, herrschte betretenes Schweigen, von Erleichterung keine Spur. Erst nach einigen Schrecksekunden hob ein Mädchen schüchtern die Hand und fragte mit leiser Stimme: »Und was können wir jetzt überhaupt noch glauben?« Ich hatte die Teenager erst recht verunsichert. Noch beängstigender als angstmachende Fakten (oder Unwahrheiten) ist offenbar nur der Gedanke, dass man Fakten an sich nicht trauen kann. Lieber in einer bösen Welt leben als in einer Welt, in der man die Orientierung verloren hat. Ich hatte mit dieser Reaktion nicht gerechnet und stammelte kleinlaut etwas von wegen »Quellen überprüfen«. Heute weiß ich, was ich hätte antworten sollen.

Hol mich hier raus

Ich hätte die gute Nachricht überbringen sollen: dass all das, die Hasspostings, das Schattenfechten im virtuellen Krieg, die Halbwahrheiten, die zweifelhaft kontextualisierten Fakten, die unkommentiert transportierten Lügen von Politikern, die Fake News – dass all das nur so viel Macht hat, wie wir selbst ihm einräumen. Das Spiel mit dem Informationsschrott kann Spaß machen, und die Sehnsucht nach Orientierung wird dabei sogar noch gestillt; wieder einmal zwei Fliegen mit einer Klappe also. Es geht um die Haltung, mit der wir an den Medienkonsum herangehen, und da sind die Stichworte: Entspannung, Nonchalance, Coolness, Gleichmut, Langmut, Geduld, Humor und alles, was einem sonst noch einfällt, um nach eineinhalb Stunden im Web und in Social Media mit einem Grinsen aufzustehen und mit dem weiterzumachen, was wirklich wichtig ist im Leben, was auch immer das sein mag.

Aber wie so vieles bekommt man auch eine Haltung nicht geschenkt, man muss sie sich erarbeiten. Zuallererst gilt es, die Erwartungshaltung auf ein realistisches Maß herunterzuschrauben – also sehr, sehr weit runter in diesem Fall, in das unterste Stockwerk der erkenntnistheoretischen Tiefgarage. Denn die Wahrheit zwischen den Zahlen und Daten wird man nur selten entdecken, und zwar nicht, weil man unfähig ist und die Recherche von Fakten lieber den Profis überlassen sollte. Sondern weil es, so schlicht das klingt, eine objektivierbare Wahrheit nicht gibt. Rüdiger Safranski liefert in seinem Buch »Wieviel Wahrheit braucht der Mensch?«, in dem er über 2000 Jahre Erkenntnistheorie Revue passieren lässt, eine Antwort für die Verlorenheit der Gymnasiastin: »Die Wahrheitssuche ist ihrem ›Wesen‹ nach eine vertrauensbildende Maßnahme: die Wiederherstellung einer wenn auch behelfsmäßigen Geborgenheit.« Als rationale Wesen wollen wir uns in unseren Entscheidungen sicher (also geborgen) fühlen, indem wir sie anhand von Fakten treffen. Wir wollen nicht mit verbundenen Augen durch den Wald gehen: Es macht uns unfrei, wenn wir uns mit den Händen vorwärts tasten müssen und dennoch stets zu stolpern drohen. Dabei suchen wir eine objektive Wahrheit, das heißt, ein »von der Subjektivität des Beobachters gereinigtes Bild der Wirklichkeit«. Aber wenn überhaupt, findet man sie nur in den Naturwissenschaften, die Abbildung der Wirklichkeit.

Ludwig Wittgenstein, der auch in seinem letzten Werk »Über Gewißheit« ebenjene nicht fand, kapitulierte im Namen der Philosophie humorvoll: »Ich sitze mit einem Philosophen im Garten; er sagt zum wiederholten Male: ›Ich weiß, daß das ein Baum ist‹, wobei er auf einen Baum in der Nähe zeigt. Ein Dritter kommt daher und hört das, und ich sage ihm: ›Dieser Mensch ist nicht verrückt: Wir philosophieren nur.‹« Freilich – der Baum ist ein Baum, weil wir uns in unserem »Sprachspiel« dafür entschieden haben, solche Pflanzen Bäume zu nennen. Die Aussagekraft dieser Erkenntnis ist begrenzt, um es höflich auszudrücken.

Aber, wie Safranski anmerkt, das Problem beginnt dort, wo wir unseren Wahrheitsanspruch auf die Humanwissenschaften ausweiten (und damit auf praktisch alle Themen, die Trump und Co. ansprechen): »Man sucht nach dem Sinn und der Bedeutung einzelner Kulturerzeugnisse, als ob Sinn und Bedeutung unabhängig von dem, der nach ihnen sucht, in diesen Erzeugnissen ›liegt‹.« Nur: »Wahrheit ist keine Eigenschaft der Wirklichkeit, sondern eine Eigenschaft des Verhältnisses, das ich zu ihr einnehme. Die Wirklichkeit ist weder ›wahr‹ noch ›falsch‹. Sie ist eben wirklich. Nur Interpretationen der Wirklichkeit können ›wahr‹ oder ›falsch‹ genannt werden.« Das heißt, dass die Wahrheit stets verhandelbar ist.

Um ein unverfängliches Beispiel zu wählen: Die Headline, dass fünfzehn Prozent der Bevölkerung arbeitslos sind, mag den Tatsachen entsprechen oder nicht. Aber sie allein sagt noch nichts aus, sie enthält keine »Wahrheit«. Wurden sie nach der EU- oder nach der nationalen Methode gezählt? Sind Menschen in Schulungen in den Zahlen enthalten? Wird Arbeitslosigkeit als Problem begriffen oder als Notwendigkeit einer freien Marktwirtschaft, in der zunehmend auf Automatisierung gesetzt wird? Werden »die Ausländer« für die hohe Arbeitslosenquote verantwortlich gemacht? Alles, was ich in diesem Artikel lesen werde, ist eine Interpretation des Verfassers oder der Quelle, die er übernommen hat, sonst stünde dort nichts außer einer einzigen Zahl. Ich kann nur meine eigene Wahrheit im Umgang mit Fakten finden. Aber es war die objektive Wahrheit, die nicht von unserer subjektiven Wahrnehmung abhängt, die wir suchten, um uns frei zu fühlen im Sinne der Geborgenheit, des Sich-in-Sicherheit-Wiegens, der Gewissheit. Angst hingegen macht eine andere Freiheit, nämlich jene, die uns winkt, wenn wir selbst abwägen und urteilen, so Safranski: »Wir befürchten, in die Bodenlosigkeit subjektiver Einbildung zu versinken, auf uns selbst zurückgeworfen, ohne verläßliche Orientierung, ohne Halt in einer substantiellen Wahrheit. Es ist die Angst vor der Freiheit, die an eine von einem selbst unabhängige Wahrheit glauben läßt. Man will mit seiner Wahrheit nicht alleine bleiben, und man will den Verdacht loswerden, daß man sie vielleicht nur erfunden hat.«

Wie viel mehr gilt das, wenn von Flüchtlingen die Rede ist, einem stark ideologisch belasteten Thema? Der Zweifel ist hier kein zu unterdrückender Missstand, sondern im Gegenteil der Idealzustand. Georg Franck, dessen Aufmerksamkeitsökonomie wir bereits kennengelernt haben, schreibt dazu: »Ein Reden von der Realität, welches glaubt, es übertrage den physikalischen Begriff auf die Kultur, weiß nicht, wovon es spricht. Es erlaubt sich eine Naivität, die an

Wunschdenken grenzt, und die es verdient, der Ideologie verdächtigt zu werden.« Dirk von Lowtzow, Sänger der Hamburger Band Tocotronic, hat dem Zweifel sogar eine Hymne gewidmet: »Im Zweifel für den Zweifel, das Zaudern und den Zorn. Im Zweifel fürs Zerreißen der eigenen Uniform.« Die Entscheidung für den Zweifel ist ein entscheidender Schritt in die Freiheit, mit aller Angst, die beim Abschied von der Geborgenheit, von der trügerischen Gewissheit, letztendlich von meiner *Gruppe* einhergeht, einer Angst, der man trotzig die Tocotronic-Hymne entgegenschmettern kann.

Schritt eins beim Erarbeiten einer gelassenen Haltung gegenüber medial vermittelten Fakten: den Glauben an eine objektive Wahrheit aufgeben.
Mit dem wichtigen Zusatz: ohne aufzuhören, der objektiven Wahrheit als unerreichbarer Idealvorstellung entgegenzustreben. Denn natürlich müssen wir uns um die Suche nach der Wahrheit kümmern und uns nach bestem Wissen und Gewissen bemühen, die Wahrnehmung der Wirklichkeit nicht auf unsere Bedürfnisse hinzubiegen. Es ist nicht egal, ob wir eine Aussage für wahr oder falsch halten, und vor allem nicht, ob eine Aussage von maßgeblichen Teilen der Gesellschaft für wahr oder falsch gehalten wird. Nur: Die Wahrheit ist kein physikalischer Wesenszustand, sondern ein Abbild von Prozessen und Beziehungen. Im Gegensatz zur Wahrheit beschäftigen wir uns in unserem Alltag mit *wirklichen* Dingen. Wir pflegen Freundschaften, essen, kleiden uns, kümmern uns um die Körperhygiene, haben Sex, erledigen Arbeiten, trauern über den Verlust geliebter Menschen, haben Spaß, sprich: Wir machen unmittelbare Erfahrungen, andauernd. Was wir sehen und erleben, ist real; wenn wir darüber sprechen, sprechen wir über die Realität, nicht jedoch ohne Schleier, ganz zu schweigen von mediatisierter Information und den Intentionen ihrer Vermittler. Das Problem ist nicht neu, der epikureische Philosoph Lukrez hat vor mehr als 2000 Jahren in seinem Buch »Über die Natur der Dinge« bereits gesagt, was zu sagen ist: »Erstaunlich groß ist die Zahl weiterer Dinge, die wir sehen und allesamt dazu angetan sind, das Vertrauen in unsere Sinne zu erschüttern – es kann nicht gelingen. Denn beim größten Teil dieser Dinge trügen uns durch Einmischung der Geist und seine Meinungen, die wir dem Gesehenen hinzufügen. Sie machen uns glauben, wir hätten Dinge gesehen, die unsere Sinne niemals wahrgenommen haben. Denn nichts ist schwieriger, als zweifel-

los erkannte Dinge von Zweifelhaftem zu unterscheiden, was unser Geist spontan hinzutat.«

In der eigenen Wahrnehmung wähnen wir uns in Sicherheit, hier bewegen wir uns auf trittsicherem Terrain, hier sorgen wir für jenes Maß an Geborgenheit, das wir brauchen. Hier sind wir ganz bei uns selbst. Im Gegensatz dazu betreffen uns abgesehen vom Wetterbericht nur die wenigsten Medienmeldungen wirklich persönlich. Wenn wir uns dennoch mit ihnen beschäftigen (also mit der subjektiven, verschleierten Sicht anderer Individuen), müssen wir uns bewusst sein, dass wir dies aus freien Stücken tun, dass wir uns am Spiel des öffentlichen Diskurses beteiligen *wollen*.

Ob und in welcher Form wir das tun, bleibt uns selbst überlassen. Das heißt nicht, dass man, wenn man kein Experte ist, einfach den Mund halten und sich nicht politisch betätigen oder äußern soll. Im Gegenteil, es ist nur eine Frage, welchen Input ich täglich auf mich einprasseln lasse. Wenn ich täglich in der U-Bahn die Gratis-Boulevardzeitung lese, macht das etwas mit mir, sogar dann, wenn ich dabei bewusst ein ironisches Schmunzeln im Gesicht trage. Es lohnt sich, diesbezüglich die Systemtheorie zu bemühen. Sie hat einen maschinellen Blick auf den Menschen geworfen, was bei aller Problematik und trotz der ständigen Gefahr, Binsenweisheiten zu produzieren, als Gedankenexperiment mitunter ertragreich sein kann. Verkürzt formuliert kann man sich das so vorstellen (jetzt wird es einen Moment lang abstrakt): Systeme sind Einheiten, etwa das Wirtschaftssystem, wenn man im Großen denkt, oder im Kleinen eine Familie. Systeme haben Außengrenzen, an denen entschieden wird, welche Informationen eingelassen werden. Systeme funktionieren ja nicht im luftleeren Raum, sie überschneiden sich mit anderen Systemen, es gibt Austausch und Abhängigkeiten. In jedem System gibt es Mechanismen für die Weiterverarbeitung von Informationen und dafür, wie durch diese Mechanismen anhand des Inputs wieder Output produziert wird, der das System verlässt – und in einem anderen System zum Input wird. Auf lange Sicht beeinflusst die Art von Informationen, die ein System hineinlässt, nicht nur den direkten Output, sondern auch die Art und Weise, wie die Mechanismen der Informationsverarbeitung und das Zustandekommen von Output funktionieren, nach dem Prinzip »steter Tropfen höhlt den Stein«. Hier sind wir wieder ganz beim Thema des Buches: Welche Informationen lassen wir auf uns einprasseln?

Denn jedes Individuum ist ein System für sich. Ich bin ein System. »Mein System kennt keine Grenzen«, singt die Band Blumfeld und hält damit das Banner des Wahns und des Rausches hoch: Wenn meine Schleusenwärter die Schranken öffnen und beliebige Sinneseindrücke auf mich niederstürzen lassen, dann reißen diese Fluten die Maschinen meiner inneren weiterverarbeitenden Industrie nieder – und der Output wird entweder zum weißen Rauschen oder aber, gerade wegen seiner Abweichung von der Norm (denn die Norm würde gut geölte Maschinen brauchen), zur Kunst. Kunst ist im Gegensatz zu Kunsthandwerk die Abweichung von der Norm, wer für sie offen ist, der fordert sich selbst heraus, weil frischer Wind durch das System zieht, weil wir im seltenen Glücksfall »umdenken«, Teile unserer Welt durch eine neue Brille sehen, von ausgetretenen Pfaden abweichen und am Ende Dinge sagen oder tun – also Output produzieren, der wiederum andere überraschen und herausfordern kann, der, mit Blick auf die Gesellschaft, für Fortschritt sorgt.

Im Alltag freilich braucht unser System Grenzen. Ich kann diese Grenzen bewusst ziehen und selbst entscheiden, welche Informationen auf mich einprasseln. Tue ich das nicht, weil ich in den Tag hineinlebe und schicksalhaft nehme, was kommt, oder mein Anspruch an Input nur der ist, unterhalten zu werden (nämlich: egal wie), dann regnet es auf mich hernieder, was der Philosoph Harry G. Frankfurt, im Rückblick auf ein langes Leben als Beobachter der Gesellschaft und als detailverliebter Forscher, so treffend als »Bullshit« bezeichnet hat. Frankfurt ist ein honoriger Mann, er darf das, mit der ganz großen Klatsche zuschlagen und Dinge beim Namen nennen, er ist über den Verdacht erhaben, Schaumschläger zu sein. Er unterscheidet die Menschheit in drei Klassen: jene, die nach der Wahrheit trachten, jene, die bewusst lügen, und die »Bullshitter«. Die Wahrheitssucher und die Lügner agieren entlang derselben Prämisse: dass die Suche nach einer unumstößlichen Wahrheit von Bedeutung ist – die einen wenden sich ihr bewusst zu, die anderen wenden sich von ihr bewusst ab, die Dritten jedoch ignorieren sie völlig, weil es ihnen egal ist, weil es ihnen ausschließlich um die Wirkung ihrer Aussage geht. Bullshitter hält Frankfurt für weitaus gefährlicher als Lügner. Das können beispielsweise politische Propagandisten sein, Werbemenschen, PR-Agenten oder Journalisten und Medienmacher, denen es nur um die Verbreitung ihres Produktes geht, als würden sie Zündhölzer verkaufen (und tatsächlich vermögen sie mit ihren

53

Produkten einen Flächenbrand auszulösen). Zum Bullshit zählt neben Werbung und schlechtem Boulevard (guter Boulevard ist möglich und wichtig) vor allem auch der Mist, der täglich von Privat-TV-Sendern aufgetischt wird. Wer sich nicht nur gelegentlich, sondern Tag für Tag Reality-TV-Serien ansieht, die in der Art und Weise, wie sie Menschen vorführen, bereits per se menschenverachtend sind, der bleibt von den Meinungen und der Sicht auf das Leben der Protagonisten genauso wenig unberührt wie vom menschenverachtenden Blick der Sendungsgestalter.

Bullshit bestimmt keineswegs nur den bewussten Medienkonsum, es reicht, wenn man sich im öffentlichen Raum bewegt, um von Bullshit »zugeschissen« zu werden. Beifall gebührt der serbisch-österreichischen Schriftstellerin Barbi Marković für ein verdienstvolles Experiment, aus dem das Buch »Graz, Alexanderplatz« entstanden ist. Sie schrieb alles unkommentiert auf, was man an schriftlichen Äußerungen lesen kann, wenn man sich im Freien auf drei Grazer Plätzen umsieht. Das können nicht mehr als zwanzig Seiten sein, sollte man meinen. Es sind 192 kleingedruckte Seiten, gefüllt mit Werbebotschaften, Speisekarten, Ge- und Verboten. Wer das Buch wirklich liest, wer sich wirklich auf das Experiment einlässt, der versteht sofort, was Frankfurter mit »Bullshit« und Franck mit »mentalem Kapitalismus« meinen. Es zahlt sich aus, an den Außengrenzen seines Systems Schleusenwärter zu postieren, die Bullshit aussortieren.

Schritt zwei beim Erarbeiten einer gelassenen Haltung gegenüber medial vermittelten Fakten: bewusst entscheiden, wie viel Bullshit ich auf mich einprasseln lasse. Ist das schon das Verschwinden in der Echokammer? Das wäre es, würden wir sklavisch versuchen, wirklich allen Bullshit außen vor zu lassen. Erstens wäre das unrealistisch – und zweitens: Warum sollten wir das tun? Es ist durchaus unterhaltsam, in einem billigen oder kostenlosen Blättchen zu blättern. Die Prinzessin schläft mit ihrem Leibwächter. Beruflichen Erfolg und Glück in der Liebe sagt mir mein Horoskop voraus. Ein Russe hat sich aus Spaß vierzig Meter in die Höhe katapultiert und dann das Reinkrachen in einen Schneehaufen überlebt. Wien ist angeblich so kriminell wie die Bronx in den siebziger Jahren (was für ein wohliger Schauer des Gruselns!). Das ist spannend, lustig, unterhaltsam. Zu meinen guilty pleasures zählt es auch, Krimis zu lesen (nicht nur literarische) und dem Binge-Watching von Serien zu frönen. Der Unterschied ist nur, dass bei Krimis und Serien klar ist, dass es sich dabei um Fiktion handelt. Boulevardblättchen, billigen Blogs und Populisten mit ihren Social-Media-Accounts geht es ja nicht darum, bewusst und per se Unwahrheiten zu verbreiten. Manches, was da verbreitet wird, entspricht zufällig der Realität. Die Frage nach der Wahrheit ist ihnen nur wurscht. Sie sind Frankfurts »Bullshitter«. Schön wäre ein Disclaimer: »Regt euch über nichts auf, was da drinsteht. Es geht hier nicht um die Wahrheit, sondern um Fact-Fiction. Gute Unterhaltung!« Zwei Gedanken dienen der Immunisierung. Erstens: Die Dosis macht das Gift. Und zweitens: Ich denke, wie ein Mantra, stets den eben genannten Disclaimer dazu, wenn ich mich dem Bullshit überlasse.

Schritt drei beim Erarbeiten einer gelassenen Haltung gegenüber medial vermittelten Fakten: beim Sich-dem-Bullshit-Überlassen jedes Mal bewusst daran denken, dass bei Bullshit die Frage nach wahr oder falsch irrelevant ist.
Woran erkenne ich Bullshit? Er ist offensichtlich, sollte man meinen. Dazu braucht man keine akademische Vorbildung, sollte man meinen. Da hilft der gesunde Menschenverstand, sollte man meinen. Eine reißerische Aufmachung, der Dauermodus der Empörung und des Skandals, pixelige Bilder, wehleidiges Beklagen der eigenen Opferrolle, eindeutige Werbung für Produkte oder Botschaften – das sind nur einige Hinweise darauf, dass hier mit Infotainment statt Information gehandelt wird. Erwachsene Bürger des 21. Jahrhunderts sind mündig genug, Bullshit-Medien und Bullshit-Apologeten als solche zu erkennen, sollte man meinen. Jene, die den Unterschied wirklich nicht erkennen, sind eine statistisch kaum relevante Größe, sollte man meinen. Untersuchungen an Schülern und Studenten in den USA lassen diesbezüglich Zweifel aufkommen (siehe Kapitel »Eine Generation ohne Bullshit-Barometer«). Eine verpflichtende Medienkunde an Schulen scheint unabdingbar, will man Bürger, die ihre demokratischen Rechte und Pflichten verantwortungsvoll wahrnehmen.

Schritt vier beim Erarbeiten einer gelassenen Haltung gegenüber medial vermittelten Fakten: sich bewusst die Frage stellen, ob eine Information unmittelbar für das eigene Leben relevant ist oder nicht.
Ähnlich wie bei Boulevardmedien soll auch hier nicht dem Eskapismus das Wort geredet werden. Eine globale Ethik im Sinne der Aufklärung wurde be-

reits argumentiert und eingefordert – das ist jedoch kein Widerspruch zur Frage nach der persönlichen Betroffenheit. Empathie, das Sich-einfühlen-Können in Probleme von anderen, auch von Individuen, die mit mir keiner gemeinsamen Gruppe angehören, ist ehrenwert und wichtig. Wenn ich etwa kein Brasilianer bin, aber von Großgrundbesitzern lese, die illegal den Regenwald niederbrennen und damit Indianern den Lebensraum rauben, ist es legitim, dass ich mich betroffen fühle, obwohl ich nicht betroffen bin. Wenn ich mich dazu berufen fühle, kann ich eine Petition unterschreiben oder eine Protestnote an brasilianische Behörden verfassen, zumindest aber kann ich es vermeiden, Produkte von Firmen zu kaufen, die den Regenwald zerstören. Es geht bei diesem Punkt also nicht darum, sich interesselos von allen Nachrichtenbeiträgen außer dem Wetterbericht abzuwenden. Es geht vielmehr um einen kleinen psychologischen Trick. Ich stelle mir, konfrontiert mit medial vermittelten Fakten, zuallererst die Frage: Bin ich wirklich persönlich betroffen? Oft wird die Erregung dadurch deutlich verringert. Wer sich nur einen Tag lang konsequent diese Frage stellt, wird sich wundern, wie wenig in der Berichterstattung mit ihm oder ihr selbst zu tun hat.

Während ich diese Zeilen schreibe, sind auf der Frontseite von ORF.at, der Nachrichtenwebsite des Österreichischen Rundfunks, bei der ich selbst (mit Überzeugung) arbeite, vierzig Artikel beziehungsweise Kurzmeldungen online. Davon betrifft mich, wenn überhaupt, eine einzige persönlich: die frenetische Besprechung der Neuinszenierung von Verdis »Trovatore« an der Wiener Staatsoper mit Anna Netrebko in der Rolle der Leonora. Die Meldung betrifft mich insofern, als ich keine zehn Minuten zu Fuß von der Oper entfernt wohne und mir vielleicht gemeinsam mit meinem älteren Sohn eine billige Stehplatzkarte für den »Trovatore« besorgen werde. Die restlichen Artikel sind spannende Geschichten – nicht mehr, aber auch nicht weniger. Ich kann sie lesen, ohne mich über Gebühr zu empören. Auf der Website der *Kronen Zeitung* betrifft mich persönlich sogar kein einziges Thema. Zumindest behaupte ich, vom Bericht der »Sexpertin Petite Julie« mit dem Titel »Sex-Lügen: So schwindeln Männer« nicht betroffen zu sein.

Es geht hier explizit nicht um die Frage, ob es Themen gibt, die meinen Überzeugungen ent- oder widersprechen. Die gibt es. ORF.at berichtet, dass der konservative österreichische Innenminister eine erkleckliche Anzahl an Demonstrationen verbieten will, weil sie angeblich das Geschäft der Kaufleute entlang der Routen stören. Das halte ich demokratiepolitisch für bedenklich. Die *Kronen Zeitung* wiederum brachte in einem Artikel (einmal mehr) die Taten von Menschen, die eines Verbrechens verdächtigt werden (illegaler Waffenbesitz, Beteiligung an einer kriminellen Vereinigung) direkt mit ihrer Herkunft (Tschetschenien) und ihrem Status (Asylwerber) in Verbindung. Ich weiß aus persönlichen Gesprächen, wie sehr Tschetschenen und Afghanen darunter leiden, als die »bösen Flüchtlinge« zu gelten. Auch diese Meldung freut mich nicht, vor allem nicht, weil ich weiß, wie solche Berichte mitunter zustande kommen: Boulevardmedien bekommen von Polizisten, die Mitglieder der Gewerkschaft der rechtsnationalen FPÖ sind, Informationen zugespielt, die nicht Teil offizieller Presseaussendungen der Polizei sind (ob es in diesem Fall so ist, weiß ich nicht, in einem anderen Fall habe ich es nachgewiesen).

Aber bevor ich jetzt auf Facebook gehe, die beiden Artikel teile und mit rotzigen Kommentaren versehe, stelle ich mir bewusst die Frage: Betrifft es mich persönlich? Diese einfache Frage wirkt wie eine Beruhigungspille, sie ist ein Kniff, mit dem ich mich selbst überlisten kann. Zudem habe ich mir ohnehin eine dreißigminütige Cool-down-Phase auferlegt, was das empörte Posten oder Kommentieren auf Social-Media-Plattformen betrifft. Erst dreißig Minuten nach dem ersten Impuls entscheide ich, ob ich mich offiziell über etwas echauffiere oder nicht. Das Ergebnis dieser beiden selbstauferlegten Regeln: ein ruhigeres Leben. Schlachtfelder gibt es im Alltag auch so genug, ich muss mir keine virtuellen suchen.

Schritt fünf beim Erarbeiten einer gelassenen Haltung gegenüber medial vermittelten Fakten: bei Meldungen, die mich betreffen oder betroffen machen, die Quellen überprüfen, die Argumentationslinie hinterfragen und etwaige Zahlen in Relation setzen.

Dieses Buch ist kein Buch über die Wahrheit. Viele andere Autoren behaupten in ihren Büchern über Statistiken, über Zahlen, Daten und Fakten: Die Fakten da draußen sind falsch, ich sage euch, welche richtig sind. Dies ist ein Buch über die Welt der Fakten, wie sie sich uns im Alltag darstellen: in den Medien, in der schnellen Recherche via Google und Wikipedia. Für dieses Buch wurde nicht geforscht, es wurden keine Experteninterviews geführt. Es wurde so recherchiert, wie es auch im Alltag funktionieren würde: Man liest etwas in den Medien, verbindet es mit eigenen Erfahrungen, schlägt bei Wikipedia oder Google nach, allerhöchstens zieht man noch ein Buch aus der eigenen Bibliothek zurate. Und dann liegen sie da, vor uns, die Fakten: plausibel oder unplausibel? Spannend oder fad? Aufklärend oder vernebelnd? Nun beginnt das gemeinsame Spiel mit den Fakten. Das In-Beziehung-Setzen zum größeren Ganzen. Das Vergleichen. Der Abgleich mit dem Pool an eigenen Erfahrungen. Das Checken der Quelle und der Methode, mit der diese Fakten erhoben wurden. Die Frage nach der Relevanz für uns selbst und für andere. Das passiert alles noch ganz abseits der Frage, ob ein Faktum falsch oder wahr ist.

Wie bereits beschrieben, sollte man mit ein wenig Menschenverstand ganz offensichtlichen Bullshit auf den ersten Blick erkennen. Aber mitunter ist das nicht so einfach. Ich bin betroffen oder fühle mich betroffen von einer Meldung. Mir ist wirklich wichtig, inwiefern die Fakten, über die berichtet wird, zutreffen und relevant sind. In diesem Fall lasse ich mich bewusst auf das Spiel mit Fakten ein und nehme mir ein wenig Zeit – meist reichen ein paar Minuten. Ein Beispiel: In Österreich wird im Zuge einer Razzia ein junger Mann festgenommen, der einen Anschlag geplant haben soll. Ich will wissen, ob hier eine internationale Terrortruppe am Werk ist, die sich von der Verhaftung eines Mitglieds wohl nicht abschrecken lassen wird, oder ob hier ein verwirrter Teenager als Einzeltäter unterwegs war. Beziehungsweise würde mich interessieren, wie konkret die Terrorpläne überhaupt waren. Die *Kronen Zeitung* macht ihren Bericht schon einmal mit einer Fotomontage auf: der Stephansdom, Wahrzeichen Wiens, im Hintergrund. Im Vordergrund eine IS-Flagge und die Silhouette eines Mannes mit Maschinengewehr. Das Bullshit-Barometer schlägt aus, ich wende mich einem seriöseren Medium zu, also etwa ORF.at. Hier wird von der Pressekonferenz des Innenministers berichtet. Was er sagt, klingt zunächst nach einem internationalen Netzwerk und nach einer großen, konkreten Bedrohung für Österreich. Ich überprüfe die Quelle – suche also auf news.google.at gezielt nach Interviews mit dem Innenminister, falls ich ihn nicht ohnehin einordnen kann. Er offenbart sich in der kurzen Recherche als glühender Verfechter von drastischen Überwachungsmaßnahmen zur Terrorprävention. Die Festnahme kommt ihm also zupass. Ich genieße das, was er sagt, mit einer gewissen Vorsicht. Dann schaue ich näher hin: Was sagt er wirklich? Ja, er geht von einer realen Bedrohung aus. Er wurde von deutschen Behörden auf die Gefahr hingewiesen. Näheres kann er aus ermittlungstechnischen Gründen nicht sagen. Sprich: Man weiß so gut wie gar nichts, und das aus einer Quelle, die alles andere als neutral ist. Ich rufe mir in Erinnerung, dass ich statistisch gesehen als Radfahrer in einer Großstadt jeden einzelnen Tag eine größere Wahrscheinlichkeit habe, im Straßenverkehr zu sterben, als irgendwann in meinem Leben Opfer eines Terroranschlags zu werden. Fürchte ich mich, wenn ich aufs Fahrrad steige? Nein. Ich entschließe mich, ruhig zu bleiben, und gehe eine Pizza essen, während der Rest des Landes in Terrorpanik zu verfallen droht – es hätte gerade noch gefehlt, dass meine stets solidarischen Facebook-Freunde ihre Profilbilder auf »Je suis Vienne« gewechselt hätten. Später stellte sich heraus, dass Boulevardmedien fast die Ermittlungen vereitelt hätten, weil sie mit der Meldung über die Razzia viel zu früh vorgeprescht waren. Wieder einmal hatten Polizisten hintenherum Journalisten von Revolverblättern über einen Einsatz berichtet.

Aber es muss nicht immer um Terror, Asyl, Radikalisierung oder Donald Trump gehen. Ein simples Beispiel aus dem Statistikteil dieses Buches: Im Kapitel über Filterblasen kam mir eine interessante Studie des amerikanischen Pew Research Center unter. Ich hatte noch nie von dieser Institution gehört und wollte wissen, ob sie eine zitable Quelle darstellt. Ich steuere deshalb news. google.co.uk an. Wieso UK? Das Pew Research Center ist eine amerikanische Institution, deshalb suche ich nicht in der österreichischen oder deutschen Version von Google News. Von news.google.com (also der amerikanischen Seite) würde ich automatisch auf die news.google-Version meines Landes weitergeleitet werden. Ich nehme jedoch an, dass besonders englischsprachige Medien Erfahrung im Umgang mit diesem Institut haben, also gehe ich auf news.google. co.uk und gebe dort »Pew Research Center« als Suchbegriff ein. Ich finde jede Menge Medien, in denen Studien von Pew zitiert werden, darunter die *New York Times*, die *Chicago Tribune*, salon.com, NBC und CBS. Das ist schon einmal ein deutlicher Hinweis auf die Seriosität des Pew Research Center. Bis jetzt hat die Recherche zwei Minuten in Anspruch genommen. Ich nehme mir weitere fünf Minuten, in denen ich in einige der Artikel kurz hineinlese, und sehe, dass sich das Institut mit einer breiten Streuung an Themen beschäftigt. Das spricht zusätzlich dagegen, dass es sich um eine Lobbygruppe handelt. Ich entschließe mich also, dem Pew Research Center zu vertrauen, und zitiere aus der Studie über Filterblasen. Ob mein Urteil einer wissenschaftlichen Untersuchung standhalten würde? Ich weiß es nicht. Aber hier soll es um alltagstaugliche Instrumente zur Einordnung von Informationen gehen – und nicht um das vermeintliche Herstellen von Gewissheit.

Bei Statistiken lohnt es sich oft, besonders genau zu lesen, was da gemessen wird. Geht es etwa um Umweltzerstörung, wird oft verharmlosend berichtet. Da jubelt eine Zeitung schon in der Headline über einen großen Fortschritt, weil sich der Anstieg des CO_2-Ausstoßes eines Landes ein wenig abflacht. Das heißt doch, dass der CO_2-Ausstoß weiter steigt – beileibe kein Grund zum Jubeln, auch wenn der Anstieg nicht noch größer war als im Jahr davor, wo er vielleicht besonders groß gewesen ist.

Was sich ebenfalls immer lohnt, ist, bei Zahlen Relationen herzustellen. Immer wieder sorgen Sozialausgaben für Aufregung, weil unterstellt wird, dass faule Subjekte sich auf Kosten anderer in der sozialen Hängematte ausruhen würden und deshalb den brav arbeitenden Bürgern nichts zum Leben bleibt. Sozialausgaben lassen sich immer wieder gut mit der Gesamtsumme des jährlichen Budgets eines Landes vergleichen – oder auch mit einzelnen Posten wie dem Verteidigungsbudget (siehe Kapitel »Die Ego-Shooter unter den Nationen«). Zudem entfällt ein Großteil der Sozialausgaben auf Alterspensionen (in Österreich 2015 etwa 44 Prozent laut Statistik Austria). Auch durch solche Vergleiche lässt sich die eine oder andere Aufregung vermeiden.

Zusammenfassend:
Eine Meldung ist entweder offensichtlicher Bullshit oder nicht. Eine Meldung betrifft mich oder nicht. Ist sie Bullshit oder betrifft mich nicht, kann ich sie geflissentlich ignorieren. Ist sie kein offensichtlicher Bullshit, betrifft oder bewegt sie mich, dann schaue ich sie mir näher an: Ich checke die Quelle und setze etwaige Zahlen in Relation. Meist nehmen diese Schritte kaum zehn Minuten in Anspruch und verhindern, wie man in der Theaterstadt Wien sagt, dass man sich in einen Pseudokrieg »hineintheatern« lässt. Wenn sich freilich nach all diesen Schritten die Empörung nicht gelegt hat und sich der Anlass der Aufregung als solcher bestätigt, dann kann man nur mit Stéphane Hessel sagen: Okay, dann empört euch – aber nicht vorher, weil unser Leben für unnötige

Aufregungen zu schade ist. Und wenn ihr euch schon empört, dann – noch einmal Hessel – »engagiert euch«! Ansonsten, und das ist jetzt nicht mehr Hessel: »Entspannt euch!«

Die Naivität der Relativierer

Ein gewichtiger Einwand wurde bisher nicht ausgeräumt, und er ist zentral. Das Totschlagadjektiv, das Relativierern stets entgegengeschmettert wird, lautet: »Seid nicht so naiv!« In zweierlei Hinsicht. Einerseits sind es die »Lügenpresse«-Schreier, die jeden, der sich nicht vor dem Weltuntergang wegen Zuwanderung oder Terror fürchtet, »naiv« nennen. Und auf der anderen Seite halten die Kritiker der »postfaktischen Gesellschaft« alle, die sich nicht vor dem Weltuntergang wegen des Faschismus und Kapitalismus fürchten, ebenfalls für »naiv«. Erstere werden hauptsächlich von Boulevardmedien in ihrem Vorwurf bestärkt. Aber was ist mit jenen, die täglich Qualitätsmedien lesen, in denen Faktentreue noch großgeschrieben wird? Qualitätsmedien, in denen Kommentatoren täglich zu Recht auf tatsächliche Missstände hinweisen? Deren Reporter mit ihren investigativen Recherchen Korruption und Misswirtschaft aufdecken? In denen ohne Übertreibungen über internationales Kriegsgeschehen berichtet wird? Die als eines der Grundübel in zahlreichen Staaten die ungerechten Steuersysteme anprangern, weil jene, die von der Gesellschaft am meisten profitieren, keinen adäquaten Beitrag leisten? Wenn das alles wahr ist, was da drinsteht, was gibt es dann noch zu relativieren? Dann ist es doch Zeit für den Kampf! (Wenn auch nur den virtuellen, für den tatsächlichen müsste man ja erst den Hintern hochkriegen.) Der Punkt ist: Sie haben mit alledem recht. Und dennoch vermitteln auch Qualitätsmedien ein falsches Bild der Welt, weil sie ihren Fokus zum allergrößten Teil auf Negativberichterstattung legen.

Das ist ein heikler Punkt, jener, an dem man rasch zum Trottel mit esoterischen Heile-Welt-Tendenzen abgestempelt wird. Es soll hier deshalb jemand in den Zeugenstand treten, der gänzlich unverdächtig ist, in Jesuspatschen ein »Zurück zur Natur« zu fordern: Ulrik Haagerup, für die Nachrichtenberichterstattung des Dänischen Rundfunks DR zuständig. Er trägt nicht nur gewichste Schuhe und Schlips, er ist auch für ein Medium tätig, das um Einschaltquoten kämpfen muss. Dennoch tritt er in seinem Buch »Constructive News« für einen grundlegenden Wandel in der Medienberichterstattung ein. Zunächst einmal zieht er über seine Kollegen vom Leder. Aufgrund der sinkenden Auflagenzahlen in Zeiten des Internets würden alte Medien die Flucht nach vorne antreten: Journalismus neige heute deshalb noch mehr zur Dramatisierung, zur Zurschaustellung von Konflikten, zur Inszenierung von Verbrechen. Als positive Alternative gibt es höchstens Storys über die günstigsten Angebote von Flachbildschirmen, damit auch die Anzeigenkunden auf ihre Kosten kommen. Und das alles wird natürlich möglichst perfekt mit Social Media verknüpft.

Haagerup berichtet aus der Praxis, wenn er sagt, dass noch immer die antiquierte Meinung vorherrsche: »Only bad news are good news.« Gerade Qualitätsmedien geht es dabei nicht einmal nur um die Quote – sondern auch um das journalistische Selbstverständnis. Haagerup erzählt von seiner eigenen Sozialisation als Journalist in der Nachfolge der Watergate-Berichterstattung und der Heroisierung der Aufdecker: »Kritik war unser Gesellschaftsspiel und unsere Lebensphilosophie. Kritiker waren die intelligenteren Menschen. Und wir waren nun Teil der herrschenden Klasse: Wir würden Korruption aufdecken und jederzeit gegen die unbezähmbare Habgier der Eliten kämpfen. Probleme enthüllen. Macht kritisieren. Wir waren die Vierte Gewalt. Die Auserwählten. Wir würden die Welt erzittern lassen.« Das ist auch heute noch ein Grund, warum so viele junge Menschen Journalisten werden wollen, obwohl der Beruf erstens immer weniger Geld einbringt, zweitens aufgrund des hohen Stressaufkommens, der unregelmäßigen Arbeitszeiten und der immensen Konkurrenz durch das Meer an Nachwuchsreportern alles andere als attraktiv ist. Der Watchdog der Demokratie zu sein, die Bulldogge, die in die Waden der Mächtigen beißt, das hört sich cool an. Aber es ist eben nur *eine* Aufgabe des Journalismus – und nicht seine einzige. Wenn sich in einem Medium drei Viertel der Journalisten als die »Bravehearts« der Wahrheit gerieren, dann nutzt sich dieser Gestus ab. Wenn jedes Skandälchen zum Skandal hochgejazzt wird, erkennt der Leser den Skandal nicht mehr, weil die Möglichkeiten zur Differenzierung verlorengegangen sind.

Sollen Journalisten also ihre Ambitionen fallenlassen und als Büttel von Politik und Werbeindustrie agieren? Im Gegenteil. Es verlangt ein Mehr an Kreativität, an journalistischer Kunstfertigkeit und an Gewitztheit, ausgetretene Pfade zu verlassen und wirklich zu überraschen. Überraschen wäre hier das Gegenteil des Sich-als-journalistischer-Widerstandskämpfer-Gerierens, also das Gegenteil des Copy-Pastens der ewig gleichen Agenturmeldungen, die man dann mit einem möglichst konfliktiven, reißerisch-aufdeckerischen Titel versieht.

Investigativer Journalismus, das heißt: monate-, manchmal jahrelang bei Informanten Vertrauen aufbauen; verdeckt recherchieren; sich in Themenbereiche einarbeiten, als würde man eine Doktorarbeit schreiben; sich ständig vor Kollegen rechtfertigen, weil man eigentlich viel zu viel Zeit investiert – bei ungewissem Ausgang, weshalb dann mehr Tagesarbeit für die anderen bleibt. Diese Art von Journalismus ist die »Vierte Gewalt«, von der Haagerup schreibt, und sie braucht es – sie wird es immer brauchen. Aber wie viele Artikel basieren tatsächlich auf investigativen Recherchen? Der ganz große Rest trägt nur noch investigativen Gestus vor sich her. Fade Aussendungen von Ministern der Regierungskoalition werden willfährig wiedergegeben und erhalten einen kritischen Anstrich, weil aus ihnen ein »Zwist in der Regierungskoalition« konstruiert und so der »Sturz der Regierung« herbeigeschrieben wird. Themen, die man eigentlich kontroversiell diskutieren müsste, werden ihrer Komplexität durch vereinfachte, vordergründig »kritische« Aussagen beraubt. So holt man sich als Journalist auf Facebook ohne viel Aufwand solidarische Likes ab, die davon ablenken, dass man längst nur noch Bullshit produziert, inhaltliche Durchlaufposten, verfasst ausschließlich, um kurzfristig Emotionen zu generieren. Den Populisten etwa wird eine Bühne geboten, indem man ihre Aussagen immer und immer wieder zitiert, womit man sie erst recht unter die Leute bringt, trotz des Deckmantels der Empörung über den Stuss, den sie reden. So wird ein Modus der pseudoaufklärerischen Daueraufgeregtheit hergestellt, der mit kritischem Journalismus im Sinne einer »Vierten Gewalt« eigentlich nichts mehr zu tun hat. Das kommt auch beim Leser an: Journalisten gehören in Umfragen stets zu den unbeliebtesten Berufsgruppen – gemeinsam mit Politikern und Mitarbeitern der Werbebranche. Mit Politikern und Journalisten sind jene beiden Sparten immer ganz unten auf der Beliebtheitsskala, die für das marktschreierische Krisengedöns verantwortlich zeichnen. In Dänemark sind Journalisten Viertletzte in Sachen Vertrauen der Bevölkerung, noch weniger vertrauenswürdig sind nur Autohändler, Politiker und Spindoktoren. Auch in Deutschland der viertletzte Platz, hier nehmen Politiker den letzten Platz ein, 63 vor Versicherungsvertretern und Angestellten der Werbebranche. Ähnlich in Österreich: Politiker stehen ganz unten, dann Werbefachleute, auf Platz drei des Negativrankings folgen bereits die Journalisten. Das hat noch nicht einmal mit Fake News im eigentlichen Sinn zu tun, da geht es nicht um glatte Lügen, sondern um einen als Faktenjournalismus verbrämten, pseudoideologischen Kampf, der stets zum Mitmachen einlädt, zum Sich-Empören, und sei es nur in sozialen Medien.

Haagerup fordert, diesem kurzatmigen Hecheln nach Empörung einen neuen, konstruktiven Journalismus entgegenzusetzen. Erstens betrifft das die Abmischung der Themen insgesamt, in der Storys über neutrale oder positive, zukunftsgewandte Themen stärker gewichtet werden sollen, zweitens auch den einzelnen Artikel, in dem neben berechtigter Kritik immer auch Expertenvorschläge für eine Verbesserung des Status quo enthalten sein sollen. Freilich gilt die Prämisse: Die Story muss packend erzählt sein. Schon Horkheimer und Adorno haben während des Zweiten Weltkriegs in ihrer »Dialektik der Aufklärung« geschrieben, dass Aufklärung keinen Sinn hat, wenn sie schal und öde moralisierend daherkommt. Die Menschen da draußen sind keine Masochisten, die fade Storys lesen, um Moralpunkte zu sammeln. Ein Text muss immer auch unterhalten – reine Information reicht nur bei Kochrezepten und Bedienungsanleitungen. Wer die Aufklärung nicht gut verkauft, der ist ein schlechter Aufklärer, und wenn er noch so kluge Inhalte anzubieten hat.

Aber was ist das, spannende Berichterstattung? Muss es dabei nicht immer um Konflikte gehen? Die Nachrichtenwerttheorie, ein Relikt des vergangenen Jahrhunderts, legte fest, welche Kriterien es dafür gibt, ob ein Thema zur »Story« wird oder nicht: Konflikt, Sex, Sensationalismus, Überraschung. Bei der Erstellung dieser Liste hat man aber nicht Leser-, Seher- oder Hörerforschung betrieben, sondern die bestehende Medienberichterstattung der damaligen Zeit ausgewertet – also nur den Stand der Dinge festgeschrieben. Aus dem journalistischen Alltag von ORF.at, wo die Leserquote jeder einzelnen Story stündlich gemessen wird, kann ich zwar bestätigen, dass diese Kriterien (vor allem in Kombination – »Expertenstreit über Hitlers heimliche Sexorgien«) für Quote sorgen – dass aber seriöse Hintergrundrecherchen auf genauso großes, manchmal sogar deutlich größeres Interesse stoßen, wenn denn der Journalist sein Handwerk versteht. Er sollte wissen, welche Themen seine Leser wirklich betreffen. Er kann Statistiken auswerten, in Relation stellen, Betroffene ihre Geschichten erzählen lassen, daraus einen spannenden Artikel basteln und einen Titel finden, der die Leser förmlich in die Story zwingt. Wenn dann noch ein Foto dazukommt, das ein eigener Fotograf geschossen hat, wo Szenen aus dem echten Leben zu sehen sind statt eingekaufter Stock-Fotos mit weichgezeichneten Models, fühlt sich der User doppelt einbezogen und klickt unter Garantie die Aufmacherstory an, selbst wenn es um ein Thema geht, das sonst nicht gerade zur »Quotensau« taugt. Man muss Themen andersherum denken, um zu überraschen, und aus dem journalistischen Einheitsbrei ausbrechen.

Zugegeben, auch hier wieder eine Argumentation, die sich dem Vorwurf der Naivität aussetzt. Wie in einem Zitat von Haagerup bereits angesprochen: Klassische Medien kämpfen aufgrund der Konkurrenz auf dem Werbemarkt durch Internet beziehungsweise Social Media um Quoten und, abgesehen davon, aufgrund der Folgen der Wirtschaftskrise mit sinkenden Werbeeinnahmen. Wenn durch Verkäufe und Anzeigen weniger Geld hereinkommt und die öffentliche Hand diesen Verlust nicht in Form von adäquaten Förderungen wettmacht, dann muss gespart werden. Artikel braucht es dennoch in ähnlichem Ausmaß – sonst würde ja die Werbefläche zwischen den einzelnen journalistischen Beiträgen verlorengehen. Die Kernteams von Redaktionen werden ausgedünnt, um Personalkosten zu sparen. Der US-Branchendienst CarreerCast.com hat, ausgehend von den Zahlen für 2016, eine Liste jener Berufe erstellt, mit denen es rapide bergab gehen wird. Auf einem der Spitzenplätze in diesem Negativranking: Reporter – für sie gibt es momentan von Jahr zu Jahr acht Prozent weniger Jobs. Gleichzeitig werden an freie Mitarbeiter lachhafte Honorare ausbezahlt – weshalb die, genau wie ihre fixangestellten Kollegen, in noch kürzerer Zeit noch mehr Beiträge abliefern müssen, um überleben zu können. Sprich: Es bleibt weniger Zeit für die Recherche des einzelnen Artikels beziehungsweise des einzelnen Radio- oder TV-Beitrages. Deshalb wird Mimikry betrieben: eine Agenturmeldung plus ein wenig Internetrecherche, dazu der rhetorische Gestus des Aufdeckerjournalisten – und fertig ist die »Gschicht«. Haagerup hat seine Forderungen gegenüber Journalisten auf folgende Formel gebracht: »Nicht mehr, sondern besser. Nicht negativ, sondern kritisch. Nicht aufgebracht, sondern wissbegierig. Nicht anklagend, sondern ermutigend. Nicht schreierisch, sondern neugierig. Nicht populistisch, sondern populär. Nicht stumpfsinnig, sondern modern. Nicht anklagend, sondern offen. Nicht nur nach dem üblichen ›Wo‹, ›Wer‹ und ›Wann‹ fragend, sondern auch nach dem ›Wie‹ und ›Was nun‹.« Freilich, in einer journalistischen Welt, in der seit zwei Jahrzehnten Zynismus mit Kritik und Nihilismus mit postmoderner Distanz und Ironie verwechselt wird, ist dieser Weg ein langer.

Eine einfache, kurzfristige Lösung ist nicht in Sicht. Mittel- und langfristige Ansätze klingen vielversprechend, aber nicht gerade sexy: flächendeckende Medienkunde an den Schulen, damit der Wert qualitätsvoller Berichterstattung anerkannt wird. Dann wären Leser im Idealfall irgendwann bereit, sorgfältig recherchierter Information einen größeren Anteil vom Privatbudget zuzugestehen. Auf Kosten eines besseren Autos, eines neuen Handys, einer Urlaubsreise? Und da nun größeres Interesse an valider Berichterstattung besteht, würde auch die Politik reagieren und einen größeren Batzen vom Budget für Presseförderung ausgeben.

Warum ist das so wichtig? Nicht nur, weil die Medienberichterstattung eine konstruktive Rolle in einer Demokratie spielen sollte, sondern auch, weil sie Einfluss auf unser tägliches Wohlbefinden hat. Im Kapitel »Die blutige Spur des Killers auf meinem Frühstückstisch« beschreibe ich, wie viel Mord, Totschlag, Konflikt und Weltuntergang uns an einem Sonntagmorgen in den meistgelesenen deutschen Medien aufgetischt wird. Obwohl viele statistische Kennzahlen dagegen sprechen, läuft ein Großteil der Menschen mit einem Gesicht durch die Gegend, als würde die Welt um uns herum von Tag zu Tag schlechter. Wohlfühljournalismus wird hier dennoch nicht gefordert, sondern – siehe Haagerup – Konstruktivität.

Bei fair gehandelten und Bioprodukten läuft die Debatte längst: Sind nun die Kunden in die Pflicht zu nehmen, die Unternehmen oder der Gesetzgeber? Sollen die Kunden durch bewusste Kaufentscheidungen Unternehmen zum Einlenken zwingen? Sollen Unternehmen im Sinne der Corporate Responsibility umdenken und darauf hoffen, dass ihnen die Kunden folgen? Soll der Gesetzgeber Regeln schaffen, an die sich dann beide zu halten haben? Linke sagen: Es braucht Regeln. Wirtschaftsliberale sagen: Es wird sich alles von selbst regeln. Eine ähnliche Debatte ist in Bezug auf Medien auf breiter Basis erst im Entstehen. Zwar haben ganze Kohorten an Publizistikstudenten über die fragwürdige Berichterstattung der Boulevardmedien dissertiert und linke Intellektuelle rechte Hetze kritisiert – aber eine breite Debatte über Fake News und Filter-blaseneffekte wird erst geführt, seit Europa über die Hasspostings zum Thema Flüchtlinge staunte und in den USA Donald Trump zum Präsidenten gewählt wurde. Eine Erklärung für die verschleppte Diskussion ist die Hypothese, dass erst durch die in den letzten Jahren sprunghaft gestiegene Verbreitung von Social Media überhaupt sichtbar wird, wie Menschen auf Medienberichte re-agieren. Eine andere Erklärung wäre, dass Medien in diesem Fall sowohl Inhalt als auch Plattform der Debatte sind.

In die Pflicht genommen sind alle drei Player im medialen Gesellschaftsspiel. Die Medienkonsumenten sollten vor allem eine bewusste Entscheidung dage-gen treffen, sich permanent mit Bullshit berieseln zu lassen. Medien sollten das Diktum »Only bad news are good news« hinterfragen und, anstatt Agentur-meldungen mit empörten Meinungseinsprengseln zu versetzen, lieber tatsäch-lich investigativen, empathischen und kritischen Journalismus betreiben und Constructive News verbreiten. Man kann auch aus der Not eine Tugend ma-chen und medienübergreifende, sogar internationale Rechercheplattformen gründen, wie das im Fall der »Panama Papers« 2016 gemacht wurde, als zahl-reiche Medien quer über den Erdball (darunter etwa die *Süddeutsche Zeitung* und ORF.at) arbeitsteilig Daten über Steuerhinterziehung auswerteten – und damit nicht nur einige reiche Schnorrer aus dem Verkehr zogen, sondern auch eine konstruktive Debatte über eine Optimierung der Steuersysteme in Gang brachten. Die öffentliche Hand wiederum sollte für flächendeckende Medien-kunde an Schulen sorgen und die Presseförderung drastisch erhöhen – um finanziellen Druck von den Medien zu nehmen.

Bleibt dennoch eine entscheidende Leerstelle.

Was sonst?

Es hat ja Gründe, warum wir mit fliegenden Fahnen und Kriegsgeheul den Windmühlen entgegenreiten. Als Hypothesen galten: der Verlust des Existenz-kampfes durch die verbesserte wirtschaftliche Situation eines Großteils der Menschen sowie die schrumpfende Rolle, die Religion im Alltag spielt – und daraus resultierend: Langeweile und der Verlust von Sinn, plus Ablenkung vom permanenten Zusteuern auf den Tod. Es ist ein wohltuendes Gefühl, einen gerechten Kampf zu kämpfen, Bedeutung zu haben, einer Gruppe anzugehören, auch wenn wir dadurch Zwietracht und Daueraufgeregtheit in Kauf nehmen. Wenn nun aber dieser Kampf wegfällt als Sinnstifter, als einer der zentralen Pfeiler unserer Daseinsberechtigung, weil wir weniger Bullshit auf uns einprasseln lassen – dann bleibt ein Loch. Der Weg zurück zum Existenzkampf scheint wenig heilsverspechend – also zumindest zurück zur Religion?

Es ist die eine Sache, als Kritikaster mit moralischer Argumentation über die falsche Ablenkung von der Angst vor dem Tod, über die falsche Beschäftigungstherapie in ereignisarmen Zeiten und über die falsche Sinnsuche vom Leder zu ziehen. Schon viel schwieriger ist es, Alternativen aufzuzeigen und dennoch nicht in den Duktus von Ratgeberliteratur zu verfallen. Wer dem Teenageralter entwachsen ist, hat ein für alle Mal genug von gutgemeinten Ratschlägen, was er mit sich anzufangen hat. Am einen Ende des Spektrums also billige Ratgeber und am anderen Ende elaborierte Gesellschaftstheorien wie jene der Vertreter einer Post-Wachstums-Ökonomie, aus denen sich indirekt Vorschläge für Lebensmodelle ableiten lassen – ein allerdings äußerst kopflastiges Unterfangen. Es gibt aber durchaus Autoren, die sich der Herausforderung stellen, theoretisch fundierte Betrachtungen über das Leben mit einer solch schmissigen Dringlichkeit zu formulieren, mit einer solch undogmatischen oder augenzwinkernd dogmatischen Gesellschaftsanalyse zu verbinden, dass ihre Bücher mit Genuss gelesen werden können, den Leser nicht bevormunden und denkbar weit weg sind von semiesoterischer Finde-dich-selbst-Romantik.

Einer dieser Autoren ist Tom Hodgkinson, regelmäßiger Autor im britischen *Guardian* und vor allem Gründer der Idler Academy und der Zeitschrift *The Idler* – zu Deutsch »der Müßiggänger«. Hodgkinsons Theorie: »Das Problem wird auf den Nachrichtenseiten präsentiert und besteht aus Berichten über Krieg, Hunger, politische Korruption, Tod, Mangel, Skandale, Diebstahl, Entführung, Pädophilie.« Von dieser Art der Berichterstattung würden die Menschen derart aus der Bahn geworfen, dass sie mit eskapistischem Konsum reagieren, der in denselben Medien propagiert werde, in »Artikeln über – und natürlich Werbung für – Kühlschränke, Beleuchtungssysteme, Autos, Sexberatung, Alarmanlagen, Kredite, Versicherungspolicen, Rezepte, Teppiche, Duftkerzen und verschiedene kulturelle Produkte wie Musik, Filme und Bücher«.

Problem und Lösung in ein und demselben Medium. Für all das brauche man Geld – und um Geld zu verdienen, müsse man sich unter Druck setzen, ganz egal, ob in einem ungeliebten Bullshit-Job oder als ehrgeiziger Selbstverwirklicher. Ein Kreislauf, aus dem es laut Hodgkinson auszubrechen gilt. In seinen Kolumnen, seiner Zeitschrift und vor allem in seinen Büchern (wenn man nur eines liest, dann »Anleitung zum Müßiggang«) propagiert er so geistreich wie rotzig seinen Gegenentwurf zur Tretmühle: nichts tun. Damit kokettiert Hodgkinson, entsprechende Zitate von den alten Griechen über Paul Lafargues »Das Recht auf Faulheit« bis zu den Postmodernen flicht er in seine sorgsam gedrechselten Kapitel ein. Dolce far niente als ultimative Beschäftigung? Natürlich meint Hodgkinson das nicht so. Er meint damit nur, dass wir uns nicht länger zu »Sklaven eines Stundenplans« machen sollen, »den wir uns nicht ausgesucht haben«. Das bedeutet im Kern: lieber selbstbestimmt »prekären« Jobs nachgehen und mit wenig Geld trotzdem gut leben als sich halb zu Tode arbeiten und mit sinnlosem Konsum belohnen. Und was hat das mit Sinnsuche, Langeweilebekämpfung und der Medienberichterstattung dieser Tage zu tun? Einiges.

In der Frauenbewegung der Siebziger hieß es: Das Private ist politisch. Ein Lebensmodell, in dem der Mann gesetzlich als Familienoberhaupt galt und die Frau ihn sogar um Erlaubnis bitten musste, arbeiten gehen zu dürfen, ist machoid, paternalistisch und stockkonservativ – also Spiegelbild einer politischen Haltung, die auf politischer Ebene bekämpft werden muss und der auf privater Ebene ein Alternativmodell entgegenzusetzen ist. In ähnlicher Form ist es ein politischer Akt, aus der Tretmühle auszubrechen, die erfunden wurde, um eine größere Anzahl an Produkten herstellen zu können, die dann in Medien beworben werden – in Medien, die möglichst weit verbreitet sein sollten. Wenige werden wie Hodgkinson selbst den radikalen Ausbruch wählen, aufs Land ziehen, Hühner halten, die Kinder im Dreck herumtollen lassen, dem täglichen Bullshit völlig entsagen und zwischendurch den einen oder anderen Artikel schreiben (und sogar Hodgkinson selbst ist wieder zurück in der Stadt). Aber sich finanziell und emotional unabhängiger zu machen, indem man Konsum- und Lesegewohnheiten hinterfragt, ist sehr wohl ein »Projekt«, das frei macht von Zwängen, ideologisch der Konsumlogik etwas entgegensetzt … und sogar noch deutlich mehr »Action« verspricht als die »Braveheart«-Facebook- 69

Variante. Und es ist ein Projekt, das sowohl Rechts als auch Links nicht ausschließt. Tomaten auf der Fensterbank ziehen; Fahrradreisen mit dem Zelt; Bergwanderungen mit Übernachtungen auf Hütten; Grillen am Lagerfeuer; ein Instrument spielen; gelegentlich Exzesse, ja Orgien feiern – aber so richtig, nicht im Bierlokal ums Eck als allsamstägliche Routine, sondern als sorgsam inszenierte, lustvoll-lustige Gruppenkatharsis im privaten Rahmen; sich um ein aktives (jedenfalls nicht einsames) Sexualleben kümmern … All das ist auch neben einem Job in der Tretmühle möglich, kostet so gut wie nichts, macht Spaß und ist sehr wohl Teil eines politischen Guerillakampfes, allerdings außerhalb des Parteienspektrums – eines Kampfes um die persönliche Freiheit von Zwängen und eines Kampfes um mehr Spaß, Gelassenheit und Geselligkeit. Wer Hodgkinson liest, spürt förmlich den Esprit des Abenteurers, eines sympathischen, antidogmatischen Alltagsanarchisten – einen Esprit, den man sich sogleich zu eigen machen möchte.

Ein zweiter Autor, der in diesem Zusammenhang zu erwähnen ist, wäre Alain de Botton, der in seinen Büchern, allen voran in »StatusAngst« und »Religion für Atheisten«, ebenfalls einen alternativen Weg zu den ausgetretenen Pfaden der Bullshit-Kultur anzubieten hat. Einen »Kult der Vernunft« hat die *Financial Times* sein Ansinnen genannt, religiöse Traditionen für ein agnostisches Umfeld zu adaptieren. Ein Schutzpatron kann etwa nie schaden – aber warum muss der ausgerechnet ein katholischer Heiliger sein? Die Idee ist nicht unspannend, auch wenn de Botton mit eigenartigen Vorschlägen aufwartet: »Lincoln oder Whitman, Churchill oder Stendhal, Warren Buffett oder Paul Smith« – Warren Buffett? Vielleicht wegen seiner polyamoren Dreiecksbeziehung mit zwei Frauen.

Noch so eine überaus vernünftige Idee: Kraft aus heiligen Büchern schöpfen, die nicht Bibel, Talmud oder Koran heißen. Aus Büchern kann man Kraft schöpfen. Andere haben ihre Zehn Gebote, ich habe meine (sich alle paar Jahre ändernde) persönliche Top-Ten-Liste der wichtigsten Bücher. Hodgkinsons »Anleitung zum Müßiggang« gehört schon lange dazu. Wenn er beschreibt, wie er beim Dorffest mit seinen Nachbarn einen über den Durst trinkt oder dem Leben ein Schnippchen schlägt und in der Früh einfach weiterschläft, obwohl der Wecker läutet, möchte ich »Hallelujah« rufen. De Botton geht einen Schritt weiter und erinnert an den mittelalterlichen christlichen Brauch des festum fatuorum: »Vier Tage lang war die Welt auf den Kopf gestellt: Geistliche spielten auf dem Altar die ansonsten verbotenen Würfelspiele, schrien wie Esel ›Iaah!‹, statt ›Amen‹ zu sagen, veranstalteten Trinkgelage im Kirchenschiff, furzten zur Untermalung das Ave Maria und hielten verulkende Predigten, (…) banden sich große Wollpenisse um und versuchten, mit allen zu kopulieren, die nicht schnell genug auf dem nächsten Baum waren. Doch das alles wurde nicht nur als Scherz gesehen. Derlei Treiben war heilig, eine parodia sacra, eigens ausgedacht, damit für den Rest des Jahres alles seine gottgewollte Ordnung hatte.« Die gängige Meinung der Kirchenmänner war, dass man einmal im Jahr die Sau rauslassen müsse, weil »Weinfässer platzen, wenn sie nicht von Zeit zu Zeit geöffnet werden, um etwas Luft abzulassen«. Lieber so die Sau rauslassen als in Internet-Foren. Ein Brauch, den man sich durchaus zu eigen machen könnte – auch wenn das Foto von einer Swingerparty im Buch de Bottons zunächst eher abschreckend wirkt.

Die Schleusenwärter an der Grenze unseres Systems könnten statt Bullshit und den Aufgeregtheiten der alltäglichen Berichterstattung überhaupt viel mehr Kultur reinlassen. Wie viel mehr lernt man über die menschliche Seele, wenn man Tolstois »Krieg und Frieden« liest, statt die apokalyptischen Schlagzeilen der Boulevardmedien und die Weltuntergangsrhetorik der Qualitätszeitungen? Wie viel mehr lernt man über Österreich, wenn man die Bücher Gerhard Roths liest, statt der Tageszeitung *Österreich*? Wie hautnah erfährt man weibliche Selbstermächtigung durch Performances und Konzerte der kanadisch-berlinerischen Künstlerin Peaches im Vergleich zum Lesen von Presseaussendungen großer Parteien zum Thema Gender? Wie viel mehr lernt man über die Liebe, wenn man Julia Kristevas »Geschichten von der Liebe« liest, als wenn man das tägliche Liebeshoroskop zur Hand nimmt? Wie viel mehr erschließen sich Macht und Politik, wenn man Kevin Spacey in der TV-Serie »House of Cards« über die Schulter blickt oder Jan Philipp Reemtsmas »Vertrauen und Gewalt« liest, als durch das Verfolgen der täglichen Scharmützel zwischen Links und Rechts auf Social-Media-Plattformen?

Zugegeben: Es wirkt lächerlich, wenn man sich den klassischen Hassposter vorstellt, wie er Julia Kristeva liest und plötzlich bekehrt wird. Es fehlt der Thrill? Der wohlige Schauer, der uns herunterrinnt angesichts der in ihrer Möglichkeitsform ständig anwesenden Gewalt, der wir durch reißerische Schlagzeilen gewahr werden? Selber machen! Judo, Schach, Kickboxen – die Möglichkeiten sind unbegrenzt. Es fehlt die unhinterfragbare Zugehörigkeit zu einer Gruppe, die uns von anderen abgrenzt? Teil einer Fußballmannschaft oder Heavy-Metal-Fan werden! Es besteht das Bedürfnis, mit Menschen, die nicht derselben politischen Meinung sind, zu diskutieren? Sich beim Volksfest wirklich unters Volk mischen!

Es geht nicht darum, die tägliche Berichterstattung zu ignorieren und zu einem desinteressierten Waldschrat zu werden. Es geht um Selektion und um Einbettung – sowohl ins große Ganze als auch in ein eigenes Leben, das diese Bezeichnung verdient. Es geht ums Ersetzen der Ersatzhandlungen durch das Erleben. Get a life!

MIND THE GAP

DIE GEOGRAFISCH UNGLEICHMÄSSIGE VERTEILUNG VON WIKIPEDIA

ES SIND MEHR WIKIPEDIA-ARTIKEL INNERHALB VON DIESEM KREIS ALS AUSSERHALB DAVON

Die Wikipedia-Utopie

Das gesamte Wissen der Menschheit steht jederzeit allen Menschen barriere- und kostenfrei zur Verfügung, und jeder kann immer und überall zu diesem Wissen beitragen: Die Utopie des Internets war von atemberaubender Schönheit. Bloß: Die digitale Kluft schließt große Teile der Menschheit aus. Wikipedia ist ein Abbild dieser Ungleichheit; mehr als die Hälfte der Einträge mit Länderbezug betrifft eine Region, die gerade einmal 2,5 Prozent der Landfläche der Erde ausmacht – und zwar den westlichen Teil Europas. Das Internet-Institut der Universität Oxford spricht von »Solipsismus«. Rund die Hälfte der Menschen greift auf englischsprachige Wikipedia-Einträge zu, gefolgt von Spanisch, Japanisch, Deutsch und Russisch. Die Liste der fünf meistgesprochenen Sprachen der Welt: Mandarin, Englisch, Spanisch, Arabisch und Hindi. 942 Millionen Menschen sprechen Englisch, 603 Millionen davon als Fremdsprache. Nicht einmal ein Siebtel der Weltbevölkerung versteht Englisch – aber die Hälfte aller Zugriffe betrifft englischsprachige Seiten. Auf die größte Enzyklopädie der Welt greifen also neben US-Amerikanern und Briten vor allem gebildete, westlich orientierte Menschen zu. Für Wikipedia ist es außerdem ein Problem, dass immer mehr Nutzer mit Smartphones surfen, das Erstellen von Einträgen auf dem Handy aber umständlich ist – es sinkt also die Zahl der neuen Artikel. Wikipedia macht es seinen Usern jedoch immer leichter, auch mobil Artikel zu verfassen. Das könnte auf lange Sicht gut für die Diversität der Beiträge sein (hofft auch Wikipedia): Denn in Entwicklungsländern steigt der Gebrauch von Smartphones sprunghaft an. Am Ende sollte die Anzahl der Beiträge zu einzelnen Ländern in etwa die Bevölkerungszahl dieser Länder widerspiegeln. Davon ist Wikipedia noch weit entfernt.

Infografik Rot die dichtbesiedelten Gebiete. Die Mehrzahl der Wikipedia-Artikel bezieht sich auf die Länder im weißen Kreis

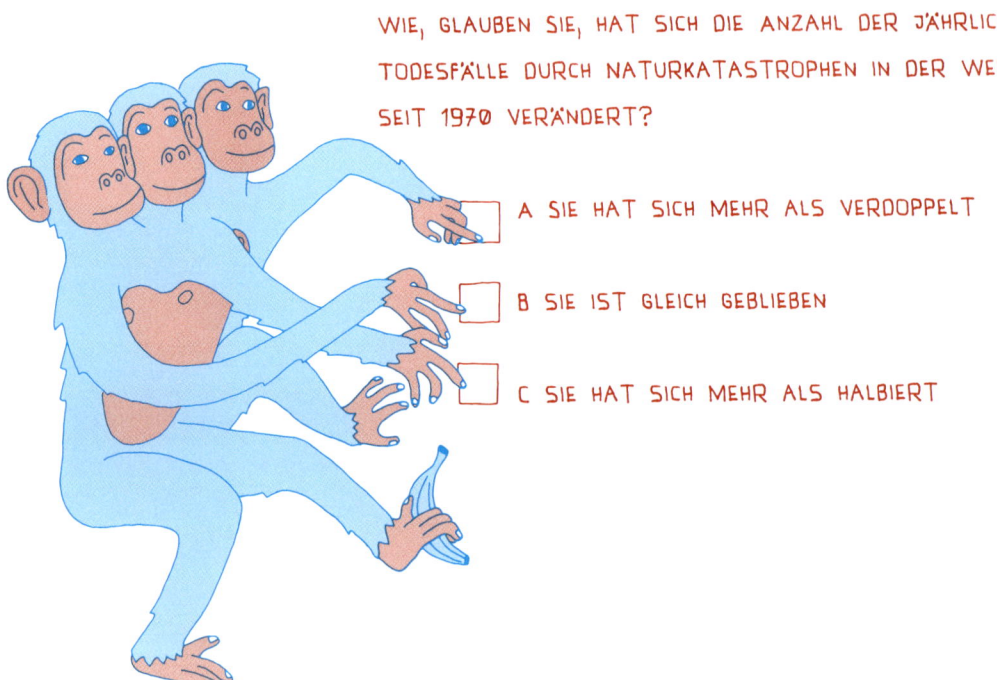

WIE, GLAUBEN SIE, HAT SICH DIE ANZAHL DER JÄHRLICHEN TODESFÄLLE DURCH NATURKATASTROPHEN IN DER WELT SEIT 1970 VERÄNDERT?

A SIE HAT SICH MEHR ALS VERDOPPELT

B SIE IST GLEICH GEBLIEBEN

C SIE HAT SICH MEHR ALS HALBIERT

Die menschliche Ignoranz und ihr Zahlenbeweis

Die Community der Statistiker besteht zu keinem geringen Teil aus – wie soll man das sagen, um dennoch wertschätzend zu klingen – Menschen, die, die ... okay: aus besserwisserischen Nerds, die uns gerne immer wieder darauf hinweisen, dass die Dinge ganz anders liegen, als wir geglaubt haben. Der schlimmste, gemeinste, hinterhältigste von allen ist der Schwede Hans Rosling. Er hat es sich geradezu zur Lebensaufgabe gemacht, der breiten Öffentlichkeit vorzuführen, wie ignorant sie ist, wenn es um Fakten geht. Gelungen ist ihm das aber auch bei seinen Studenten – und sogar bei seinen Kollegen unter den Professoren des Karolinska-Instituts, der international angesehenen Medizin-Uni nahe Stockholm. Rosling hält Vorlesungen, bei denen er Fragen stellt, und lässt das Publikum abstimmen. Mittlerweile kann man kaum noch von Vorlesungen sprechen, es sind Shows, die von der BBC übertragen werden. Die Organisation Gapminder, die er gemeinsam mit seinem Sohn und dessen Frau betreibt, stellt aus solchen Daten Ignoranzstudien zusammen. 2015 wurden gemeinsam mit dem *Spiegel* die Daten einer großangelegten Umfrage in Deutschland vorgelegt. Eine der Fragen lautete: Wie, glauben Sie, hat sich die Anzahl der jährlichen Todesfälle durch Naturkatastrophen in der Welt seit 1970 verändert: A) Sie hat sich mehr als verdoppelt, B) sie ist gleich geblieben, C) sie hat sich mehr als halbiert. 54 Prozent tippten auf A, vierzig Prozent auf B, sechs Prozent auf C. Die richtige Antwort lautet: C – die Zahl der Todesopfer von Naturkatastrophen hat sich von 1970 bis 2011 laut Daten des Center for Research on the Epidemiology for Disasters der belgischen Université catholique de Louvain mehr als halbiert. In seinen humorvollen Shows vergleicht Rosling die Ergebnisse immer mit jenen von (fiktiven) Affen, die bei dieser Frage je zu einem Drittel A, B und C abgestimmt hätten – in diesem Fall also weit besser als die Deutschen. Es ist die Folge der medialen Berichterstattung: Only bad news are good news.

Infografik Hans Rosling und seine Wissenstests: Affen würden besser abschneiden als Menschen – weil sie keine Vorurteile haben

PROZENTSATZ DER HAUSHALTE MIT INTERNET-ANBINDUNG

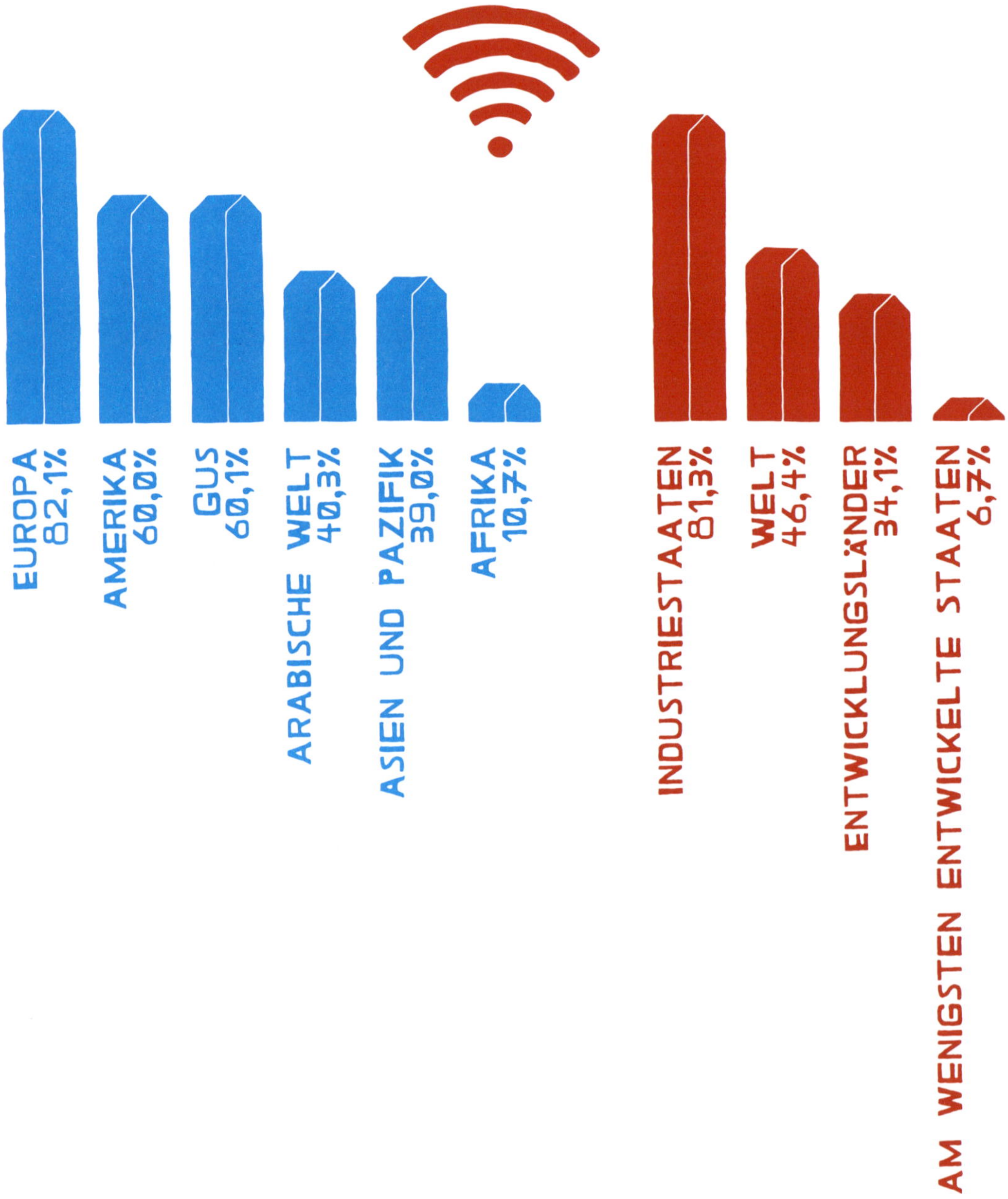

EUROPA 82,1%

AMERIKA 60,0%

GUS 60,1%

ARABISCHE WELT 40,3%

ASIEN UND PAZIFIK 39,0%

AFRIKA 10,7%

INDUSTRIESTAATEN 81,3%

WELT 46,4%

ENTWICKLUNGSLÄNDER 34,1%

AM WENIGSTEN ENTWICKELTE STAATEN 6,7%

Die digitale Kluft

Ob Fakten aus dem Netz wahr, falsch oder überbewertet sind: ein echtes First-World-Problem. In 25 von 54 afrikanischen Staaten haben weniger als ein Drittel der Menschen Zugang zu Strom. Im Tschad, in Burundi, im Südsudan, in Malawi und Liberia sind es unter zehn Prozent. Eine Statistik der UNO-Organisation für Telekommunikation (ITU) zeigt, dass der Prozentsatz von Personen mit Internetzugang von 2000 bis 2015 international von 6,5 auf 43,4 gestiegen ist. Nur – wie so vieles ist auch der Internetzugang ungleich verteilt. 3,2 Milliarden Menschen sind online, aber eben auch vier Milliarden offline. Von den 940 Millionen Menschen in den am wenigsten entwickelten Ländern können nur 89 Millionen das Internet nutzen, das sind 9,5 Prozent. Laut dem Internetanbieter Akamai, der jedes Quartal eine Statistik über die Verbreitung und die Geschwindigkeit von Netzverbindungen erstellt, ist man in Norwegen (Europas Spitzenreiter) im Schnitt mit 21,3 Megabit pro Sekunde unterwegs, in Namibia mit 2,3 – also rund einem Zehntel. Deutschland liegt mit 13,9 genau wie Österreich (13,4) und die USA (15,3) im Mittelfeld. Südkorea ist mit 29 unschlagbar. Der internationale Durchschnitt liegt bei 6,3, was wie stets mit dem bevölkerungsreichsten Land der Welt zu tun hat: In China beträgt die Geschwindigkeit im Schnitt 4,3 Megabit pro Sekunde; Ende 2015 waren laut offiziellen Zahlen erstmals mehr als die Hälfte der Chinesen online – 688 Millionen, also mehr, als die USA Einwohner haben. Von einem freien Zugang zu Informationen kann im restriktiv zensurierten chinesischen Netz trotz aller widerständigen Tendenzen nicht die Rede sein. Übrigens: Zwei Drittel der Chinesen surfen auf dem Smartphone. Es gibt ständig Jubelmeldungen darüber, wie viele Menschen weltweit iPhones haben, Online-Videos anschauen und so weiter. Aber von der Netzutopie ist man meilenweit entfernt: dass sieben Milliarden mündige Bürger vor dem PC sitzen, Zahlen und Daten recherchieren und verschiedenste (unzensurierte) Quellen zu einzelnen Themen vergleichen.

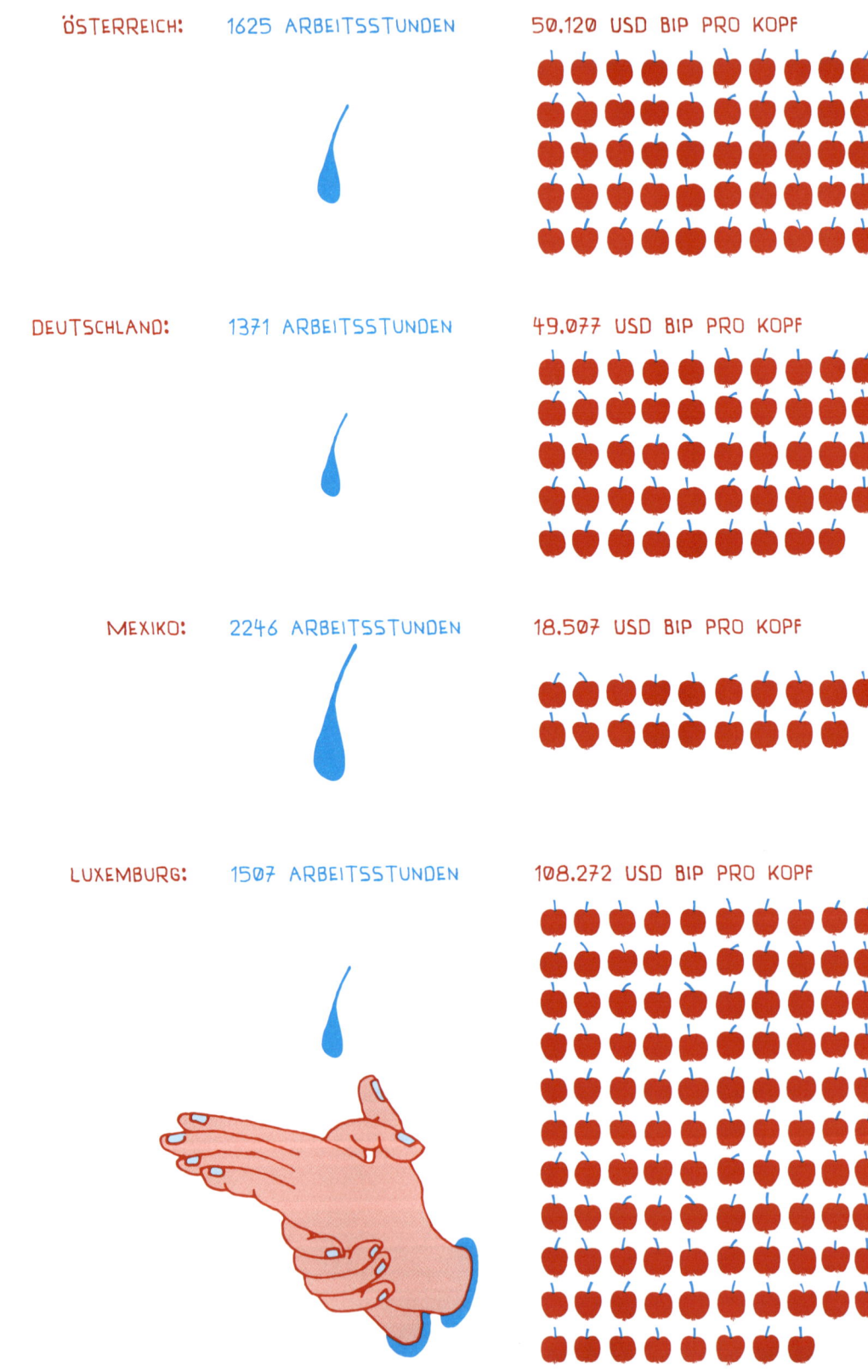

ÖSTERREICH: 1625 ARBEITSSTUNDEN   50.120 USD BIP PRO KOPF

DEUTSCHLAND: 1371 ARBEITSSTUNDEN   49.077 USD BIP PRO KOPF

MEXIKO: 2246 ARBEITSSTUNDEN   18.507 USD BIP PRO KOPF

LUXEMBURG: 1507 ARBEITSSTUNDEN   108.272 USD BIP PRO KOPF

Wer erwirtschaftet mehr?

Ein böswilliger Ländervergleich mit jeweils zwei Zahlen. Böswillig zumindest auf den ersten Blick. Es geht um die Jahresarbeitszeit eines Durchschnittsbürgers und um die Produktivität (in Geld gemessen) pro Kopf. Wie viel Geld erwirtschaftet der durchschnittliche Bürger in einer Stunde? Gefragt ist also nicht, wie viel er verdient, sondern, wie viel das, was er in einer Stunde tut, auf dem Markt wert ist. Wenn ein Tischler vier Stunden lang sägt, hobelt, schleift, schraubt und leimt, um einen Sessel zu tischlern, und dieser Sessel um hundert Euro verkauft wird, dann hat die Arbeit des Tischlers in einer Stunde 25 Euro eingebracht (unabhängig davon, ob sein Arbeitgeber ihm fünf oder fünfzehn Euro in der Stunde bezahlt). Da gibt es international große Unterschiede. Aber warum? Arbeiten die Bürger eines Landes langsamer, schlampiger, also unproduktiver als die eines anderen Landes? Wo wird die Arbeitszeit am gewinnbringendsten genutzt? Wie viel man in einer Stunde erwirtschaften kann, hängt von vielen Faktoren ab – und am wenigsten vom Fleiß und der Konzentration der Arbeiter. Wichtig sind die Branche und der technologische Standard. Wenn ein Arbeiter mit einem Riesenmähdrescher über ein Feld fährt, wird er produktiver sein als ein Bauer, der händisch Getreide erntet. So kommt auch der mexikanische »Gap« zustande: Gemessen an der Arbeitszeit müsste Mexiko das reichste Land der OECD sein – denn die Mexikaner arbeiten pro Jahr 2246 Stunden, womit sie auf dem ersten Platz landen. In Sachen Produktivität liegen die Mexikaner jedoch auf Platz 37 von 39. Genau umgekehrt Luxemburg: mit Riesenabstand Erster in Sachen Produktivität – aber auf Platz 32 von 37 bei der Jahresarbeitszeit. Luxemburg setzt auf den Finanzsektor: kurze Zeit arbeiten für viel Geld, darin ist das Land Meister. Auch der geschickteste mexikanische Bauer müsste sehr lange Zeit Rüben ausgraben, bis er damit so viel Geld erwirtschaftet wie ein Banker in Luxemburg in einer Stunde.

Infografik Wie viele Stunden arbeiten Menschen durchschnittlich pro Jahr? Und wie hoch ist das Bruttoinlandsprodukt (BIP pro Kopf) in diesem Land? Wessen Arbeit ist mehr wert?

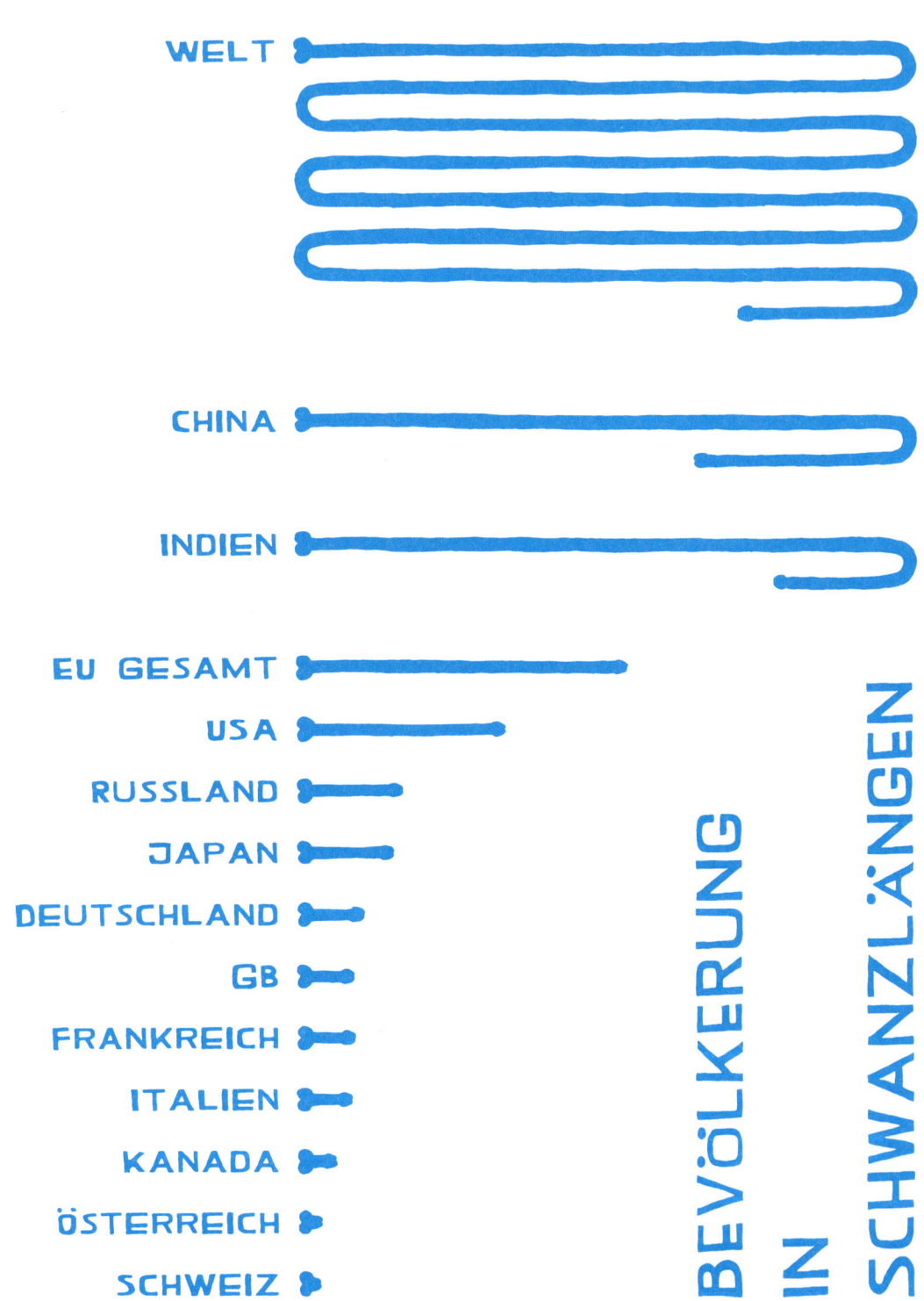

WELT

CHINA

INDIEN

EU GESAMT

USA

RUSSLAND

JAPAN

DEUTSCHLAND

GB

FRANKREICH

ITALIEN

KANADA

ÖSTERREICH

SCHWEIZ

BEVÖLKERUNG IN SCHWANZLÄNGEN

Nationen im Schwanzlängenvergleich

Mag sein, dass es sich beim Vergleich der Bevölkerungszahlen einzelner Nationen um sinnbefreite Relationitis handelt – aber zumindest mit mir macht diese Zahl etwas. Sie kränkt mich. Es war schon eine unglaubliche Kränkung, als Nikolaus Kopernikus uns mitteilte, dass sich nicht das ganze Universum um die Erde dreht, sondern dass wir um die Sonne kreisen und die Sonne nur einer von unzähligen Sternen ist. Es war nicht leicht zu verkraften, als Darwin uns erklärte, dass der Mensch das Zufallsprodukt einer launischen Natur ist. Es war eine weitere Egokränkung, dass der Mensch im Rückblick nur ein Pickel in der Zeitleiste der Geschichte dieses Planeten gewesen sein wird. Aber ein wenig kränken lassen kann man sich auch, wenn man in die Gegenwart blickt – und sich vor Augen hält, dass das, was wir täglich in den Medien vorgesetzt bekommen, nur verdammt wenige Menschen betrifft. All die Nerven, die man täglich verliert, wenn man innenpolitisches Geplänkel verfolgt, die Statements der Vertreter verschiedener Parteien, die Kommentare in den Zeitungen, die Debatten im Fernsehen, die Updates im Netz, weil sich jetzt auch noch die kleinste Oppositionspartei zur neuesten Wirtschaftsprognose zu Wort gemeldet hat: Für den Großteil der Erdenbewohner ist das nicht bedeutender, als wenn ein Windhauch im Herbst ein paar Blätter vom Baum streicht. Außer natürlich, man lebt in China oder Indien. Abgesehen vom reinen Größenvergleich stellt sich die Frage, wie viel Einfluss die Politik einzelner Nationalstaaten überhaupt noch auf die Lebensumstände im eigenen Land hat: Oft wird nur reagiert – agiert wird von Konzernen und Massenmedien. Noch vor ein paar Jahren hätten jetzt alle gelacht: klingt nach leerem Siebziger-Jahre-Agitprop. Heute lacht niemand. Kein Wunder, dass jene, die von »der Größe der Nation« schwafeln – natürlich nur der jeweils eigenen –, eine Sehnsucht stillen. Aber es stimmt halt nicht. Außer, wie gesagt, man ist Chinese oder Inder.

Infografik Die Einwohnerzahl einzelner Staaten, hier einmal nicht in absoluten Zahlen, sondern – im richtigen Verhältnis – in Schwanzlängen dargestellt

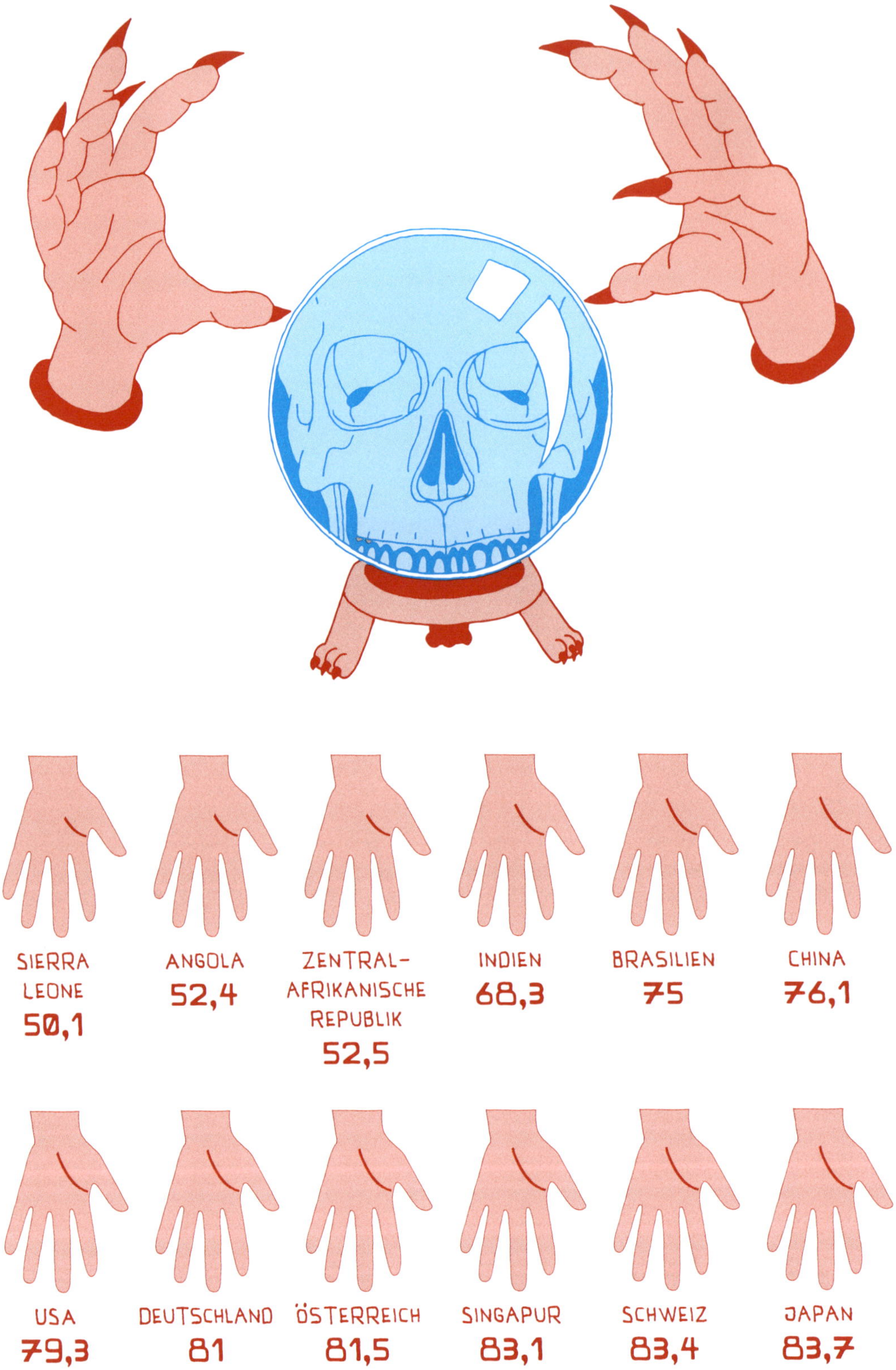

SIERRA
LEONE
50,1

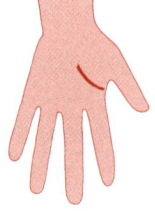

ANGOLA
52,4

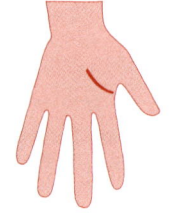

ZENTRAL-
AFRIKANISCHE
REPUBLIK
52,5

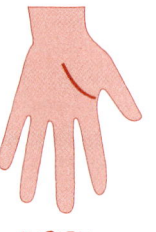

INDIEN
68,3

BRASILIEN
75

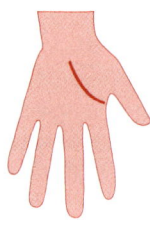

CHINA
76,1

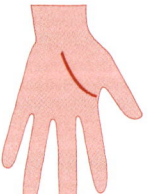

USA
79,3

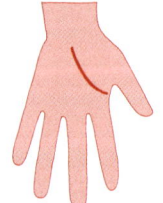

DEUTSCHLAND
81

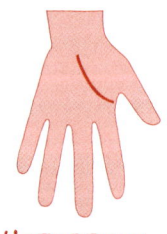

ÖSTERREICH
81,5

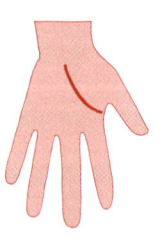

SINGAPUR
83,1

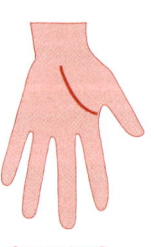

SCHWEIZ
83,4

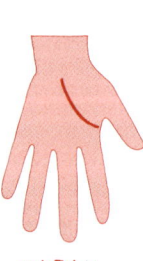

JAPAN
83,7

Handlesen: Wie alt werde ich?

Wer ist der Beste? Wer bekommt die meisten Sternderl ins Klassenbuch eingetragen? Die Lebenserwartung wird nicht selten als Kennzahl dafür genommen, wie gut ein Land funktioniert, sie ist eine Art »Haltungsnote«, wie es sie beim Tanzen oder Skispringen gibt, und sie setzt sich aus mehreren Komponenten zusammen. Wie friedlich ist ein Land? Wie brutal gehen seine Menschen miteinander um? Wie weit fortgeschritten ist die Gesundheitsversorgung, und wie behandelt eine Gesellschaft ihre Alten? Japaner sind die ewigen Streber dieser Statistik, was unter anderem am Fisch liegen soll, den sie essen. Das allein kann es nicht sein – außer die langlebigen Schweizer fischen alle täglich eine Forelle aus dem Gebirgsbach. Oder man kombiniert beide, Sushi mit Emmentaler, und wird 160 Jahre alt? Jedenfalls: Die Statistik ist nicht ohne Aussagekraft, aber wie glücklich eine Gesellschaft ist, wie gut es der Bevölkerung geht, das sagt sie nicht aus, da spricht ein Abgleich mit der Selbstmordstatistik dagegen. Von 100 000 Menschen töten sich in Angola 10,6, in Deutschland 13, in Österreich 15,6 und in Japan 23,1. Dennoch einige naheliegende Schlüsse aus den Daten: Oberste Prämisse internationaler Bemühungen muss Friedenspolitik sein – je kriegerischer eine Region, desto kaputter die Infrastruktur, desto geringer die Lebenserwartung. Zweiter Faktor: der Standort in der Hackordnung des internationalen kapitalistischen Systems. Dritter Faktor: soziale Gerechtigkeit innerhalb eines Landes. Aber auch diese Statistik ist ein weiteres Indiz dafür, dass die Welt eine menschenfreundlichere wird – vor allem, wenn man sich die Prognosen der heute Sechzigjährigen ansieht.

Gute Nachrichten aus Afrika

Hungersnöte, Naturkatastrophen, Kriege, Armeen von Kindersoldaten, Aids, Ausbeutung zuerst durch europäische Staaten, dann durch China, eine einzige Müllhalde für den Elektroschrott des Westens und ein beständiger Strom von Flüchtlingen, die anderswo ein menschenwürdiges Überleben suchen: Medien stellen den afrikanischen Kontinent als höllisches Inferno dar. Aber dieses Bild ist unvollständig. Das *Time*-Magazin hat Statistiken ausgewertet und festgestellt: Die Gewalt wird in Afrika weniger, und die Armut sinkt, wenn auch nur langsam. Zunächst ist das hohe Bevölkerungswachstum von Vorteil – anders, als oft kolportiert wird. Im Gegensatz zu entwickelten Ländern, denen zahlreiche Probleme durch die Überalterung der Bevölkerung ins Haus stehen, ändert sich in Afrika das Verhältnis zwischen jenen, die arbeiten, auf der einen und Kindern plus alten Menschen auf der anderen Seite zum Positiven. Schon jetzt ist Afrika mit 1,1 Milliarden Menschen der Kontinent mit der zweitgrößten Bevölkerung nach Asien (übrigens auch flächenmäßig). Die Weltbank rechnet bis 2060 mit 2,8 Milliarden Afrikanern und hält das für eine Chance – wenn gleichzeitig politische und ökonomische Reformen fortgeführt werden (wobei man mit Blick auf die afrikanische Geschichte der letzten Jahrzehnte hinterfragen kann, ob ausgerechnet die Weltbank eine gute Ratgeberin in Sachen Reformen ist). Die ärmste Region der Welt ist nach wie vor Afrika südlich der Sahara, aber auch hier ist der Prozentsatz an Menschen, die von weniger als 1,90 Dollar am Tag leben müssen, von 24,3 Prozent 1990 auf sechzehn Prozent 2013 gesunken. Hoffnung macht auch die schrittweise Demokratisierung des Kontinents. Es sollen die Probleme afrikanischer Länder nicht kleingeredet werden. Terrorismus spielt eine große Rolle, es gibt immer noch zwölf bewaffnete Konflikte auf dem Kontinent, die Demokratisierung geht nur schleppend voran, und die Änderungen zum Positiven beginnen auf einem niedrigen Niveau. Aber immerhin.

Infografik Hunger und Gewalt dominieren die Medienberichterstattung über Afrika, obwohl es längst auch gute Nachrichten zu berichten gäbe

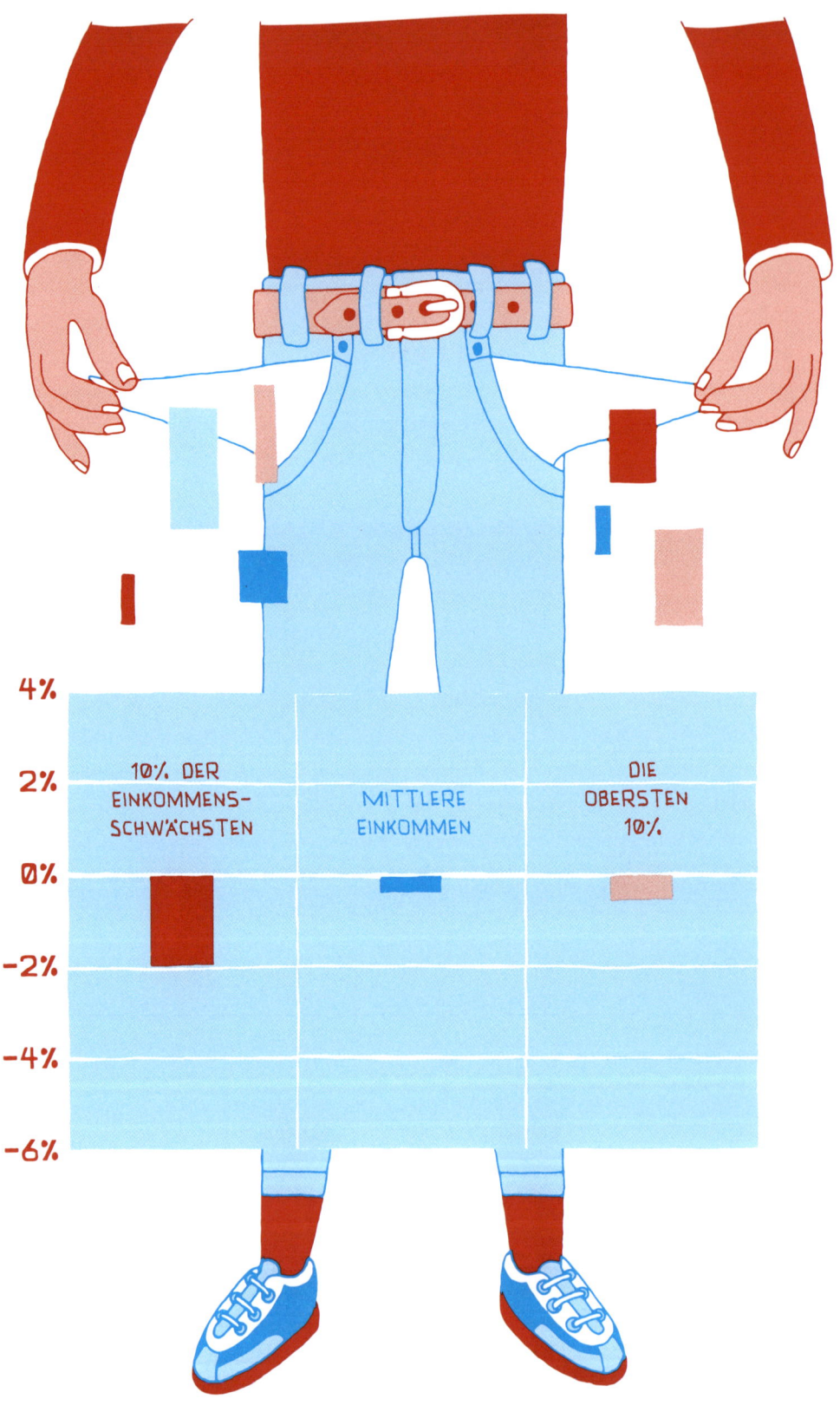

4%

2%

10% DER
EINKOMMENS-
SCHWÄCHSTEN

MITTLERE
EINKOMMEN

DIE
OBERSTEN
10%

0%

-2%

-4%

-6%

Gleich, gleicher, ungleich

Statistiken zeigen, dass sich die Welt in vielen Bereichen gar nicht so schlecht entwickelt, wie wir oft glauben. Aber nicht jede Unzufriedenheit ist unbegründet. So hat die Verteilungsgerechtigkeit innerhalb der reichen OECD-Staaten seit der Wirtschaftskrise im Jahr 2007 abgenommen – sie ist sogar auf dem geringsten Stand seit 1980. Das scheint auf den ersten Blick paradox: Die Wirtschaft wächst doch, und das spiegelt sich auch in den Gehältern wider. Dazu muss man sich den gesamten Zeitraum seit 2007 genauer ansehen. Zunächst hatten jene zehn Prozent, die ohnehin schon am wenigsten verdienten, bis 2010 im OECD-Schnitt weitere fünf Prozent an Gehalt verloren. Wer 800 Euro verdient, muss jeden Cent dreimal umdrehen und spürt es schmerzhaft, wenn plötzlich vierzig Euro fehlen. Einbußen mussten auch die oberen zehn Prozent hinnehmen – aber erstens von einem selbstredend ungleich höheren Niveau aus, und zweitens hatten sie nur 3,6 Prozent weniger in der Tasche als drei Jahre davor. Dann kam der sachte Aufschwung ab 2010. 2014 hatten die zehn Prozent mit den niedrigsten Einkommen immer noch 2,3 Prozent weniger Lohn in der Tasche als 2007, während sich der Durchschnitt und auch die reichsten zehn Prozent ungefähr wieder dort befanden, wo sie 2007 gewesen waren. Normalerweise werden solche Unterschiede durch sogenannte Transferleistungen aufgefangen: Ausgaben des Staates im Sozialbereich, in der Bildung et cetera. Die OECD ist beileibe keine Organisation, der man sozialistisches Gedankengut vorwerfen kann. Aber selbst sie rügt ihre Mitgliedsländer, säumig geblieben zu sein: Die Transferleistungen zogen trotz Krise nicht in ausreichendem Maße an. Im Gegenteil, in vielen Ländern Europas werden fundamentale Errungenschaften im Sozialwesen plötzlich in Frage gestellt. Der angesehene britische Sozialforscher Richard Wilkinson warnt vor den Folgen wachsender Ungleichheit für die Gesamtgesellschaft: Das gegenseitige Misstrauen steige, und die Stimmung drohe zu kippen.

Infografik Von der Wirtschaftskrise erholen sich die Reichen weitaus schneller als die Armen

EUROPÄISCHE UNION (28 LÄNDER): 13,2
EUROPÄISCHE UNION (27 LÄNDER): 13,2
EUROZONE (19 LÄNDER): 14,08
EUROZONE (17 LÄNDER): 14,25
BELGIEN: 17,32
BULGARIEN: 1,67
TSCHECHIEN: 4,56
DÄNEMARK: 25,52
DEUTSCHLAND: 15,67
ESTLAND: 4,91
IRLAND: 20,16
GRIECHENLAND: 8
SPANIEN: 9,83
FRANKREICH: 14,94
KROATIEN (2010): 4,86
ITALIEN: 12,49
ZYPERN : 8,35
LETTLAND: 3,35
LITAUEN: 3,11
LUXEMBURG: 18,38
UNGARN: 3,59
MALTA: 8,48
NIEDERLANDE: 16
ÖSTERREICH: 14,02
POLEN: 4,29
PORTUGAL: 5,12
RUMÄNIEN: 2,03
SLOWENIEN: 7,32
SLOWAKEI: 4,4
FINNLAND: 17,24
SCHWEDEN: 18,46
VER. KÖNIGREICH: 14,81
ISLAND: 14,27
NORWEGEN: 27,99
SCHWEIZ: 29,46
MONTENEGRO: 3,42
MAZEDONIEN (EJRM): 2,2
GEORGIEN: 2,63
TÜRKEI: 4,41

0 5 10 15 20 25 30

Unglückliche Sieger im EU-Gehaltsvergleich

Die Menschen haben Angst, weil sie immer weniger Geld verdienen. Deshalb muss man verstehen, wenn sie keine Ausländer im Land haben wollen. So oder so ähnlich wird oft argumentiert. Tatsächlich weniger Gehalt als 2007 bekommen Arbeitnehmer allerdings nur in sieben von 28 EU-Staaten. In Griechenland sind die Gehälter seit 2009 um 3,1 Prozent gesunken, gefolgt von Kroatien mit einem Prozent minus. Gehaltseinbußen mussten auch in Ungarn, Portugal, Zypern, Großbritannien und Italien hingenommen werden. In achtzehn Ländern sind die Gehälter in etwa gleich geblieben. Die Sieger des Vergleichs sind wegen gestiegener Reallöhne Deutsche, Polen und Bulgaren. Aber die Vergleichszahlen mit 2009 sagen wenig aus, wenn man den durchschnittlichen Stundenlohn (Median, Netto) der Arbeitnehmer nicht kennt. Glückliche Bulgaren, weil sie mehr verdienen als 2009? Man möchte dennoch nicht mit ihnen tauschen. 2014 verdienten sie nur 1,67 Euro in der Stunde und sind damit das Schlusslicht der EU. Am anderen Ende des Spektrums findet sich Dänemark mit einem durchschnittlichen Nettostundenlohn von 25,52 Euro. Der Durchschnitt liegt bei 13,2 Euro. Deutschland liegt mit 15,67 Euro klar darüber, Österreich mit 14,08 immerhin knapp (sämtliche Zahlen 2014). Während von der Kluft zwischen Ländern des Südens und den reichsten Industrienationen der Welt ständig die Rede ist, und auch die Ungleichheit zwischen den reichsten Milliardären der Welt und der ärmeren Hälfte der Weltbevölkerung immer wieder betont wird, spricht kaum jemand über die eklatanten Unterschiede innerhalb der Europäischen Union – die so lange keine politische Einheit werden kann, solange die Bedürfnisse der Bürger einzelner Länder aufgrund einer ökonomischen Schieflage derart weit auseinanderklaffen, einer Schieflage, die beseitigt werden muss, indem die Wirtschafts- zur Sozialunion umgebaut wird.

Infografik Die Bulgaren haben aufgeholt im EU-Gehaltsvergleich – und sind trotzdem immer noch an letzter Stelle

DER PROZENTSATZ DER MENSCHEN, DIE WELTWEIT UNTER DER ARMUTSGRENZE VON 1,90 DOLLAR AM TAG LEBEN

35.0%
33.5%
28.8%
28.1%
25.3%
20.4%
17.8%
15.6%
13.5%
12.4%
10.7%

50% —
40% —
30% —
20% —
10% —
0% —

1990 —
1993 —
1996 —
1999 —
2002 —
2005 —
2008 —
2010 —
2011 —
2012 —
2013 —

PROZENTSATZ DER UNTERERNÄHRTEN MENSCHEN WELTWEIT

1990-92
18.6%

2000-02
14.9%

2005-07
14.3%

2010-12
11.8%

2014-16
10.9%

Armut, Ungleichheit, Superreiche: eine ideologische Schlacht

Eine ganz eigene Stimmung, ein Tonfall, ein Geschmäckle: Es reicht, einmal zu googeln, um zu *fühlen*, dass um ein Sachthema eine interessengeleitete Schlacht tobt. Der Klimawandel ist ein solches Schlachtfeld, wie auch die globale Ungleichheit. Liest man linke Medien und Aussendungen von NGOs, bekommt man den Eindruck: Es wird schlimmer und schlimmer – die einen verhungern in Massen, während andere immer mehr Reichtum auf Kosten der Allgemeinheit raffen. Wirtschaftsliberale Thinktanks und ebensolche Medien erklären: Die Armut geht global dank kapitalistischer Globalisierung zurück, und Ungleichheit nimmt ab, obwohl einige Reiche Rekordvermögen erwirtschaften, was als Vorbildwirkung auch wichtig ist, weil dadurch andere zu Höchstleistungen angespornt werden – denn hätten alle gleich viel, würde niemand mehr mit Power malochen, und das System würde zusammenbrechen wie im Realsozialismus. Wer hat recht? Alle und keiner. Es geht hier auch gar nicht um die Wahrheit. Die Zahlen sagen: Global nimmt die Ungleichheit ab, vor allem aufgrund des Aufschwungs in China und Indien. In vielen anderen (gerade westlichen) Ländern wächst die Ungleichheit jedoch, aber nicht, weil die Armut steigt, sondern weil die untere Mittelschicht verliert bzw. stagniert und die Reichen so viel reicher werden. Armut und Hunger nehmen weltweit ab, was schneller gehen könnte, wenn die Reichen keine Steuern hinterziehen würden. In Afrika leiden weiter zwanzig Prozent der Menschen Hunger. Propaganda von beiden Seiten: Die einen kämpfen für ihre Klientel, die anderen für den eigenen Vorteil. Die Wahrheit ist beiden egal. Dabei wäre sie euphorisierend: Es geht den Menschen besser! Lasst uns jetzt uns gemeinsam anstrengen und für mehr Gerechtigkeit sorgen, damit auch die verbliebene Armut möglichst eliminiert wird. Das klingt endlos naiv, wird aber der Wahrheit gerecht.

Infografik Die gute Seite der Medaille: Das Elend nimmt ab. Die schlechte Seite: wie viel Elend es noch immer gibt

1 VON 3

VORSTANDSDIREKTOREN UND SENIOR MANAGERN
KANN ES RECHTFERTIGEN, BARGELD ANZUBIETEN,
UM EIN GESCHÄFT AN LAND ZU ZIEHEN ODER
ZU RETTEN

1 VON 4

JUNGMANAGERN (ZWISCHEN 25 UND 34) KANN
ES RECHTFERTIGEN, BARGELD ANZUBIETEN,
UM EIN GESCHÄFT AN LAND ZU ZIEHEN ODER
ZU RETTEN

Ethik und Business

In Sachen Moral und Ungleichheit steht die Frage im Mittelpunkt, ob und, falls ja, warum es den Menschen heute besser oder schlechter geht als früher – eine Frage, der eine aggressiv geführte ideologische Debatte zugrunde liegt. Es wird darüber gestritten, ob der Kapitalismus oder, um es weniger abstrakt zu formulieren, Fondsmanager, Bankdirektoren und Konzernchefs gemeinsam mit wirtschaftsliberalen Politikern dafür sorgen, dass die Lebenserwartung steigt und der Hunger und die Armut sinken, oder ob sie daran schuld sind, dass die Lebenserwartung nur so langsam steigt und der Hunger sowie die Armut nicht viel schneller verschwinden. Ist Kapitalismus moralisch oder unmoralisch? Fragt man den linken Vordenker und hochrangigen UNO-Funktionär Jean Ziegler, sind viele Kapitalisten und Wirtschaftsliberale Verbrecher. Fragt man neoliberale Thinktanks, retten sie durch ihr Tun die Welt. Und was sagen die Bosse? Moral, Unmoral, scheißegal. Die Prüfungs- und Beratungsgesellschaft Ernst & Young hat 4100 Manager gefragt, ob sie unmoralisch handeln würden, wenn's der Karriere oder dem Unternehmen dient, ob sie in der eigenen Firma unmoralisches Handeln beobachten und ob sie vor Bestechung zurückschrecken würden. Das Ergebnis ist wenig erbauend – und verheißt vor allem für die Zukunft nichts Gutes. Jeder vierte Jungmanager zwischen 25 und 34 würde unter dem Tisch mit Bargeld rüberrücken, wenn es denn hilft, ein Geschäft an Land zu ziehen oder zu retten – quer durch alle Altersgruppen ist es sogar ein Drittel (wobei es, zugegeben, Länder gibt, in denen anders ein Geschäftsabschluss kaum möglich ist). »Unethisches Verhalten« ist sogar für 77 Prozent der Manager in Ordnung, wenn es gilt, das eigene Unternehmen vor Unheil zu bewahren. Zwölf Prozent aller Manager würden über Unternehmensergebnisse lügen, wenn es der eigenen Karriere dient. Mit der Rettung der Welt durch die Wirtschaft scheint es da nicht weit her.

Infografik Umfrage von Ernst & Young unter 4100 Managern

AFRIKA 30.370.000 KM²
ÖSTERREICH 83.879 KM²

Oben und unten, Norden und Süden, Himmel und Hölle

Die wohl am weitesten verbreitete Infografik ist die Weltkarte. Infografik? Ist sie nicht einfach nur eine maßstabsgetreue Verkleinerung? Ist sie nicht. Sie geht zurück auf Gerardus Mercators Version von 1569. Er hat die Krümmung der Erdkugel ignoriert, damit Distanzen in geraden Linien gemessen werden konnten – was in den großen Tagen der Seefahrt wichtig war. Eine runde 3D-Welt in ein eckiges 2D-Korsett zu pressen bleibt aber nicht ohne gravierende Folgen; die Länder werden dadurch verzerrt: je näher am Pol, desto mehr. Weil Afrika in der Mitte dieser Weltkarte liegt, wird es viel kleiner dargestellt, als es tatsächlich ist. Auf Google Maps lässt sich das leicht nachprüfen, Grönland ist dort fast so groß wie der afrikanische Kontinent – obwohl es in Wahrheit 2,2 Millionen Quadratkilometer misst und Afrika 30,2 Millionen. Der deutsche Grafiksoftware-Guru, Künstler und Denker Kai Krause stellte Afrika in einer kleinen Fingerübung seiner tatsächlichen Größe entsprechend dar – und legte verschiedene Länder hinein, im korrekten Maßstab. Innerhalb der Grenzen Afrikas hätten Platz: die USA, China und ein großer Teil Europas. Das entsprechende Facebook-Posting machte Furore, weil es zum Umdenken in Sachen Eurozentrismus und US-Lastigkeit einlädt. Ähnlich wirken jene Versionen der Weltkarte, die aus neuen Perspektiven auf den Globus blicken. Oben ist der Himmel, unten die Hölle. Der Norden ist reich und fortschrittlich, der Süden arm und rückständig. Aber dass Norden auf Karten oben angezeigt wird, ist einfach nur eine Konvention. Der Australier Stuart McArthur hatte als Jugendlicher die Nase voll von dieser Weltsicht, er stürzte die Weltkarte so, dass Australien oben in der Mitte war, am »besten« Platz also, während die USA links unten zusammengequetscht am Rand klebten. Technisch gesehen hätte diese Darstellung der Erde haargenau dieselbe Legitimation wie jene, mit der wir täglich arbeiten. Und freilich – es gibt Weltkarten, in denen die Größenverhältnisse korrekt dargestellt werden, so ungewöhnlich das auch aussieht.

Infografik Weltkarten zeigen die Größe der Kontinente verzerrt an. Afrika etwa ist viel größer, als wir es normalerweise sehen

97

WEISSRUSSLAND:
6 SHOTS PRO TAG

PORTUGAL:
4,4 SHOTS PRO TAG

FINNLAND:
4,2 SHOTS PRO TAG

FRANKREICH:
4,2 SHOTS PRO TAG

DEUTSCHLAND:
4 SHOTS PRO TAG

SCHWEIZ:
3,7 SHOTS PRO TAG

ÖSTERREICH:
3,5 SHOTS PRO TAG

USA:
3,2 SHOTS PRO TAG

0,5 LITER BIER ENTSPRECHEN 3,1 SHOTS WODKA

Warum die Weißrussen so viel saufen

Erstaunlich ist es schon, wie viel in manchen Ländern gesoffen wird. Lässt man die osteuropäischen Länder beiseite, trinken in der EU die Portugiesen, die Finnen und die Franzosen am meisten. Mit Vorurteilen ist man schnell bei der Hand: die depressiven Portugiesen mit ihren traurigen Fado-Songs und der *saudade*, ihrem melancholischen Lebensgefühl; die Finnen haben einfach zu wenig Sonne, deshalb eine hohe Selbstmordrate und viele Säufer; und die Franzosen – eh klar, dort ist der Rotwein so tief in das kulturelle Selbstverständnis eingeschrieben, dass zu einer diskriminierten Minderheit gehört, wer nicht schon am Vormittag das erste Fläschchen Merlot köpft. Aber diese drei Länder rangieren erst weiter hinten auf der weltweiten Saufrangliste der WHO, und gerade bei den Portugiesen und Franzosen trinken auch die Touristen gerne mit. Russland liegt auf Platz vier. Die ersten drei sind allesamt osteuropäische Länder mit engem Bezug zu Russland: Litauen (Platz drei), Moldawien (zwei) und Weißrussland (eins). Der durchschnittliche Weißrusse trinkt im Jahr 17,5 Liter reinen Alkohol, das entspricht etwa 2800 Shots Wodka, also fast acht pro Tag. Im Schnitt! Männer trinken sogar noch mehr. 47 Prozent des Alkoholkonsums entfallen auf Hochprozentiges, siebzehn Prozent auf Bier, fünf Prozent auf Wein und der Rest auf »anderes«, was billiger Fruchtwein sein dürfte. Der weißrussische Journalist Vadzim Smok hat im angesehenen Internet-Magazin *Open Democracy* analysiert, warum gerade die Weißrussen so viel saufen. Demnach flüchtet sich die Landbevölkerung in den Suff, weil der Strukturwandel hin zu einem modernen Staat nicht funktioniert. Die Menschen arbeiten – ohne einen Sinn darin zu sehen – für wenig Geld in kolchosenartigen Landwirtschaftsverbänden, in Sowjetrelikten, die gerade einmal wirtschaftlich überleben. Kulturelle Angebote gibt es so gut wie überhaupt keine, seit die Freizeitklubs der Sowjetunion nicht mehr existieren. Also auch hier das Problem: Langeweile und die Abwesenheit von Sinn.

Infografik Der durchschnittliche Alkoholkonsum im gesamteuropäischen Vergleich (1 Shot = 20 cl, Alkoholgehalt: Wodka 40 %, Bier rund 5 %)

JÄHRLICHE TODESFÄLLE, DIE AUF DAS RAUCHEN ZURÜCKZUFÜHREN SIND

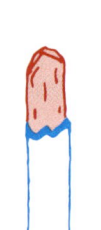
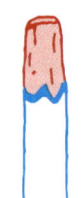

1. CHINA (1.800.000)

2. INDIEN (743.000)

3. USA (472.000)

4. RUSSLAND (283.000)

5. INDONESIEN (180.000)

6. JAPAN (166.000)

7. BANGLADESCH (153.000)

8. BRASILIEN (149.000)

9. DEUTSCHLAND (130.000)

10. PAKISTAN (124.000)

Es gibt mehr Raucher – und weniger

Mit den Zahlen ist es so eine Sache. Manchmal sagt ein und dasselbe Faktum das eine aus – und gleichzeitig das Gegenteil. So verhält es sich mit der weltweiten Raucherstatistik. Es gibt weltweit immer mehr Raucher. Korrekt. Es gibt weltweit immer weniger Raucher. Ebenfalls korrekt. Im Jahr 1990 rauchten 870 Millionen Menschen täglich, 2015 waren es 933 Millionen. Das ist ein satter Anstieg von sieben Prozent. Das rechtfertigt allemal Headlines wie »Immer mehr Raucher«. Im Jahr 1990 rauchte ein knappes Drittel der Weltbevölkerung täglich, 2015 waren es fünfzehn Prozent. Das ist ein sattes Absinken um mehr als fünfzig Prozent. Das rechtfertigt allemal Headlines wie »Immer weniger Raucher«. Und was soll man als Laie mit solch widersprüchlichen Zahlen anfangen, die dem Wachstum der Weltbevölkerung geschuldet sind? Ist es ein Segen, dass der prozentuelle Anteil an Rauchern gesunken ist? Oder ist es schrecklich, dass heute mehr Menschen rauchen als in den neunziger Jahren? Die kurze Antwort: Es stimmt beides. Die lange Antwort: Es ist egal, weil jeder einzelne Tote, der auf das Rauchen zurückzuführen ist, zu viel ist – und das sind 11,5 Prozent der Weltbevölkerung. Es gibt zwar immer mehr Restriktionen, aber illegal sind Produktion und Vertrieb von Zigaretten nicht. Gerade in Entwicklungsländern wird gezielt Werbung bei jungen Frauen gemacht – eine Gruppe mit »Potenzial«. Ein Vergleich, der in vielerlei Hinsicht hinkt, jedoch fruchtbringend ist: 6,4 Millionen Menschen starben 2015 an den Folgen des Rauchens, während 2014 etwas mehr als 32 500 Menschen dem Terror zum Opfer fielen. Man stelle sich die Berichterstattung – und die Gegenmaßnahmen – vor, würden in einem Jahr 6,4 Millionen Menschen bei Anschlägen sterben. Schon klar, zur Zigarette greift man freiwillig – deshalb funktioniert der Vergleich nicht. Aber wenn es darum geht, qualvolle vermeidbare Todesfälle zu verhindern, dann müssten die Anstrengungen gegen die Nikotinsucht ungemein größer sein als die Sicherheitsmaßnahmen gegen Terror.

Infografik Die Tabakindustrie und ihre legale Sterbehilfe

Wo big wirklich beautiful ist

Was müssen sich dicke Menschen nicht alles anhören: Träge, faul und undiszipliniert seien sie. Stimmt alles nicht, lässt sich alles statistisch nicht belegen, genauso wie es ein Irrglaube ist, dass die dicksten Menschen der Welt in den USA leben. Die USA liegen auf Platz 13. Wenn die internationale WHO-Statistik zum Thema Fettsucht veröffentlicht wird, überraschen immer wieder die Top 20: Dreizehn von ihnen sind Pazifikstaaten – wo man meinen sollte, fischreiche Kost führt zu gesunden Körpern. Gesund leben die Inselbewohner nicht, die Rate an gefährlichem Diabetes vom Typ II ist beispiellos hoch. Woran das liegt? Dafür gibt es eine ganze Reihe an Gründen, wie Temo Waqanivalu im Interview mit CNN erklärt. Waqanivalu muss es wissen – er leitet das WHO-Vorsorgeprogramm für nichtansteckende Krankheiten und stammt selbst von den Fidschi-Inseln. Da ist zum einen die Genetik: Jahrhundertelang haben am ehesten jene überlebt, die aufgrund ihrer Fettreserven lange Bootsfahrten über das Meer überstehen konnten. Das Schönheitsideal steht außerdem jenem in Europa und den USA diametral entgegen: Big ist hier wirklich beautiful. Dazu kommt die Armut vieler Menschen in der Region – und am billigsten ist es eben, Fertignahrung zu kaufen, die vor Fett, Zucker, Salz und Kalorien strotzt. Es zahlt sich sogar aus, den Fisch, den man gefangen hat, zu verkaufen, um sich dann vom selben Geld mehrere Thunfischdosen zuzulegen. Fünf weitere der Top 20 der Fettleibigen sind Golfstaaten. Hier wird der gestiegene Lebensstandard für die Häufung von Fettleibigkeit verantwortlich gemacht: Immer mehr Menschen haben Autos, immer mehr internationale Fastfood-Ketten sind vertreten, und der Mittelstand greift immer öfter zu Fertigprodukten, weil aufgrund der harten Arbeit an der Karriere nicht viel Zeit zum Kochen bleibt. Aber was macht Andorra als einziger europäischer Staat in der Statistik? Der andorranische Speck ist legendär – und auch das Ragout vom Eber.

Infografik Anteil von Menschen mit Adipositas (Fettleibigkeit, ab einem BodyMassIndex von 30) an der Gesamtbevölkerung

ÖSTERREICH
60,2   62,2

DEUTSCHLAND
62,7   62,7

FRANKREICH
59,8   59,4

BELGIEN
59,3   60

ISLAND
68   69,4

KOREA
70,6   72,9

MEXIKO
68,1   72

USA
64,7   65,9

Warum Südkoreaner bis ins Greisenalter arbeiten

Alle Menschen über dreißig werden getötet – im Science-Fiction-Klassiker »Logan's Run« aus dem Jahr 1976. Das ist *auch* eine Lösung für das Problem der Überalterung, aber vielleicht nicht die beste. In fast allen Ländern der OECD stehen geburtenschwache Jahrgänge einer wachsenden Zahl an Pensionisten gegenüber, weil die Lebenserwartung steigt und geburtenstarke Jahrgänge ins Rentenalter kommen. Je länger die Menschen arbeiten, desto länger können sie mithelfen, die Pensionen zu finanzieren. Bloß – in den meisten Ländern gehen Menschen nicht so lange arbeiten, bis sie das gesetzliche Pensionsantrittsalter erreicht haben, sondern bleiben deutlich früher zu Hause. Staaten versuchen, mit Zuckerbrot und Keule entgegenzuwirken. Oft fehlen schlicht die Jobs. Es gibt aber auch Menschen, die länger arbeiten, als sie müssten – besonders in Südkorea, wo Frauen im Durchschnitt bis 70,6 Jahre malochen und Männer gar bis 72,9, obwohl das Pensionsantrittsalter bei 61 liegt. Was ist da los? Es liegt nicht an der besten aller Pensionsreformen, sondern daran, dass in Südkorea ein Großteil der Alten gar nicht anspruchsberechtigt ist – sprich: Sie müssen arbeiten, um zu überleben. Eine staatliche Pension gibt es überhaupt erst seit 1988. Dazu kommt, dass die ältere Generation eher auf dem Land lebt, wo traditionell länger gearbeitet wird. Weil seit Jahrzehnten viele Junge in die Städte auswandern, wird dieser Effekt bald weniger und weniger zum Tragen kommen. Das heißt, wenn dann auch noch das Pensionssystem voll zu greifen beginnt: Das tatsächliche Pensionsantrittsalter wird sinken, während die »Überalterung« der Gesellschaft in Südkorea noch viel schneller voranschreitet als andernorts – die Geburtenrate pro Frau ist von drei (1975) auf 1,3 (2012) gesunken. Bis 2050 könnte Südkorea jenes Land sein, in dem die wenigsten Jungen die meisten Alten versorgen müssen. Das heißt: Die Südkoreaner sind um den Spitzenplatz beim Pensionsantrittsalter weder persönlich noch volkswirtschaftlich zu beneiden – die Statistik trügt. Das Land steht vor großen Herausforderungen.

Infografik Das tatsächliche Pensionsantrittsalter von Frauen und Männern   105

DIE

WELT

IST IN GEFAHR!

Bullshit-Alarmismus vom Feinsten

Es gibt Sätze, die sind so lächerlich, dass man sie einfach nicht erfinden könnte, wollte man alarmistische Medien auf den Arm nehmen – weil man einfach nicht so viel alarmistischen Einfallsreichtum hat wie alarmistische Journalisten. So einen Satz hat *Die Welt* publiziert, man muss ihn sich auf der Zunge zergehen lassen: »Aus der globalen Perspektive gleicht die Welt einem Pulverfass.« Damit nicht genug: »Der Terror schlägt immer wieder zu, der Albtraum will nicht enden.« Und, worum geht es? »Ein Kreditversicherer hat bei seiner globalen Analyse einen Gefahrenindex erstellt, er zeigt eine Welt am Rande des Kollapses.« Kann es sein, dass ein Kreditversicherer an der Gefahr verdient und deshalb daran interessiert ist, die Welt möglichst gefährlich darzustellen? Möglich, aber dasselbe gilt auch für *Die Welt* – a match made in heaven. Die völlig überraschende Erkenntnis: Afghanistan, der Irak und Syrien sind gefährliche Länder. Island ist hingegen sicher. Aber nicht nur Terror und Krieg gefährden die Investitionssicherheit von Unternehmen (denn darum geht es – nicht um die Menschen) – sondern auch der Populismus samt totalitären Tendenzen. Eine knallharte Analyse liefert *Die Welt* quasi en passant: »Zum Teil ist Populismus die Reaktion auf vorhandene gesellschaftliche Verwerfungen, zum Teil provoziert er weitere Spannungen innerhalb der Gesellschaft.« Ach so, na dann. Ein paar Länder werden in dem Artikel als besonders gefährdet genannt, darunter Frankreich und Österreich. Sind sie bereits dem Untergang geweiht? Oh, überraschenderweise nicht: »Doch in all diesen Staaten sind Konjunkturindikatoren wie Wachstum oder Verbrauchervertrauen stabil oder haben sich zuletzt sogar verbessert. Gleichwohl bleiben Gefahren.« Natürlich bleiben Gefahren, sitzt man doch auf einem »Pulverfass«, dem die Welt »aus globaler Perspektive« gleicht. Am besten lässt man sich gleich ordentlich versichern – gegen dramatisierendes Blabla, das dem Leser Lebensenergie abzapft.

Infografik … aber wir können dich gegen die Gefahr versichern.
Sagt die Versicherung

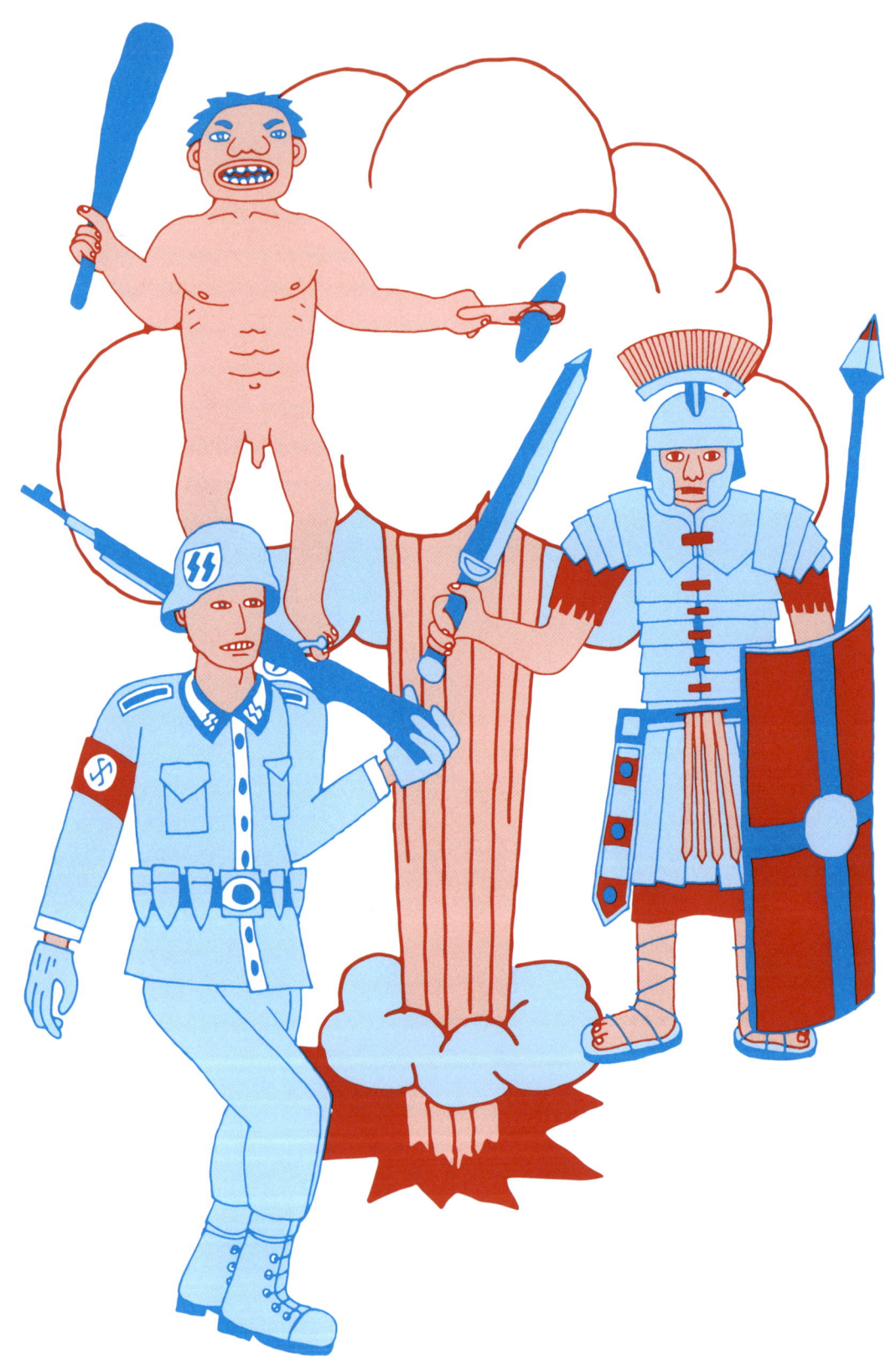

Das Relativieren kommt in Mode

Horden blutrünstiger Flüchtlinge fallen über »unsere Frauen« her; im Nahen Osten schlagen sich Araber untereinander die Schädel ein wie nie zuvor, ganz ähnlich in Afrika; die ganze Erde wird von einer beispiellosen Welle an Terroranschlägen überrollt; in Mexiko metzeln Meuchelmörder Millionen Menschen nieder. Alles wird immer schlimmer, die Welt immer brutaler. Oder? Ein Mann darf in diesem Buch keinesfalls fehlen: Steven Pinker, Bestsellerautor und Evolutionspsychologe am renommierten MIT und in Harvard. Sein Monumentalwerk »Gewalt. Eine neue Geschichte der Menschheit« war ein sogenannter Game Changer in Hinsicht darauf, wie zumindest ich über unsere Welt denke – und damit bin ich nicht allein. Er stellte sich genau diese Frage: Wird die Welt wirklich immer brutaler? Im Mittelpunkt seiner Untersuchungen stehen Statistiken, das Datenmaterial ist schier unendlich, die Quellenverweise machen 143 Seiten des 1212-Seiten-Wälzers aus. Pinkers Befund: Egal wie man es betrachtet, die Gewalt wird immer weniger, ausgehend von der Zeit der Jäger und Sammler über die Antike und das »dunkle Mittelalter«, trotz der Weltkriege im 20. Jahrhundert, bis hin zum dritten Jahrtausend mit seiner Terrorismuspanik und seinen Kriegen – und sogar dann, wenn man menschenbedingte Naturkatastrophen und Hungersnöte dazuzählt. Pinker lässt zwar politische Korrektheit gegenüber ursprünglichen Kulturen missen, und einzelne seiner Methoden wurden nach der Veröffentlichung kritisiert, aber man kann ihm aufgrund der Faktenlage in der Tendenz nicht widersprechen: Im gesamten 20. Jahrhundert starben relativ gesehen rund zehnmal weniger Menschen durch Gewalt als im historischen Jahrhundertschnitt der Gesellschaften vor der Antike bzw. außereuropäischer Gesellschaften vor der Kolonialisierung. Und dieser Fortschritt ist heute keineswegs gefährdet, weder durch Terrorismus noch durch Kriege, Migrationsbewegungen oder das turbokapitalistische Weltwirtschaftssystem. Sorry, aber das ist die schlichte Wahrheit, mit der man, zugegeben, nicht täglich einen Quotenhit landen kann.

Infografik Steven Pinkers neue Weltgeschichte der Gewalt – die immer weniger wird

REGION NORD- UND SÜDAMERIKA
28,5 MORDE PRO 100.000 MENSCHEN

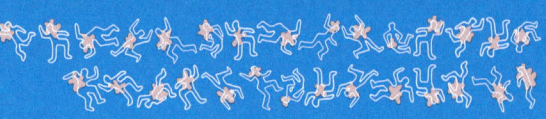

AFRIKANISCHE REGION
0,9 MORDE PRO 100.000 MENSCHEN

EUROPÄISCHE REGION
3,8 MORDE PRO 100.000 MENSCHEN

OST-MITTELMEER-REGION
7,0 MORDE PRO 100.000 MENSCHEN

WESTERN PACIFIC REGION
2,1 MORDE PRO 100.000 MENSCHEN

REGION SÜDOSTASIEN
4,3 MORDE PRO 100.000 MENSCHEN

GLOBAL
6,7 MORDE PRO 100.000 MENSCHEN

CIUDAD JUÁREZ
196 MORDE PRO 100.000 MENSCHEN

So viel Leid, entgegen der Statistik

Es ist eine Binsenweisheit, an die bei all der »Die Welt wird immer friedlicher«-Literatur trotzdem erinnert werden muss: Statistiken sagen nichts über den Einzelfall aus – und so ist es auch beim Thema Gewalt. Die WHO beklagt in ihrem »Global Status Report on Violence Prevention 2014«, dass sechzig Prozent der Länder keine ordentlichen Daten zum Thema Mord abliefern würden, und versucht dennoch halbwegs gesicherte Daten zu bieten. Demnach ist die Mordrate von 2000 bis 2007 von etwas über acht auf etwas unter sieben pro 100 000 Menschen im Jahr gesunken, danach stagnierte sie bis 2012 (weiter reicht die Statistik nicht). Das ist erfreulich, bringt aber den Bewohnern von Ciudad Juárez recht wenig. Die 1,3-Millionen-Einwohner-Stadt im Norden Mexikos an der Grenze zu den USA zählt zu den gefährlichsten der Welt. 2010 wurden dort durchschnittlich sieben Menschen pro Tag ermordet – das sind 196 von 100 000, also fast das 30-Fache des internationalen Durchschnitts. Nach 2011 sank die Mordrate, 2016 stieg sie rapide an – und nicht nur dort, der September 2016 war in ganz Mexiko mit 1976 Morden einer der tödlichsten Monate aller Zeiten. In ganz Lateinamerika ist die Mordrate mit 28 von 100 000 international gesehen bei weitem am höchsten. Um zu verstehen, was dort vor sich geht, um zu verstehen, was es heißt, in einer Stadt wie Ciudad Juárez zu leben, reichen keine Statistiken und Headlines. Wer das wissen will, der muss tiefer eintauchen, dem sei Johann Haris Buch »Drogen« empfohlen, eines der besten Sachbücher überhaupt. Er begab sich hinein in dieses unmessbare Menschenleid, sprach mit einem Serienmörder, der für eine Gang zahlreiche Menschen getötet und gefoltert hatte, und recherchierte die Geschichte einer Familie, die von den Kartellen ausgelöscht wurde. Seine Conclusio: dass all das kein unabwendbares Schicksal ist, dass es schlicht und einfach nicht sein müsste. Dass der Krieg gegen Drogen die größte Schuld an diesem ganzen Elend trägt. So sieht verantwortungsvoller Journalismus aus. Er endet nicht bei den Zahlen.

Infografik Südamerika ist ein gefährliches Pflaster. Ganz besonders gilt das für Ciudad Juárez in Mexiko

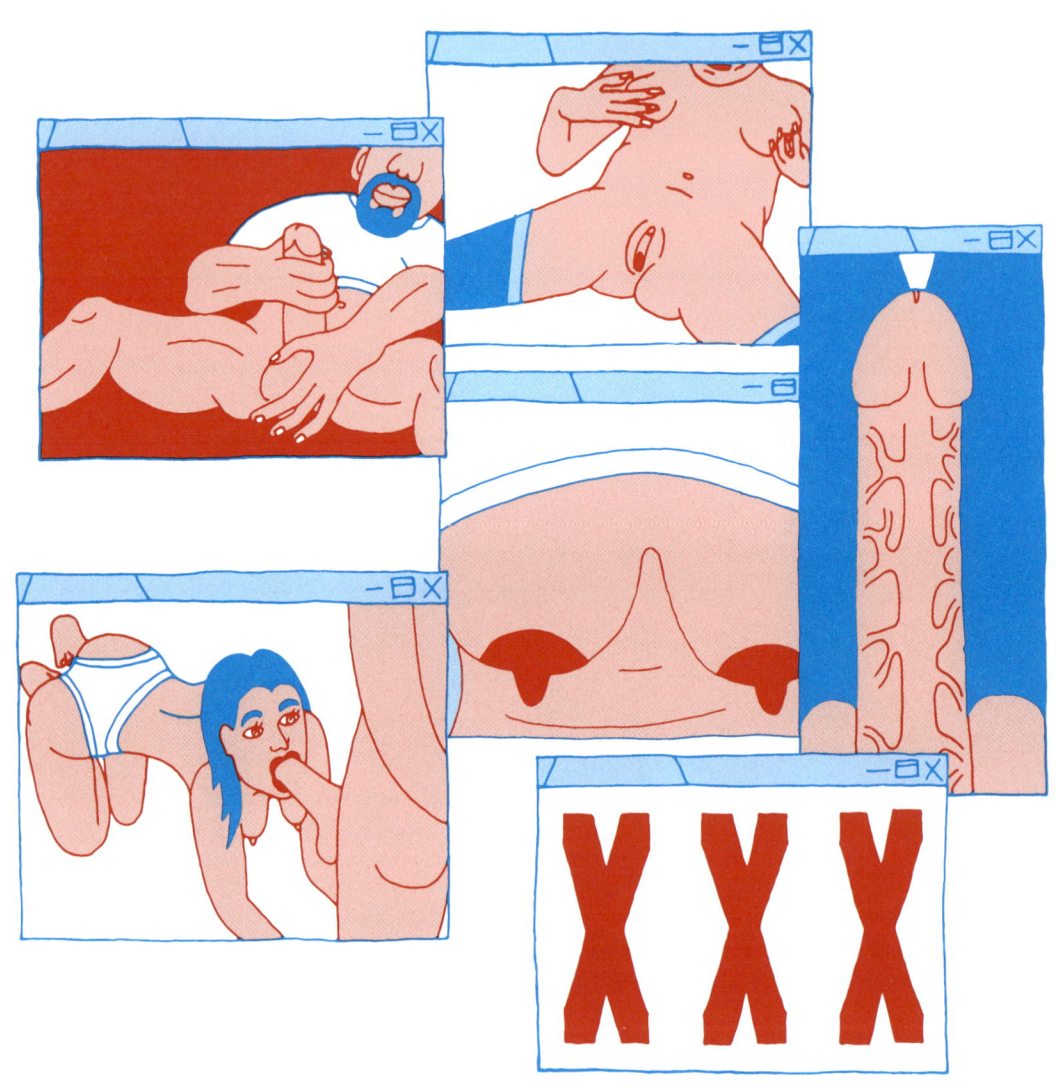

WWW – das WeltWeite Wichsen

Das Internet besteht zur Hälfte aus Pornografie. Völliger Schwachsinn oder sogar noch untertrieben? Diese Frage ist fast so alt wie das World Wide Web. Rückblickend spricht man von der »Great Internet Sex Panic of 1995«, die den Anfang einer Debatte markiert, die stets ideologisch geführt wurde und selten ohne Hintergedanken. Damals ging es einer konservativen Lobby darum, das Internet unter staatliche Kontrolle zu bringen. Nur: Es entspricht der Logik eines dezentralen Netzwerks, dass man nicht irgendwo ein Knöpfchen drückt und Zahlen dafür bekommt, wer das Internet wofür nutzt. In sozialen Netzwerken kursieren dennoch laufend Statistiken – meist ohne Quellenangabe. So hieß es unlängst, zwölf Prozent aller Websites beinhalten Pornografie und siebzig Prozent der Männer besuchen zumindest einmal pro Monat Pornoseiten. Eine andere Zahl aus dem Jahr 2010 taucht ebenfalls immer wieder auf: 37 Prozent des Internets seien Pornos, doch auch hier ist die Quelle nicht vertrauenswürdig: Optenet, ein Unternehmen, das Zensursoftware vertreibt. Viel Mühe machten sich die Neurowissenschaftler Ogi Ogas und Sai Gaddam, deren umfangreiche Datenanalyse ergab, dass 2010 von der Million der meistbesuchten Websites vier Prozent zum Wichsen einluden; aber nicht einmal diese beiden akribischen Forscher behaupten, dass ihre Zahlen gesichert sind. Übrigens: Die meisten sogenannten Statistiken zum Thema kommen aus christlich-fundamentalistischen Kreisen – wie sich jederzeit durch eine kurze Google-Recherche bestätigen lässt. Vielleicht ist die Frage nach dem Wieviel auch müßig und man sollte eher nach dem Was fragen, wie Alan Moore, Comicautor und gemeinsam mit seiner Frau Melinda Gebbie Verfasser der erotischen Graphic Novel »Lost Girls«, im Interview mit der *Frankfurter Allgemeinen Zeitung* sagt: »Man wird immer mehr Pornografie haben. Das Einzige, was man tun kann, ist, dafür zu sorgen, dass es wenigstens auch gute Pornografie gibt, nicht nur menschenverachtende.«

Infografik Wie viel Pornografie es wirklich im Netz gibt, darüber kann nur spekuliert werden

TOP TEN TODESURSACHEN (ALLE 2012):

1. KORONARE HERZKRANKHEIT: 7,4 MILLIONEN
GOOGLE NEWS 87.800 RESULTS
(CORONAR HEART DISEASE)
PLUS 5,370 RESULTS ANGINA PECTORIS
PLUS 1.820.000 RESULTS HEART ATTACK
MACHT GESAMT 1.913.170 RESULTS

2. SCHLAGANFALL: 6,7 MILLIONEN
GOOGLE NEWS 3.550.000 RESULTS

3. CHRONISCH OBSTRUKTIVE LUNGENERKRANKUNG
(RAUCHERLUNGE): 3,1 MILLIONEN
GOOGLE NEWS 201.000 RESULTS

4. LUNGENENTZÜNDUNG: 3,1 MILLIONEN
GOOGLE NEWS 310.000 RESULTS (PNEUMONIA)

5. LUNGEN-, BRONCHIEN- UND LUFTRÖHRENKREBS: 1,6 MILLIONEN
GOOGLE NEWS 553.000 RESULTS (LUNG CANCER)

6. HIV/AIDS: 1,5 MILLIONEN
GOOGLE NEWS 4.400.000 RESULTS (AIDS)

7. DURCHFALLERKRANKUNG: 1,5 MILLIONEN
GOOGLE NEWS 211.000 RESULTS (DIARRHEA)

8. ZUCKERKRANKHEIT (DIABETES MELLITUS): 1,5 MILLIONEN
GOOGLE NEWS 5.780.000 RESULTS

9. VERKEHRSUNFÄLLE — 1,3 MILLIONEN
GOOGLE NEWS 2.410.000 RESULTS (FATAL CAR CRASH)

10. HERZKRANKHEIT DURCH BLUTHOCHDRUCK — 1,1 MILLIONEN
GOOGLE NEWS 7.550 RESULTS (HYPERTENSIVE HEART DISEASE)

TODESURSACHEN, ÜBER DIE WIR SPRECHEN:

TERRORISMUS 2015: 28.328 BZW. 8.470,
WENN MAN IRAK, AFGHANISTAN, SYRIEN UND NIGERIA ABZIEHT
GOOGLE NEWS 8.670.000 RESULTS

BEWAFFNETE KONFLIKTE 2014: 180.000
GOOGLE NEWS 130.000.000 RESULTS

MORDE, LAUT UNO 437.000 IM JAHR 2012
GOOGLE NEWS 25.300.000 RESULTS

DROGEN: 2014 LAUT UNO 207.400 DRUG-RELATED DEATHS
GOOGLE NEWS 17.500.000 RESULTS

2015 LAUT BUREAU OF AIRCRAFT ACCIDENTS ARCHIVES
898 TODESFÄLLE DURCH FLUGZEUGABSTÜRZE
GOOGLE NEWS 2.470.000 RESULTS

TÖDLICHE HAIATTACKEN: SECHS IM JAHR 2015
GOOGLE NEWS 188.000 RESULTS

Die langweiligen Todesursachen

Wie oft hat unsere Lieblingszeitung in den letzten paar Jahren das Thema »koronare Herzkrankheiten« zum Aufmacher erwählt? Und wie oft das Thema »Terrorismus«? Medien geben die Wirklichkeit nicht wieder, selbst dann, wenn sie die Wahrheit schreiben – und das betrifft seriöse Qualitätsmedien genauso wie den quietschbunten Boulevard. Statt Lungenkrebs schreibt man verschämt »nach langer, schwerer Krankheit verstorben«. Terrorismus wird jedoch als allgegenwärtige Gefahr beschrieben, der Konsum illegaler Drogen als die zweitgrößte Geißel der Menschheit gleich nach dem Krieg. Unter Journalisten in Österreich gibt es zwei Urteile, wenn jemand in der Redaktionskonferenz ein Thema vorschlägt: »Des is ka Gschicht« oder »Des is a guate Gschicht«. Die jährliche Herzinfarktstatistik ist keine unterhaltsame Story. Der jüngste Terroranschlag in Europa oder den USA hingegen lässt die Quoten steigen. Es wäre geradezu verrückt, am Tag nach den Pariser Attentaten im Jahr 2015 auf dem Cover die neuen Zahlen zu Todesfällen durch Diabetes zu haben anstatt der Anschläge, auch wenn Diabetes jedes Jahr mehr als fünfzigmal so viele Menschen tötet wie alle Attentate zusammen (inklusive jener im Irak, in Afghanistan, in Syrien und in Nigeria). Das ist völlig okay, aber es kann nicht schaden, sich immer wieder bewusst zu machen, dass hier nicht die Realität wiedergegeben wird. Und dass man politische Verantwortungsträger daran messen sollte, ob sie die Mittel dort einsetzen, wo sie wirklich gebraucht werden, oder dort, wo es billige Schlagzeilen abzuholen gilt. Für so manche »gefühlte Angst« wird weitaus mehr Budget veranschlagt als für tatsächliche Gefahren.

Infografik Die weltweit häufigsten Todesursachen versus Todesursachen, über die am meisten berichtet wird

VON RELATIONEN
UND RELATIVIERUNGEN

DEUTSCHLAND: +15 MIN.

ÖSTERREICH: +25 MIN.

USA: +1 STD. 2 MIN.

MEXIKO: +1 STD. 1 MIN.

CHINA: +46 MIN.

JAPAN: +13 MIN.

SCHWEIZ: +11 MIN.

Frauen oder Männer: Wer arbeitet mehr?

Geschlechtergerechtigkeit: ein weites Feld für Diskussionen im Alltag. Wenig Aussagekraft sprechen Männer oft Statistiken zu, in denen Gehälter verglichen werden. Frauen würden eben lieber bei den Kindern bleiben, kein Wunder, dass es dann mit der Karriere nicht weit her ist. Und, wenn wir ehrlich sind, ist es jetzt auch kein wirklicher Nachteil für Frauen, dass sie weniger arbeiten. Wer arbeitet schon gerne? Gut, könnte man antworten: Dann lassen wir eben die Statistiken mit dem Gehaltsvergleich beiseite. Lassen wir beiseite, dass Seilschaften von Männern dafür sorgen, dass Chefinnen noch immer die Ausnahme sind. Ignorieren wir, dass viele Frauen nur Teilzeitjobs finden und dass sie oft für die haargenau gleiche Arbeit im Schnitt weniger verdienen als Männer. Stellen wir stattdessen eine ganz simple, fast schon blöde Frage: Wer rackert eigentlich mehr? Frauen oder Männer? Diese Frage hat sich auch die UNO gestellt. In zahlreichen Ländern, in Europa, in den Amerikas, in Asien und Afrika wurden jeweils Zigtausende Menschen befragt, über mehrere Jahrzehnte hinweg. Riesig waren die Samples, allein in Österreich je nach Befragungsrunde zwischen 8000 und 25 000. Die Teilnehmer führten Tagebuch über jene Stunden, die sie täglich bezahlt und unbezahlt (etwa im Haushalt) arbeiteten. In der Grafik tut sich ein immenser Unterschied auf: Männer arbeiten viele Stunden bezahlt – und nur wenige unbezahlt –, während es bei Frauen genau umgekehrt ist. Richtig spannend wird es allerdings, wenn man bezahlte und unbezahlte Stunden zusammenzählt und daraus ein Diagramm erstellt: Frauen verbringen in den meisten Ländern deutlich mehr Zeit mit Arbeit als Männer (Ausnahmen etwa Norwegen, Schweden und die Schweiz). Zeit und Gehalt auf diese Weise in Relation gesetzt, lässt sich sagen: Frauen arbeiten mehr – und verdienen trotzdem unterm Strich deutlich weniger als Männer. Gleichberechtigung? Da ist noch ein langer Weg zu gehen.

Infografik Wenn man Erwerbsarbeit und Hausarbeit zusammenzählt, dann arbeiten Frauen in den allermeisten Ländern der Welt pro Tag mehr als Männer

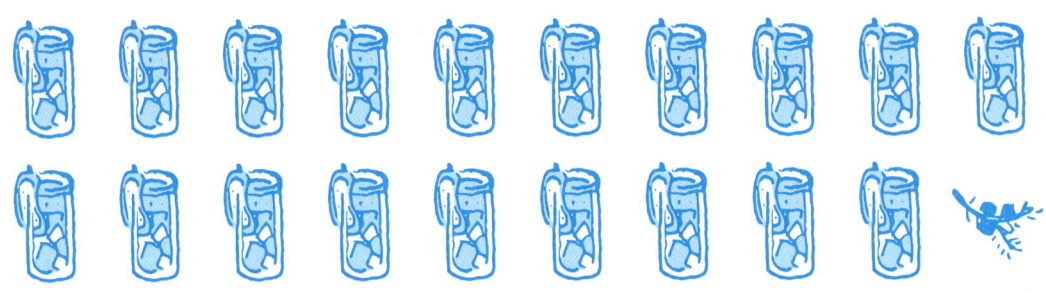

WIEN ↓↑ BERLIN WIEN ↓↑ BERLIN WIEN ↓↑ BERLIN WIEN ↓↑ BERLIN WIEN ↓↑ BERLIN WIEN ↓↑ BERLI

    1 = 100 MIO.   1 ×

Mark Zuckerberg kauft WhatsApp.
Ich kaufe mir eine Semmel

Mark Zuckerberg kauft für Facebook ein – und zwar die Tratschsoftware WhatsApp um 17,4 Milliarden Euro. Entgegen allen Versprechungen wurden Daten zwischen den Diensten ausgetauscht. Wettbewerbsverzerrung? Ausbau einer Monopolstellung? Datenschutzbedenken? Eine immense Machtfülle ohne demokratische Legitimation? Wurscht. Ich kaufe um fünfzehn Cent eine Semmel beim Discounter; sollte ich vielleicht nicht tun, bio und fair ist das bestimmt nicht. Um 17,4 Milliarden Euro könnte ich 116 Milliarden Semmeln kaufen. Mark Zuckerberg kauft WhatsApp um 17,4 Milliarden Euro. Ich trinke in einer Bar einen obszön teuren Gin Tonic (mit Gurken und Pfeffer) um neun Euro; dekadent, fühlt sich nicht gut an. Um 17,4 Milliarden Euro könnte ich 1,9 Milliarden Gin Tonics trinken. Mark Zuckerberg kauft um 17,4 Milliarden Euro WhatsApp. Ich fahre mit dem Bus von Wien nach Berlin, das kostet hin und retour dreißig Euro. Ich habe ein schlechtes Gewissen, weil angeblich die Kampfpreise nur wegen der schlechten Bezahlung der Busfahrer halten. Um 17,4 Milliarden Euro hätte ich 580 Millionen Mal nach Berlin und retour fahren können (Fahrzeit 1,2 Millionen Jahre). Mark Zuckerberg kauft um 17,4 Milliarden Euro WhatsApp. Ich leihe mir übers Wochenende für 110 Euro einen 1er BMW; idiotische Verschwendung, der Opel Corsa um siebzig Euro hätt's auch getan. Für 17,4 Milliarden Euro hätte ich mir den BMW an 158,2 Millionen Wochenenden ausborgen können. Einer der WhatsApp-Gründer hat anscheinend schlecht verhandelt. Er muss nun mit einem Jahresgehalt von einem Euro auskommen – abgesehen von einer Einmalzahlung in der Höhe von rund zwei Milliarden Dollar. Damit kann er sich nur 13,3 Milliarden Semmeln kaufen, plus pro Jahr sechs weitere. Wenn er zu bio und fair greift, werden es noch weniger.

Infografik Facebook hat WhatsApp um 17,4 Millionen Euro gekauft. Wie viele Semmeln würde man dafür bekommen? Wie viele Gläser Gin Tonic? Wie viele Tickets Wien–Berlin und retour? Wie viele Packungen Zigaretten? Wie viele Wochen im Leih-BMW? Ein Symbol steht für 100 Millionen Einheiten

ANZAHL DER MORDE, DIE IN FLORIDA MIT SCHUSSWAFFEN BEGANGEN WERDEN

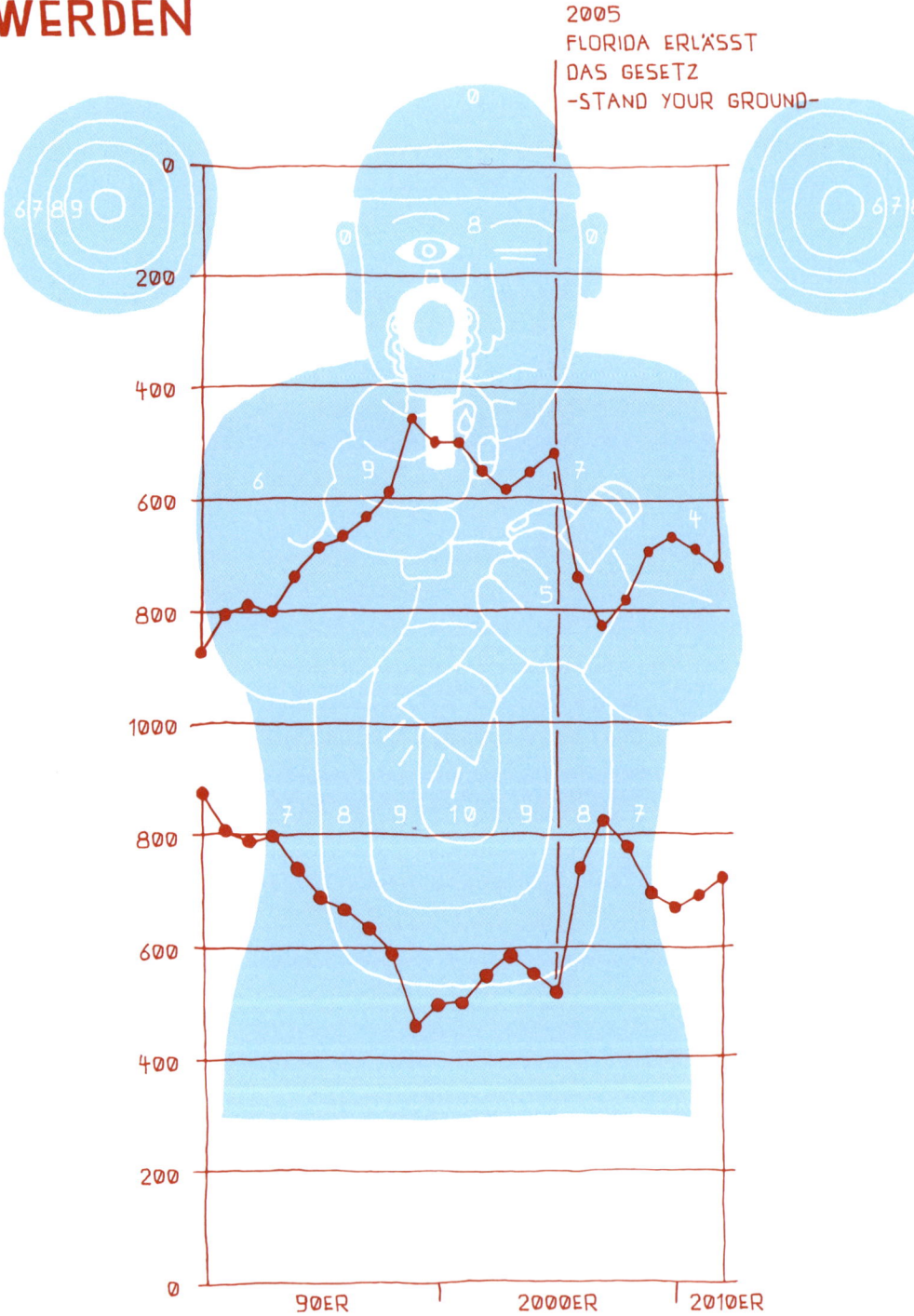

2005
FLORIDA ERLÄSST
DAS GESETZ
-STAND YOUR GROUND-

90ER 2000ER 2010ER

Calling Bullshit

Einer der international renommiertesten Bullshit-Detektoren ist Carl Bergstrom, er forscht am Biologie-Institut der Washington State University zur Art und Weise, wie Lebewesen Informationen generieren, speichern und verbreiten. 2017 bietet er erstmals eine Vorlesung mit dem schönen Titel »Calling Bullshit«, also »Bullshit benennen« an, die laut Ankündigung auch per Video verfolgt werden kann. Eine der Unterrichtseinheiten beschäftigt sich mit der Frage, was beim Erstellen von Infografiken alles falsch laufen kann. Ein besonders witziges Beispiel ist die Darstellung der Entwicklung der Tötungsdelikte mit Schusswaffen in Florida, nachdem dort ein Gesetz beschlossen worden war, das den Gebrauch von Schusswaffen zur Selbstverteidigung auf dem eigenen Grundstück erlaubt. Die Kurve stürzt ab! Werden immer weniger Menschen erschossen? Nein, der Nullpunkt wurde auf der vertikalen Ebene oben angesetzt statt unten, das heißt: Eine abfallende Kurve bedeutet einen Anstieg. Noch irreführender kann eine Infografik kaum gestaltet werden. Viel häufiger kommt es jedoch vor, dass bei Balkengrafiken der Nullpunkt gar nicht angezeigt wird, was die inhaltliche Aussage verzerrt. Durch das »Hereinzoomen« auf einen interessanten Bereich sehen kleine Unterschiede plötzlich riesig aus. Ein Vergleich der europäischen Tagesarbeitszeit wirkt, als würden Rumänen dreimal so lange im Büro sitzen wie Franzosen. Im Gegensatz zu Balkendiagrammen sind Liniendiagramme mitunter gerade dann verzerrend, *wenn* sie den Nullpunkt inkludieren. Auf einer Skala von 0 bis 110 Grad Fahrenheit sieht es aus, als hätte es seit 1880 überhaupt keinen weltweiten Temperaturanstieg gegeben. Der wird erst deutlich, wenn man sich den Temperaturbereich ansieht, in dem es zur Steigerung gekommen ist. Wer sich für Statistiknonsens interessiert, dem sei der Blog »Unstatistik des Monats« der deutschen Wissenschaftler Thomas Bauer, Walter Krämer und Gerd Gigerenzer empfohlen – sowie Gigerenzers Bücher.

Infografik Das Koordinatensystem einfach verkehrt herum zeichnen – und schon fällt die Kurve, statt zu steigen, obwohl sie streng genommen noch immer korrekt ist

GRAFIK
IN ECHT

GRAFIK DER KRONEN-ZEITUNG

GRAFIK IN ECHT

Zusätzlich geht die Mindestsicherung in Wien auch an 1314 Deutsche, 364 Italiener, 66 Schweden, 59 Schweizer, zehn Kanadier, dazu an einen Liechtensteiner, einen Isländer sowie an einen Bürger von Andorra

Mindestsicherungsbezieher in Wien nach Land

Viele Bezieher mit "ungeklarter Staatsbürgerschaft"
Die größte Gruppe in der Liste der Mindestsicherungsbezieher ist aber jene der

Mindestsicherungsbezieher in Wien nach Land

Viele Bezieher mit "ungeklarter Staatsbürgerschaft"
Die größte Gruppe in der Liste der Mindestsicherungsbezieher ist aber jene der

Lügen, dass sich die Balken biegen

Gemessen an seiner Größe gibt es in Österreich gar nicht so wenige Medien- und Bullshit-Watchdogs. Zu Berühmtheit hat es etwa Tom Wannenmacher mit »Mimikama« gebracht – niemand deckt so viel Schwachsinn in sozialen Medien auf wie er und sein Team. Als Expertin gilt die renommierte österreichische Journalistin Ingrid Brodnig. Die Gruppe Kobuk hat sich auf das Debunken von Fake News spezialisiert, lange bevor der Begriff populär wurde (ähnlich dem deutschen Bildblog). Der Österreich-Ableger von *Vice* beweist, dass das Magazin in der Medienbeobachtung treffsicher kritisch sein kann und nicht nur für Storys à la »10 Gründe, warum Du auf LSD Sex mit der Großmutter Deines besten Freundes haben solltest« gut ist. Dazu kommen Mitarbeiter von Hilfsorganisationen wie Martin Schenk von der Diakonie, Klaus Schwertner von der Caritas, Erich Fenninger von der Volkshilfe und das Team von SOS Mitmensch. Ihnen allen auf Facebook zu folgen ist wie eine Schutzimpfung gegen Bullshit und Fake News – eine Maßnahme, die sich lohnt. Neben Flüchtlingen gibt es in Österreich vor allem ein Fetischthema, bei dem die Nebelwerfer auf Hochtouren laufen: die bedarfsorientierte Mindestsicherung, eine monatliche Zahlung an bedürftige Menschen, die allerdings auch mit Pflichten verbunden ist. Rechtspopulisten und ihre Verstärker in Social Media und in den Medien verunglimpfen sie als »soziale Hängematte« für Asoziale und Ausländer (die sowieso asozial sind). An vorderster Front kämpft die *Kronen Zeitung*, unter anderem mit einer Grafik, die anzeigen soll, woher die Bezieher der Mindestsicherung kommen. Das Balkendiagramm sieht so aus, als ob weit mehr Ausländer als Österreicher Profiteure des Systems sind – weil die *Krone* kurzerhand den österreichischen Balken abgeschnitten hat und nur kleingedruckt angibt, dass er eigentlich viel höher sein müsste. SOS Mitmensch hat das Diagramm so geändert, wie es wirklich aussehen müsste, die beiden Grafiken einander gegenübergestellt und daraus ein schönes Meme gebastelt. No words needed.

Infografik Man kann einen Balken auch einfach abschneiden, wie die *Kronen Zeitung*. Dann ist die Aussage eben völlig falsch

27%
GEFÄHRDET

31%
AMBIVALENT

42%
GEMÄSSIGT

Halbstarke Muslime

Im Oktober 2016 ging alles schief, was die Darstellung von Fakten in österreichischen Medien betrifft. Die Stadt Wien hatte beim Forschungsbüro think.
difference eine Studie zu der Frage in Auftrag gegeben, ob die jungen Muslime
anfällig für islamistische Propaganda sind, die in Jugendzentren, im Park oder
auf der Straße von Sozialarbeitern betreut werden. 401 Jugendliche wurden
befragt; das Ergebnis: »Gefährdet« sind 27 Prozent, 31 Prozent sind »ambivalent« und 42 Prozent »gemäßigt«. Sogar die liberale Tageszeitung *Der Standard*
titelte: »Studie zu Radikalisierung in Wien: Junge Muslime gefährdet«, Boulevardmedien legten noch ein Schäuflein drauf. Die bürgerliche Volkspartei wet-
terte gegen die »Realitätsverweigerung« der rot-grünen Stadtregierung, die
stramm rechtsnationalistische FPÖ sprach von einer »neuen Generation teil-
weise fanatischer Jihadisten«. Wer genauer in die Artikel seriöser Medien hin-
einlas, konnte erfahren, dass hier eine sehr spezielle Klientel befragt wurde, die
von Haus aus (und zwar in jeder Gesellschaft) zur Radikalisierung neigt: junge
Männer mit geringer Bildung aus armen Familien, die in entsprechenden städ-
tischen Milieus unter sich bleiben. Die Experten wiesen darauf hin, dass ihre
Studie nicht repräsentativ für junge Muslime ist. Und Jugendarbeiter fügten
hinzu, dass von den hier als »gefährdet« eingestuften die meisten in hormo-
nell adoleszentem Überschwang gerne auf den Putz hauen, auf gut Wienerisch
»deppert reden«, eigentlich aber harmlos sind. Wer bei den Schlagzeilen stehen
blieb, nur Boulevardmedien las und den politischen Krakeelern zuhörte, bei
dem blieb hängen: Jeder dritte dunkelhäutige Ausländer auf der Straße könnte
einen Bombengürtel tragen; eine Katastrophe in einem Land, in dem ohnehin
um jedes Jota Toleranz gekämpft werden muss. Das ist in etwa so, als hätte man
unter besoffenen rechtsnationalen Burschenschaftern eine Umfrage gemacht
und dann getitelt: »Ein Drittel der österreichischen Jugend Nationalsozialis-
mus-gefährdct.«

Infografik Einstellung von Jugendlichen in Wiener Jugendzentren zum
Islamismus   127

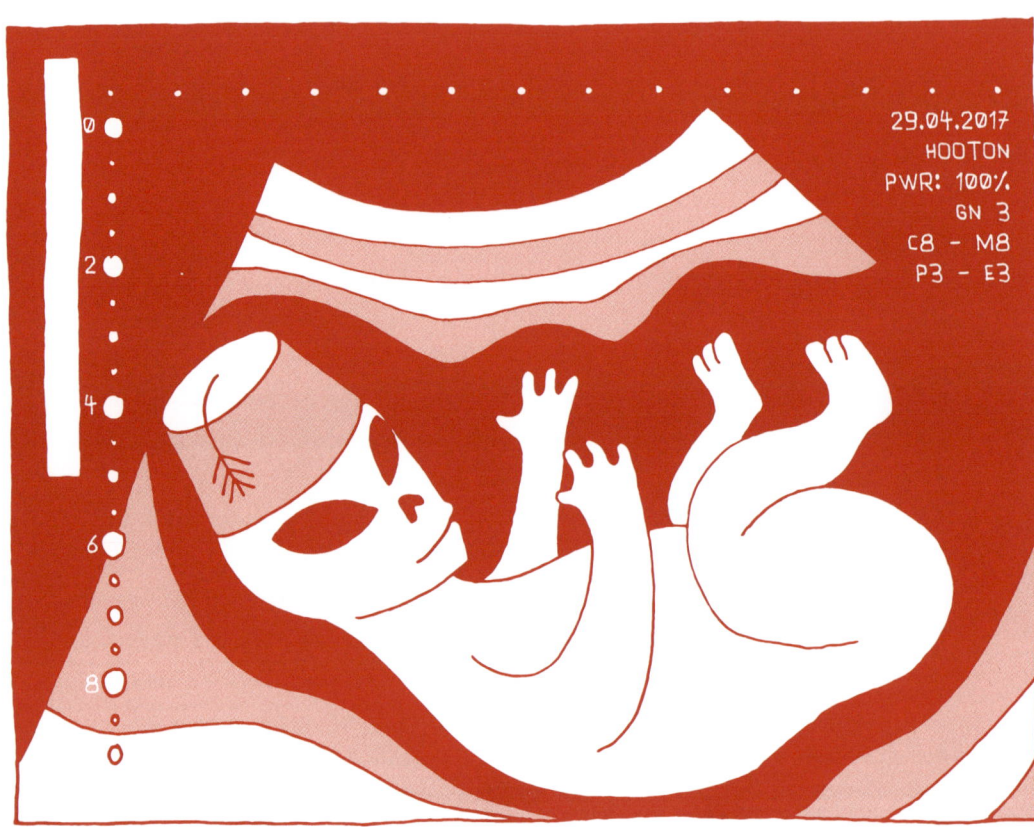

Langweilige Nazis

Man will ja niemandem zu nahe treten, aber: Nazis sind Langweiler. Seit über hundert Jahren kommen sie mit den immer gleichen Geschichten daher. Besonders beliebt ist das Narrativ der Umvolkung mit dem Ziel der Eliminierung des stolzen deutschen Volkes. So wurde während des Zweiten Weltkriegs geplant, Deutschland nach dem absehbaren Sieg der Alliierten zu einer Agrargesellschaft umzumodeln (der »Morgenthau-Plan«), und gleichzeitig versucht, durch »Rassenvermischung« die arischen Gene auszumerzen (Hooton-Plan, wahlweise auch der freimaurerische Kalergi-Plan). Herauskommen sollten dabei »gemischtrassige« Bauernsklaven. Als das Internet neu war, stürzten sich neben der Netzavantgarde und der Pornoindustrie auch Nazis auf die rechtsfreie Grauzone. Das Thule-Netzwerk war einer der Vorreiter, und im Umfeld rechtsradikaler Kreise und rechtspopulistischer Politiker entstanden seither immer neue Blogs und sogenannte Nachrichtenmedien, die vor allem seit der Ankunft zahlreicher Flüchtlinge in Europa im Jahr 2015 Morgenluft wittern. Nun gibt es den streng geheimen, von »Systemmedien« ignorierten »Merkel-Plan«, der auch bereits aufgeht, wollen die Nazi-Online-Postillen wissen: Es werden »fickwütige« Männer nach Deutschland geholt, die »unsere Frauen« vergewaltigen und schwängern sollen. Entsprechende Berichte waren ein Renner auf Facebook und beziehen sich, wie der *Spiegel* nachgewiesen hat, nicht auf einen regierungsinternen Geheimplan, sondern auf offizielle Zahlen der demografiepolitischen Bilanz Deutschlands. Demnach ist die Einwanderung nur eine von mehreren Säulen, die ein Schrumpfen der Bevölkerung verhindern sollen – genauso wichtig ist etwa die steigende Lebenserwartung. Von einem Geheimplan Merkels kann keine Rede sein. Die Nazis sollten einfach mehr Sex haben. Nicht, damit sie sich stärker vermehren und so die »Umvolkung« verhindern, sondern damit sie weniger Komplexe haben und keinen menschenfeindlichen, altbackenen Schwachsinn mehr verbreiten müssen.

Infografik Da sieht man sie schon, die verordnete genetische Rassenvermischung, die von Neo- und Altnazis aufgedeckt wurde

HOLOCAUST LEUGNER

[GESPONSERT]

 89

1 MAL GETEILT

 GEFÄLLT MIR  KOMMENTIEREN  TEILEN

Wenn Facebook eine Empfehlung ausspricht

Was ist ein Vorschlag? Der Duden und Wikipedia bieten als Synonym »Empfehlung« an. Das heißt: Weil ich etwas gut finde, empfehle ich es jemand anderem. Das setzt ein Vertrauensverhältnis voraus, weil mir Empfehlungen von jemandem gestohlen bleiben können, dem ich nicht vertraue. Jemand, der meine Beziehungen kennt, meine alltäglichen Gedanken, der weiß, worüber ich lache und worüber ich mich ärgere, jemand, dem ich meine Fotos anvertraue: So jemandem vertraue ich. All das trifft auf Facebook zu. Facebook macht Vorschläge, auf welche Seiten man surfen soll. »Vorgeschlagener Beitrag« steht im April 2017 immer wieder in meiner Timeline und darunter ein Link von »Radio Honsik« zu einem Video. Wer ist dieser Honsik, dessen Seite mir Facebook empfiehlt? Das Dokumentationsarchiv des österreichischen Widerstandes (DÖW) bezeichnet ihn als »Zentralfigur der Neonazis«. Mehrfach wurde er in Österreich und Deutschland verurteilt – wegen Volksverhetzung, Aufstachelung zum Rassenhass, Beleidigung, nationalsozialistischer Wiederbetätigung und Verunglimpfung des Andenkens Verstorbener und weil er seit Jahrzehnten notorisch bei Reden und in seiner Zeitschrift *Halt* den Holocaust leugnet. Auch in besagtem Video vertritt er seine Thesen. Bei Facebook kann man Werbung schalten, die dann als »vorgeschlagener Beitrag« angezeigt wird. Im vorliegenden Fall ist der Bullshit, Werbung als Empfehlung zu tarnen, besonders problematisch. Facebook findet das offenbar nicht. Auf Nachfrage heißt es lapidar: »Jeder Seitenbetreiber kann auf Facebook werben, solange die Inhalte im Einklang mit den Facebook-Gemeinschaftsstandards und den Facebook-Werberichtlinien sind. Jede Werbeanzeige wird im Zusammenspiel von Mensch und Technik geprüft und freigegeben.« Das heißt: Ein Facebook-Mitarbeiter sieht die Seite des Holocaust-Leugners und empfiehlt sie mir? Facebook hat mein Vertrauen verloren.

Infografik Facebook empfiehlt die Seite des Holocaust-Leugners Honsik

ASYLANTEN BELOHNT! FÜRS NICHTSTUN!

EIN MÄNNLICHER ASYLWERBER OHNE FRAU, DAFÜR MIT
SECHS KINDERN, BEZIEHT IM MONAT 3355,96 EURO.

IN WAHRHEIT BEKÄME DER ASYLWERBER 1217 EURO.

EIN ÖSTERREICHISCHER FACHARBEITER SAMT DREI
KINDERN BEKOMMT NUR 1671,04 EURO.

DER ÖSTERREICHISCHE FACHARBEITER MIT SECHS STATT
DREI KINDERN (WEIL SONST DER VERGLEICH AN SICH
SCHON FALSCH IST) BEKÄME MINIMUM 2500 EURO.

Die Hobbys der Asylwerber

Umvolken, überfremden, ausbomben, töten, vergewaltigen, ausrauben und finanziell ruinieren: die Hobbys der Flüchtlinge in Österreich, die in Wahrheit natürlich gar keine Hilfe brauchen. Rund 90 000 sind 2015 gekommen, ein »Strom« an Menschen war es, wie Medien schrieben. Vergleiche und Infografiken gab es viele. Etwa jenes immer wieder geteilte Meme, in dem behauptet wird, dass ein männlicher Asylwerber ohne Frau, dafür mit sechs Kindern (ein abstruses Beispiel), 3355,96 Euro bekommt, während ein österreichischer Facharbeiter samt seinen drei Kindern mit 1671,04 Euro auskommen muss. Quelle des Memes ist die »Arbeitsgemeinschaft für demokratische Politik« (AFP). Im Verfassungsschutzbericht des Innenministeriums wurde die AFP zuletzt 2006 erwähnt, als »aktivstes Sammelbecken der organisierten rechtsextremen Szene in Österreich« – mit »guten Kontakten« zu Neonazi-Kreisen und »einer Öffnung gegenüber dem Skinheadmilieu«. Die Zahl selbst ist vollkommen aus der Luft gegriffen. Eine siebenköpfige Familie von Asylwerbern erhält (insgesamt) für die Miete 240 Euro plus 200 Euro für den Erwachsenen und 90 Euro pro Monat für jeden Minderjährigen. Das sind in Summe 980 Euro. Dazu kommen maximale Sonderzahlungen in der Höhe von 237,50 Euro pro Monat. Das heißt: Im Monat bekommt die Asylwerberfamilie maximal 1217,50 Euro. Und für einen fairen Vergleich muss man auch dem Facharbeiter sechs Kinder gönnen. Das Durchschnittsgehalt beträgt (Statistik Austria, 2013) 1732,50 Euro netto pro Monat. Dazu kommt bei sechs Kindern noch Familienbeihilfe in der Höhe von 1300 Euro. Das sind zusammen: 3032,50 Euro netto. Aber man kann auch von einem unüblich schlecht bezahlten Facharbeiter ausgehen, der 1200 Euro netto verdient. Dann sind das plus Kinderbeihilfe 2500 Euro. Der vergleichbare Asylwerber bekommt 1217 Euro – nicht einmal die Hälfte. Ein Mann im Bierzelt, angesprochen auf diese Fakten: »Mir san de Fakten wurscht. De Regierung soll tuan, waus des Volk wü.«

Infografik Ein Meme aus dem Jahr 2015 im Realitätscheck: Nein, Österreicher sind nicht benachteiligt gegenüber Asylwerbern

2007 MIO.
59,04 MIO.

2008 MIO.
64,67 MIO.

2009 MIO.
76,19 MIO.

2010 MIO.
90,86 MIO.

2011 MIO.
104,9 MIO.

2012 MIO.
120 MIO.

2013 MIO.
137 MIO.

2014 MIO.
154 MIO.

2015 MIO.
172 MIO.

Autos werden immer sauberer?

Die Stinker sind weiter auf dem Vormarsch: Es werden weltweit immer mehr Autos mit Verbrennungsmotor verkauft, und wenn noch so viel von Elektroautos die Rede ist und von vermehrter Nutzung des öffentlichen Verkehrs und vom Trend zum Fahrradfahren. Verantwortlich dafür ist vor allem China; nach einem jährlichen Anstieg um dreißig bis fünfzig Prozent vor der Wirtschaftskrise von 2008 pendelt das Wachstum seit 2010 zwischen sechs und sechzehn Prozent, 2015 betrug es 7,3 Prozent. Wenig? Diese Zahl bedeutet: Im Vergleich zu 2014 wurden im Jahr 2015 rund 1,1 Millionen mehr Pkws verkauft. Insgesamt legten sich 21,1 Millionen Chinesen 2015 ein Auto zu. Genauso wie in Wirtschaftsmedien das »geringere« Wachstum beweint wird, jubelt man über das gigantische Wachstum bei Elektroautos in China. Nur – auch hier muss man die Relation sehen: Nicht einmal ein Prozent der verkauften Neuwagen sind Elektroautos (2015 waren es 0,9 Prozent). In China gab es 2007 noch 59 Millionen Autos, 2015 waren es bereits 172 Millionen – von denen der Anteil an Elektroautos statistisch praktisch unsichtbar ist. Weltweit waren 2006 rund 927 Millionen Autos, Busse und Lkws zugelassen, 2015 waren es 1,236 Milliarden – das heißt, der Bestand ist in neun Jahren um ein Drittel gewachsen. Ob sich die mächtigsten Staaten der Erde in China für Umweltschutz starkmachen werden? Zweifel sind angesagt. Mehr als ein Viertel aller im Jahr 2015 weltweit hergestellten Autos wurde in China produziert, gefolgt von den USA, Japan und Deutschland. Laut dem Beratungsunternehmen IHS Automotive machte das China-Geschäft 59 Prozent des Nettogewinns von Volkswagen im Jahr 2013 aus, 45 Prozent von BMW und 37 Prozent von General Motors. Ein Ende der Zunahme des Autoverkehrs ist noch sehr lange nicht in Sicht, China rangiert auf der Wikipedia-Liste bei der Anzahl an Autos pro Kopf weit abgeschlagen auf Platz 99. Man mag sich die Summe an Autos weltweit nicht vorstellen, wenn China diese Liste anführt.

Infografik Weltweit werden immer mehr Autos mit Verbrennungsmotor verkauft

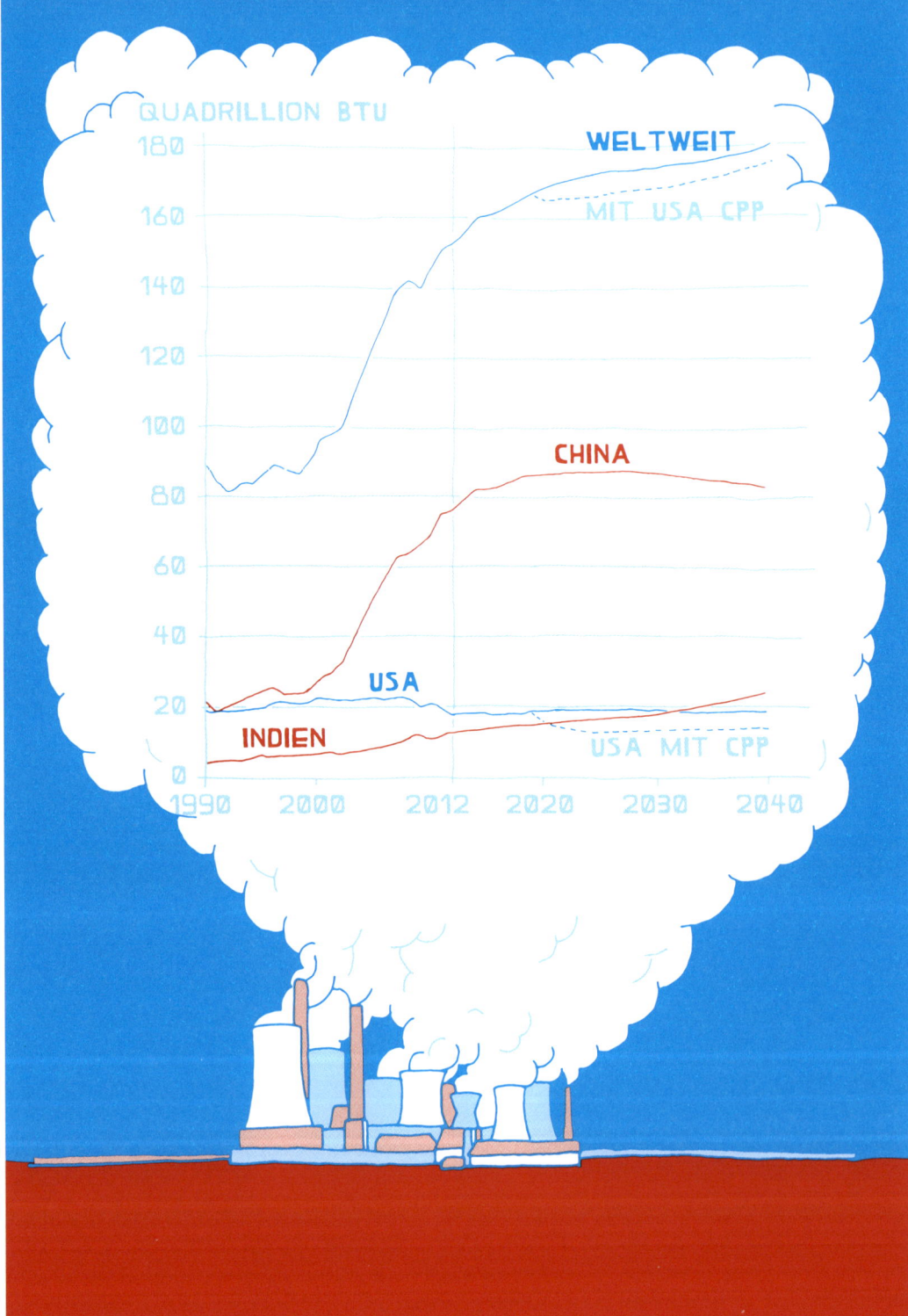

Chinesen und Inder haben Kohle

Einer wird von rattenartigen Drachen bei lebendigem Leib gefressen, ein anderer mit Musikinstrumenten penetriert, ohrenbetäubender Lärm herrscht, die Qualen sind unendlich – und unendlich grausam. So stellt Hieronymus Bosch die Hölle dar, in die alle kommen, die ordentlich gesündigt haben. Doch die Hölle als Antwort auf die Sünden der Kapitalisten könnte schon auf Erden Gestalt annehmen, meint Stephen Emmott, Professor für rechnergestützte Naturwissenschaften in Oxford und ein Apokalyptiker in Sachen Umweltstatistik. Er teilt in seinem Buch »Zehn Milliarden« die Conclusio seines bisherigen Forscherlebens mit: »Ich glaube, wir sind nicht mehr zu retten.« Selbst wenn er recht hat: Die Geschichte hat gezeigt, dass drastischer Alarmismus kaum die richtige Strategie ist, um gehört zu werden. Dennoch – Emmott zeigt in seinem Buch Statistiken aus validen Quellen, die seinen Pessimismus erklären, unter anderem den International Energy Outlook der EIA, also des Statistikamtes im Energieministerium der Vereinigten Staaten. Der Anstieg des Kohleverbrauchs wird demnach ein wenig abflachen, sich aber zumindest bis 2040 fortsetzen. China ist für rund die Hälfte des Kohleverbrauchs der Welt verantwortlich und hat erst 2015 den Bau von 210 Kohlekraftwerken genehmigt. Dennoch steigt der Kohleverbrauch Chinas nur noch wenig an. In den USA, sie sind der zweitgrößte Verbraucher, fällt er. Warum also dennoch der erwartete internationale Anstieg bis 2040? Die EIA sieht den Grund dafür im Aufholbedarf asiatischer Staaten abgesehen von China. Indien soll bereits 2030 die USA in Sachen Kohleverbrauch überholen. Kohle ist der Klimakiller Nummer eins: Was auch immer man versucht, um gegenzusteuern – der Ansatz kann nur ein internationaler sein, ein Ansatz, bei dem alle Länder mitmachen. Sonst behält Emmott mit seiner höllischen Schwarzmalerei noch recht.

1961
WELTBEVÖLKERUNG DREI MILLIARDEN
FLEISCHPRODUKTION 70 MIO. TONNEN IM JAHR

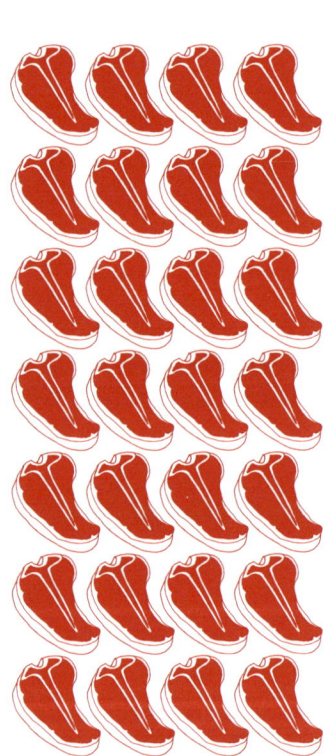

2009
FLEISCHPRODUKTION 278 MIO. TONNEN IM JAHR
WELTBEVÖLKERUNG SIEBEN MILLIARDEN

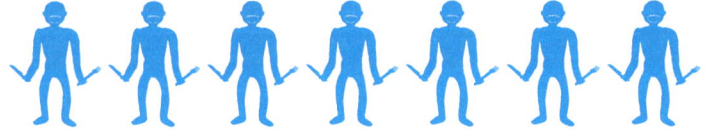

Der Trend geht in Richtung Bio? Nein

Kühe beim Almabtrieb, der Hahn auf dem Mist, ein Schwein, das sich auf einem weitläufigen Bauernhof im Dreck räkelt. Glaubt man der Werbung und bewegt sich in Kreisen gebildeter Wohlstandsbürger, könnte man das Gefühl bekommen, in der Tierhaltung werde das Glück der Tiere immer wichtiger. Die UNO-Umweltagentur UNEP rechnet in einem Bericht aus dem Jahr 2012 vor: Die Fleischproduktion stieg von siebzig Millionen Tonnen im Jahr 1961 auf 278 Millionen Tonnen 2009, während die Weltbevölkerung »nur« von drei auf sieben Milliarden wuchs. Also: Die Menschheit wächst – und im Schnitt isst jeder Einzelne gut doppelt so viel Fleisch wie vor fünfzig Jahren. Der Anstieg der Fleischproduktion geht mit dem Wachsen der Weltbevölkerung und dem im Durschnitt steigenden Wohlstand des Einzelnen einher. Fein, es geht den Menschen besser. Zwei Faktoren trüben die Freude: die Auswirkungen auf die Umwelt und die Tierhaltung. Im UNEP-Bericht sind mehrere Studien zitiert, die von einem Anteil der Fleischproduktion am Ausstoß der Treibhausgase zwischen zehn und 25 Prozent ausgehen, je nachdem, ob man die Auswirkungen der Rodung von Wäldern für Fleischproduktionszwecke dazurechnet oder nicht. Verantwortlich dafür ist die Massentierhaltung. Ein paar Größenordnungen: In Deutschland ist die produzierte Menge an Geflügelfleisch laut dem »Fleischatlas 2016« seit Mitte der siebziger Jahre um mehr als 75 Prozent gestiegen, die der Mastbetriebe jedoch um 95 Prozent zurückgegangen, ähnlich bei Schweinefleisch. Gerade einmal 6,3 Prozent der Deutschen sind laut einer Umfrage bereit, den für Biofleisch üblichen doppelten Preis zu bezahlen (ähnlich in Österreich). Der Partei, die sich traut, eine Hundert-Prozent-Steuer für Fleisch aus Massentierhaltung einzuheben, um die Folgekosten für Umweltschutz und Gesundheit (Stichwort Antibiotikaresistenz) abdecken zu können, dieser Partei darf man viel Glück bei den nächsten Wahlen wünschen.

Infografik Die Menschheit produziert immer mehr Fleisch – nicht nur, weil sie wächst

1990 2.991.284 PKW

1991

53% HABEN ANGST VOR
LUFTVERSCHMUTZUNG
19% HABEN ANGST
VOR DEM
KLIMAWANDEL

2011

59% HABEN ANGST VOR
LUFTVERSCHMUTZUNG
47% HABEN ANGST VOR
DEM KLIMAWANDEL

2016

4.821.557 PKW

Die Umweltangst der Autofahrer

Bitter wird es immer dann, wenn man Ausreden nicht für andere, sondern für sich selbst suchen muss. Wikipedia hat dafür einen brauchbaren Begriff parat: »Kognitive Dissonanz bezeichnet in der (Sozial-)Psychologie einen als unangenehm empfundenen Gefühlszustand, der dadurch entsteht, dass ein Mensch mehrere Kognitionen hat – Wahrnehmungen, Gedanken, Meinungen, Einstellungen, Wünsche oder Absichten –, die nicht miteinander vereinbar sind.« Um A tun zu können, muss man B ignorieren, obwohl man B für richtig hält. Sprich: Es gibt Themen, da liegen die Fakten auf dem Tisch – aber sie wirken sich nicht aus. So wird der Klimawandel nur noch von einigen Verschwörungstheoretikern in Zweifel gezogen. Gerade die Österreicher machen sich schon lange Sorgen um die Umwelt. 1991 waren neunzehn Prozent wegen des Klimawandels beunruhigt, 2011 waren es bereits 47 Prozent, und 1991 machte die Luftverschmutzung 53 Prozent der Menschen Angst, 2011 schon 59 Prozent. In unseren Horrorvorstellungen glüht der Erdball, also tun wir alles dafür, damit es nicht so weit kommt? Die Zahl der in Österreich zugelassenen Autos steigt kontinuierlich – 1990 gab es 2 991 284, Ende 2016 waren es schon 4 821 557 (der Zuwachs übersteigt das Bevölkerungswachstum bei weitem). Jeder will selber fahren. 1990 saßen in hundert Autos im Schnitt 140 Personen, 2016 im Schnitt 115. Von 1990 bis 2015 sind laut Daten des Umweltbundesamtes die klimaschädlichen CO_2-Emissionen des Verkehrs in Österreich um 61 Prozent auf 22,3 Millionen Tonnen gestiegen – trotz Katalysatorpflicht und neuer Technologien. Dabei ist noch nicht einmal eingerechnet, dass die Herstellung eines Kfz im Schnitt so viel CO_2-Ausstoß verursacht wie 30 000 gefahrene Kilometer. Die Autos werden zudem immer schwerer. Der Spritverbrauch vor allem der Diesel-Pkw sinkt nur auf dem Papier: Im Jahr 2000 brauchten private Diesel-Pkw im Schnitt 6,8 Liter pro hundert Kilometer, 2016 waren es mit 6,6 nur unwesentlich weniger. 2016 legten die Österreicher im Schnitt 41 Kilometer pro Tag zurück, 1995 waren es 35.

Infografik Obwohl die Österreicher immer mehr Angst vor dem Klimawandel haben, gibt es im Land immer mehr Autos

3,8%   4,2%
NORD AFRIKA

4,3%   1,4%
LATEIN AMERIKA
UND KARIBIK

5,8%   1,6%
OZEANIEN

2,5%   1,6%
SUB-SAHARA
AFRIKA

1,4%   2,2%
ZENTRAL UND
SÜD ASIEN

7,8%   1,5%
WEST UND
ZENTRAL EUROPA

3,0%   4,6%
MITTLERER OSTEN

4,8%   1,7%
OST ASIEN

3,2%   4,0%
OST EUROPA

8,1%   3,6%
NORD AMERIKA

2,0%   1,5%
SÜD OST ASIEN

Die Ego-Shooter unter den Nationen

Wer hat als Kind nicht gerne mit Platzpatronen herumgeballert, mit kleinen Soldaten große Kriege geführt und jedes Stöckchen zum Gewehr phantasiert? Manche machten ihren Bubentraum wahr und wurden Politiker. Ein Klassiker unter den Statistiken ist jene der internationalen Militärausgaben. Die zuverlässigsten Zahlen kommen dabei vom Stockholm International Peace Research Institute (SIPRI); schon während des Kalten Krieges akzeptierten Ost und West die jährliche Statistik. Ab 1988 gingen die Ausgaben von über 1500 Milliarden US-Dollar auf rund 1000 Milliarden zurück, bevor sie ab 2000 (schon vor 9/11) kräftig anzogen. Seit 2010 stagnieren sie bei rund 1600 Milliarden (aufgrund der Inflation bedeutet das einen leichten Rückgang), ausgegeben für Gewehre, Panzer, Minen, Kampfjets und was ein Heer sonst noch braucht. 36 Prozent der Kosten entfielen allein auf die USA, gefolgt von China (13), Saudi Arabien (5,2) und dann erst Russland (4). Um zu wissen, wie ein Land seine Prioritäten setzt, ist jedoch eine andere Statistik interessanter: jene, in der SIPRI die Militärausgaben in Relation zum Bruttoinlandsprodukt (BIP) setzt, also zum Gesamtwert aller Waren und Dienstleistungen pro Jahr, wenn man die Herstellungskosten abzieht. Hier sieht das Ranking anders aus: Der Oman führt bei den Militärausgaben mit mehr als 16 Prozent des BIP, knapp gefolgt vom Südsudan und Saudi Arabien, danach der Irak, Libyen, Algerien, die Arabischen Emirate und Israel (6 Prozent). In vier Regionen liegen die Rüstungs- über den Gesundheitsausgaben: Zentral- und Südasien, Nordafrika, Naher Osten und Osteuropa. Westeuropa hat das friedlichste Verhältnis: 7,8 Prozent des BIP für Gesundheit, 1,5 für das Militär. Was soll man mit diesen Zahlen anfangen, außer sie nach einem Moment der Empörung zu verdrängen? Eine Weltregierung, die sagen könnte: Jetzt kassieren wir sämtliche Waffen ein und alles wird gut, gibt es nicht. Die Rüstungsindustrie jedenfalls floriert.

ALLTÄGLICHKEITEN

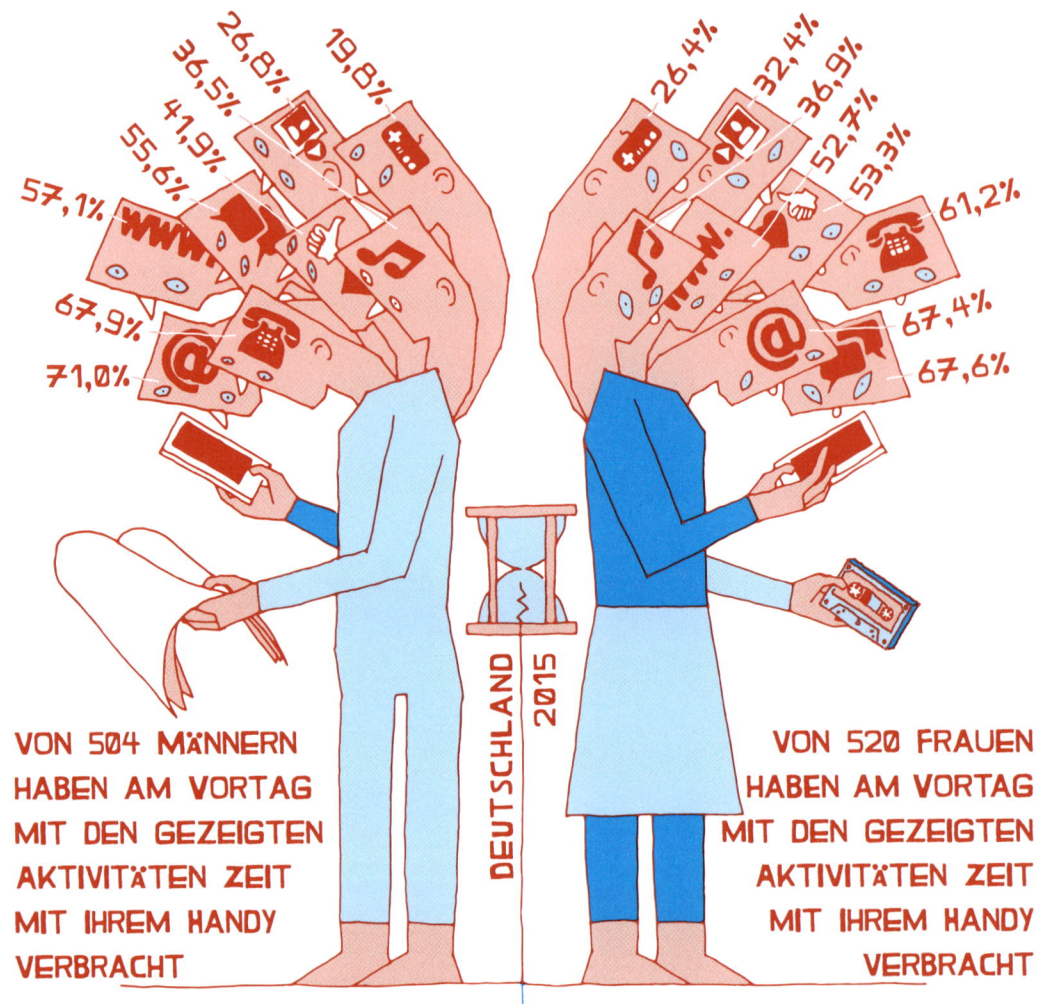

VON 504 MÄNNERN HABEN AM VORTAG MIT DEN GEZEIGTEN AKTIVITÄTEN ZEIT MIT IHREM HANDY VERBRACHT

VON 520 FRAUEN HABEN AM VORTAG MIT DEN GEZEIGTEN AKTIVITÄTEN ZEIT MIT IHREM HANDY VERBRACHT

ONLINESTUDIE DEUTSCHLAND 2016

INTERNETNUTZUNG (ZUMIND. GELEGENTLICH) 83% ODER 58,0 MIO.

TÄGLICHE INTERNETNUTZER 65,1% ODER 45,1 MIO.

TÄGLICHE NUTZUNGSDAUER 168 MIN.

TÄGLICHE NUTZUNG VON MEDIENINHALTEN ONLINE 34 MIN.

Das Smartphone – der Verblödungsknochen der Deutschen?

Smartphones und ihre intensive Nutzung sind ein beliebter Grund für Bildungsbürger (oder solche, die es gerne wären), die Stirn zu runzeln: Jeder starrt nur noch in das Kästchen, die Menschheit verblödet, man redet nicht mehr miteinander, und die Jungen sind sowieso Zombies. Die durchschnittliche deutsche Frau verbringt pro Tag zwei Stunden und 34 Minuten mit Blick aufs Smartphone, der Mann immerhin zwei Stunden und sieben Minuten. Das Smartphone ist das Nummer-eins-Gerät in Sachen Internetzugang. Die längste Online-Nutzungsdauer (39 Prozent) entfällt auf Kommunikation, gefolgt von Medienkonsum (25 Prozent). Es werden also lediglich Offline-Tätigkeiten von früher jetzt auf Online verlagert. In der ARD/ZDF-Onlinestudie 2016 heißt es: »Dabei entfallen auf die Mediennutzung, also TV oder Videos sehen, Audios oder Radio hören bzw. Nachrichten oder Artikel im Netz lesen, täglich rund 34 Minuten, wobei nur rund elf Minuten pro Tag mit dem Ansehen von Fernsehsendungen bzw. -beiträgen oder Videos verbracht werden.« In der Allensbacher Markt- und Werbeträgeranalyse gaben 2015 21 Prozent der Deutschen an, am Vortag im Internet aktuelle Nachrichten konsumiert zu haben. Von diesen 21 Prozent wiederum sagten 81 Prozent, dass sie sich zusätzlich mittels anderer Medien informiert hätten. Wieder eine andere Umfrage kommt zu dem Ergebnis, dass 47 Prozent der 14- bis 29-Jährigen auf ihren Smartphones Nachrichten lesen. Und es stimmt auch nicht, dass keine Bücher mehr gelesen werden. Der Medienpädagogische Forschungsverbund Südwest untersucht jährlich die Leserzahl unter den Jungen – und die stagniert seit zehn Jahren, also von Beginn des Smartphone-Zeitalters an, bei ungefähr vierzig Prozent und lag auch 2016 mit 38 Prozent im Rahmen. Mag sein, dass die Kulturpessimisten recht haben und die Deutschen verblöden. Aber am Smartphone liegt es nicht.

Infografik Rot: So viel Prozent der Männer und Frauen haben am Vortag Zeit am Smartphone verbracht mit E-Mails, Telefonieren, Surfen, Chatten, Facebook, Musikhören, Videos und Spielen; blau: Internetnutzung (nicht nach Frauen und Männern getrennt)

Fernsehen macht glücklich, sagt das Fernsehen

BBC Nature ist legendär: Dokus von David Attenborough, spektakuläre Aufnahmen von Tieren in freier Natur, »The Blue Planet«, »Planet Earth«. Kein Wunder, dass den Journalisten der britischen Institution im Jahr 2016 eine Studie einen langen Artikel wert war, in der erklärt wurde, dass die Natur den Menschen glücklich macht. Einen Monat lang war eine Gruppe von Probanden dazu aufgefordert, jeden Tag irgendetwas Spannendes in der Natur zu erleben. Nach dieser Zeit waren sie nicht nur glücklicher, ihr Gesundheitszustand hatte sich auch um satte dreißig Prozent verbessert. Man kann sich die BBC-Redakteure richtig vorstellen, wie sie die Köpfe zusammenstecken: »Irgendetwas gefällt mir daran nicht. Warte: Wenn die Leute unsere Naturdokus anschauen, gehen sie während dieser Zeit nicht in die Natur.« – »Hm. Und was, wenn wir eine Studie darüber in Auftrag geben, ob nicht auch das Anschauen von Naturdokus glücklich macht?« Gesagt, getan. Das überraschende Ergebnis wurde im März 2017 der Öffentlichkeit präsentiert: Das Anschauen von Naturdokus macht glücklich. Doch das »The Real Happiness«-Projekt soll weitergehen, wird gegen Ende der Studie angekündigt. Gilt es doch noch herauszufinden, ob die BBC-Dokus nicht nur glücklich machen, sondern die Menschen auch ins Freie locken und zu Aktivitäten in der Natur animieren. Die Spannung steigt ins Unermessliche, wie die Ergebnisse dieser neuerlichen Studie wohl aussehen werden. Inzwischen kann man sich ja die Zeit auf der Website von BBC Wildlife vertreiben, etwa mit dem Video eines Schimpansen, der in einem kleinen Glaskäfig sitzt, der an »Planet der Affen« erinnert, und, von Forschern und einer Moderatorin umringt, Rechenaufgaben löst. Ob es auch glücklich macht, sich Videos von unglücklichen Tieren anzuschauen? Okay – das ist jetzt nicht fair, das geht schon fast in Richtung Hassposting. Wenn schon Fernsehen, dann sind die wirklich gut gemachten Naturdokus der BBC mit Sicherheit nicht die schlechteste Wahl.

Infografik Wir sind alle sooo glücklich, wenn wir BBC-Naturdokus anschauen, sagt die BBC

Die ganze Welt und unser Leben auf einen Blick

In diesem Buch wurde bereits gezeigt, dass Statistiken überraschend, lustig, interessant, relativierend, aufklärerisch, propagandistisch, schlampig oder verlogen sein können. Jetzt ist es an der Zeit, Statistiken und Infografiken vorzustellen, die aufgrund ihrer Schönheit und Klarheit faszinieren, uns gleichzeitig intellektuell herausfordern und in kürzester Zeit unseren Blick auf die Welt und uns selbst verändern. Nicht möglich? Ich möchte drei Beispiele nennen. Das erste stammt von der Website *worldometers*, die schon für sich genommen ein Kunstwerk ist. In Echtzeit kann man dabei zusehen, wie die Menschheit wächst, wie viel jede Sekunde für Bildung, Gesundheit und Rüstung ausgegeben wird und vieles mehr. Ein wirklicher Augenöffner ist jedoch die Unterseite *7billion*. Dort ist für sieben Milliarden Menschen je eine Figur als Platzhalter zu sehen, aufgeteilt nach Kontinenten. Man kann durch die gesamte Menschheit scrollen: eine Meditation, die zu Bescheidenheit einlädt. Und was machen all diese Menschen? Das zeigen die *internet live stats*. Dort dreht sich alles um digitale Kommunikation: Im Sekundentakt wird visualisiert, wie die Menschheit Millionen und Abermillionen von E-Mails, Tweets, Facebook-Einträgen, Blogposts und so weiter abschickt. Hoffentlich geht es in möglichst vielen dieser Nachrichten um Freundschaft, Liebe, Spaß – und nicht nur um Geschäftliches und Empörung. Denn dafür ist die Lebenszeit zu schade – was uns wiederum Tim Urbans Website eindrucksvoll vor Augen führt. Wenn jedes Jahr ein kleines Kästchen ist, nimmt unser Leben nicht viel Platz in Anspruch. Für jeden Monat ein Kästchen – das passt noch immer locker auf den Computerbildschirm, ohne zu scrollen. Wirklich gruselig wird es bei der Ansicht eines Kästchens pro Woche: schaut noch immer nicht nach viel aus. Da sollte man sich wirklich überlegen, ob sich die andauernde Aufregung über unnötige Zeitungsmeldungen und Facebook-Postings lohnt. Man könnte in derselben Zeit ja …

Infografik So viele Monate lebt jemand, der 100 Jahre alt wird

STUNDEN, DIE MENSCHEN FÜR SCHLAF, HYGIENE, ESSEN UND FREIZEITAKTIVITÄTEN NUTZEN — NICHT ABER FÜR BEZAHLTE ARBEIT, HAUSARBEIT ODER EINE SONSTIGE ARBEIT. AUS DEM „BETTER LIFE INDEX — EDITION 2016" DER OECD.

FR 16,36

JP 14,85

LV 13,83

ES 15,93

KR 14,7

MX 12,8

NL 15,9

AT 14,55

TR 12,24

DE 15,55

US 14,47

ZZZZ

Savoir-vivre: Franzose müsste man sein

Wie lautet noch einmal das Motto der Franzosen? Freizeit, Gleitzeit, Brüderlichkeit? Die OECD misst jedes Jahr im »Better Life Index« die Lebenszufriedenheit in ihren Mitgliedsstaaten, bei der die Work-Life-Balance ein wichtiger Faktor ist. Franzosen haben am meisten Zeit zur Verfügung, in der sie weder für Geld noch im Haushalt oder sonst wo arbeiten. Sie schlafen am längsten und, wenig überraschend, verbringen die meiste Zeit mit Essen und Trinken. In Sachen Freizeit folgen auf den Plätzen zwei und drei Spanien und die Niederlande. Auf Platz sieben liegt Deutschland und ganz weit abgeschlagen, auf Platz 27, sogar hinter Japan und Korea, kommt Österreich, aber immerhin noch knapp vor den USA. Schlusslichter sind Lettland, Mexiko und die Türkei. Aber der Faktor Freizeit ist offensichtlich nicht entscheidend dafür, ob Menschen in der OECD mit ihrer Work-Life-Balance zufrieden sind. Denn die Franzosen liegen in dieser Frage auf Platz neun – und Österreich auf Platz acht. Daraus könnte man boshaft schließen, dass die Österreicher gerne arbeiten und den Franzosen sogar das bisschen Arbeit, das sie leisten, noch zu viel ist. Oder man hinterfragt die Statistik-Methoden der OECD. Die Themen Work-Life-Balance, Freizeit und Hobbys zeigen auch, wie sehr der Mangel an Information Statistiken betrifft. In englischer Sprache, im Internet frei zugänglich, finden sich immer Zahlen der OECD – also der Organisation der reichsten Staaten der Welt. Bei afrikanischen und asiatischen Ländern gibt es, wenn überhaupt, nur windige Social-Media-Statistiken, die nicht mehr als einen vagen Hinweis auf die Interessen und Gewohnheiten der Menschen geben. Was sind die Hobbys der Nigerianer? Wie lange schlafen Indonesier?

Infografik Wie viele Stunden Freizeit hat ein Mensch pro Tag (Hausarbeit zählt nicht dazu)?

PSYCHOSOZIALE ARBEITSBELASTUNGEN IN DEN BELEGSCHAFTEN
ANTWORTEN DER BETRIEBSRÄTE IN %

TERMIN- UND ZEITDRUCK: 60

HOHE ARBEITSINTENSITÄT: 59

HOHER VERANTWORTUNGSDRUCK: 44

ANGST VOR ARBEITSPLATZVERLUST: 20

Argumente für den Arbeitskampf

Es geht nicht darum, dass Arbeit nervt. Arbeit kann nerven: zeitig aufstehen, Kollege X, den man nicht mag, ein bisschen fad ist es auch, wenn man den Job schon zu lange macht, und über den Chef zu schimpfen gehört ohnehin zur Folklore. Das Problem beginnt jedoch dann, wenn die Unzufriedenheit über das übliche Kantinenwehklagen hinausgeht, wenn Arbeit psychisch und körperlich krank macht. In Deutschland müssen immer mehr Menschen unter solchen Bedingungen arbeiten, wie eine Befragung unter Betriebsräten nahelegt. Die psychosozialen Belastungen werden demnach größer und größer, ohne dass adäquate Lösungen angeboten werden. Von hohem Termin- und Zeitdruck sprechen sechzig Prozent der Betriebsräte, hohe Arbeitsintensität spielt in 59 Prozent der Betriebe eine Rolle, hoher Verantwortungsdruck wird laut 44 Prozent der Befragten zum Problem, und die Angst vor dem Arbeitsplatzverlust trübt in zwanzig Prozent der Unternehmen die Stimmung. Als Hauptursache wird in einer Studie des Wirtschafts- und Sozialwissenschaftlichen Instituts (WSI) die dünne Personaldecke ausgemacht – die außerdem dazu führt, dass in jedem zweiten Betrieb die Anzahl an Überstunden steigt. Studienautorin Elke Ahrens vermutet Kostenersparnis als zentrale Ursache für die prekäre Personalsituation. Die Betriebsräte nennen einen zweiten Faktor: die Schwierigkeit, passendes Personal zu finden, und zwar vom Hochschulabsolventen bis zum ungelernten Arbeiter – zumal in Zeiten von historisch geringer Arbeitslosigkeit. Gemäß dem alten Gesetz von Angebot und Nachfrage sollten sich Arbeitnehmer demnach als wertvolles Gut möglichst teuer verkaufen. Es muss ja keine Gehaltserhöhung sein, wenn es gilt, Kosten zu sparen. Wie wäre es mit Arbeitsbedingungen, die ein entspanntes Leben abseits des Jobs möglich machen? Und damit ist nicht »Flexibilisierung« gemeint – die geht nämlich oft auf Kosten der Arbeitnehmer.

Infografik Eine Befragung unter deutschen Betriebsräten zeigt: Der Druck am Arbeitsplatz wird größer

Die Fünfzehn-Stunden-Woche

Die Berichterstattung der Medien beschränkt unser Denken. Schließlich will man sich nicht lächerlich machen mit allzu naiven oder kreativen Ideen. Journalisten sind meist abgeklärte Pragmatiker und nur in den seltensten Fällen Künstler oder Utopisten. Ein Utopist ist jedoch der Niederländer Rutger Bregman, der als 26-Jähriger ein Buch vorlegte, das in seinem Land zum beachtlichen Erfolg wurde und langanhaltende Debatten auslöste – zumindest berichtet das der *Guardian*, der Bregman interviewt hat, zwar mit der nötigen Distanz, aber ohne den jungen Mann auf den Arm zu nehmen (der Artikel hält wundervoll die Waage und ist allein deshalb schon lesenswert). Wovon träumt Bregman nun? Er schlägt vor, die wöchentliche Arbeitszeit auf fünfzehn Stunden zu beschränken und alle Menschen mit einem bedingungslosen Grundeinkommen auszustatten. Das Ganze natürlich weltweit gleichzeitig, und am besten sollte man zusätzlich die Grenzen öffnen, wobei jede Art von Migration ohne Einschränkungen erlaubt wäre. Bregman ist ein Träumer, aber kein Spinner – er sammelte für seinen Vorschlag viel argumentatives und faktengetränktes Unterfutter, weshalb er auf jedes Gegenargument mit einem wissenden Lächeln antworten kann. Seine Argumentationslinie (sehr verkürzt): Die Welt steuert durch die zunehmende Automatisierung auf ein großes Arbeitslosigkeitsproblem zu. Warum also nicht die verbleibende Arbeit gerecht aufteilen? Dass es in zahlreichen Details bei der Umsetzung haken würde, bestreitet Bregman gar nicht. Er pariert charmant: Aber hakt es beim Status quo nicht auch? Seine Theorien seien eben auf lange Sicht gedacht. Das ist der Job des Utopisten; *Guardian*-Journalist Andrew Anthony schreibt es so: »Der springende Punkt ist, dass er in Richtung eines Ziels weist, etwas, worauf die Progressiven in diesen umkämpften Zeiten zustreben können.« So geht Constructive Journalism: Er pflanzt einem wunderschöne Gedanken in den Kopf, die dort im besten Fall zu Träumen wuchern.

Infografik Der junge Utopist Rutger Bregman glaubt an die Fünfzehn-Stunden-Woche

60,6% HABEN ANGST,
DIE REGIERUNG KÖNNTE
KORRUPT SEIN

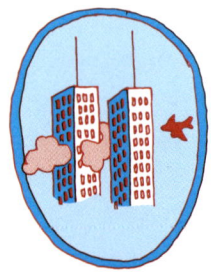

41% HABEN ANGST
VOR EINER TERROR-
ATTACKE AUF DIE
NATION

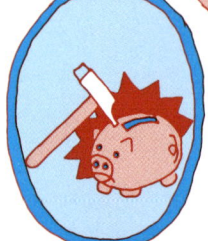

39,9% HABEN ANGST,
IN DIE FALSCHEN FONDS
INVESTIERT ZU HABEN

38,5% HABEN ANGST,
OPFER EINES TERROR-
ANSCHLAGS ZU WERDEN

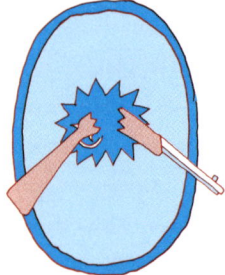

38,5% HABEN ANGST,
DASS DER PRIVATE
WAFFENBESITZ DURCH
DEN GESETZGEBER
EINGESCHRÄNKT WIRD

38,1% HABEN ANGST,
DASS GELIEBTE
MENSCHEN STERBEN

19% HABEN ANGST
VOR DEM TOD

Die größte Angst der Amerikaner

Angst ist das große Modewort des 21. Jahrhunderts. Alles wird durch sie erklärt, alles mit ihr gerechtfertigt: Die Angst vor Arbeitslosigkeit rechtfertigt Lohneinbußen, die Angst vor der Wirtschaftskrise rechtfertigt den Freibrief für Konzerne, und Terror rechtfertigt die Überwachung durch den Staat. Die Propaganda der Angst wirkt, wie eine umfangreiche jährliche Umfrage der Chapman University zeigt. US-Amerikaner haben demnach Angst vor dem Tod. Diese Angst kommt allerdings erst auf Platz 59, mit neunzehn Prozent der Befragten. Das wirkt nicht ganz rational. Denn auf Platz vier der Liste mit satten 38,5 Prozent rangiert die Angst, Opfer eines Terroranschlags zu werden. Also: Sterben, kein Problem – aber bitte nicht bei einer Terrorattacke? Tot ist tot, sollte man meinen. Den ersten Platz nimmt die Angst davor ein, die Regierung könnte korrupt sein (60,6 Prozent). Dahinter folgt die Angst vor einer Terrorattacke auf die Nation (41 Prozent) – was offenbar schlimmer ist, als selbst Opfer zu werden; danach die Angst, in die falschen Fonds investiert zu haben (39,9). Auf Platz sechs ist die Angst, dass geliebte Menschen sterben (38,1). Notabene, diese Angst ist nicht so groß wie jene auf Platz fünf: die schreckliche Angst, dass der private Waffenbesitz durch den Gesetzgeber eingeschränkt wird (38,5). Noch seltsamer als diese Liste aus dem Jahr 2016 ist allerdings ein Blogeintrag der *Washington Post* zur Umfrage von 2014, in dem sich der Journalist mit der Parteizugehörigkeit der Befragten auseinandersetzt, die ebenfalls abgefragt wurde. Er schüttet Häme über die Demokraten aus. Demokraten seien ängstlicher bei Themen wie Spinnen, Clowns und Geister, während Republikaner Angst vor Einwanderung hätten. Ich habe auch Angst – aber eher vor Menschen, deren größte Angst es ist, dass man ihnen die Waffe wegnehmen könnte.

Infografik Die Rangliste der Ängste der US-Amerikaner laut einer Umfrage der Chapman University

WELTWEITE PRODUKTION AN INDUSTRIEROBOTERN 2000 BIS 2015:

2000 99.000
2001 78.000
2002 69.000
2003 81.000
2004 97.000
2005 120.000
2006 111.000
2007 114.000
2008 113.000
2009 60.000
2010 121.000
2011 166.000
2012 159.000
2013 178.000
2014 221.000
2015 248.000

Wem R2-D2 und C-3PO die Jobs stehlen

Lustvoll spielt der Physiker und Zukunftsforscher Michio Kaku mit dem Gedanken der »Singularität« – also jenem Zeitpunkt, ab dem Roboter sich selbst verbessern und reproduzieren können, auf Menschen demnach nicht mehr angewiesen sind: »Vielleicht ist das unser Schicksal: Superroboter zu schaffen, die uns als peinlich primitive Fußnote der Evolution behandeln.« Auch wenn es noch längst nicht so weit ist, Roboter sind auf dem Vormarsch, wie der »World Robotics Report 2016« der Roboterindustrie-Lobbyorganisation Federation of Robotics zeigt. Vor allem die Autoindustrie ist dafür verantwortlich, gefolgt von Elektrogeräte- und metallverarbeitenden Betrieben. In absoluten Zahlen kommen Roboter am öftesten in China zum Einsatz. Prozentuell gesehen ist die Automatisierung von Arbeitsprozessen in Japan am weitesten vorangeschritten, gefolgt von den USA. Der naheliegendste Gedanke wäre: Jetzt werden noch mehr Menschen arbeitslos. Das stimmt jedoch nicht; die Zahlen sprechen dagegen. Denn längst verlorengegangen sind jene Jobs – Stichwort Fließbandarbeit –, in denen monotone Handgriffe von Maschinen erledigt werden können. Aber es kommt zu einer Umschichtung. Roboter werden dort eingesetzt, wo bisher gut ausgebildete Angestellte Routinearbeiten erledigt haben, in der Produktion, aber verstärkt auch in Büros. Der Ökonom David Autor warnt in einem Interview mit der *Neuen Zürcher Zeitung* vor einem weiteren Erodieren der Mittelschicht: Für einige wird es bergauf gehen, für viele aber bergab. Der gelernte Arbeiter von gestern hat in Zukunft immer mehr koordinative Aufgaben, er ist der Dirigent eines Orchesters von Maschinen, er steigt in der Hierarchie auf – oder er steigt ab und sattelt um auf Serviceberufe, in denen Automatisierung eine geringere Rolle spielt. Der Bedarf an Reinigungspersonal, Haushaltshilfen, Sicherheitskräften und Restaurantangestellten steigt sogar: Die jetzt höher qualifizierten und besser bezahlten ehemaligen Arbeiter der Mittelschicht wollen bedient werden.

Infografik Immer mehr Roboter übernehmen die Arbeit von Menschen

IM WOCHENSCHNITT SCHLAFEN ...

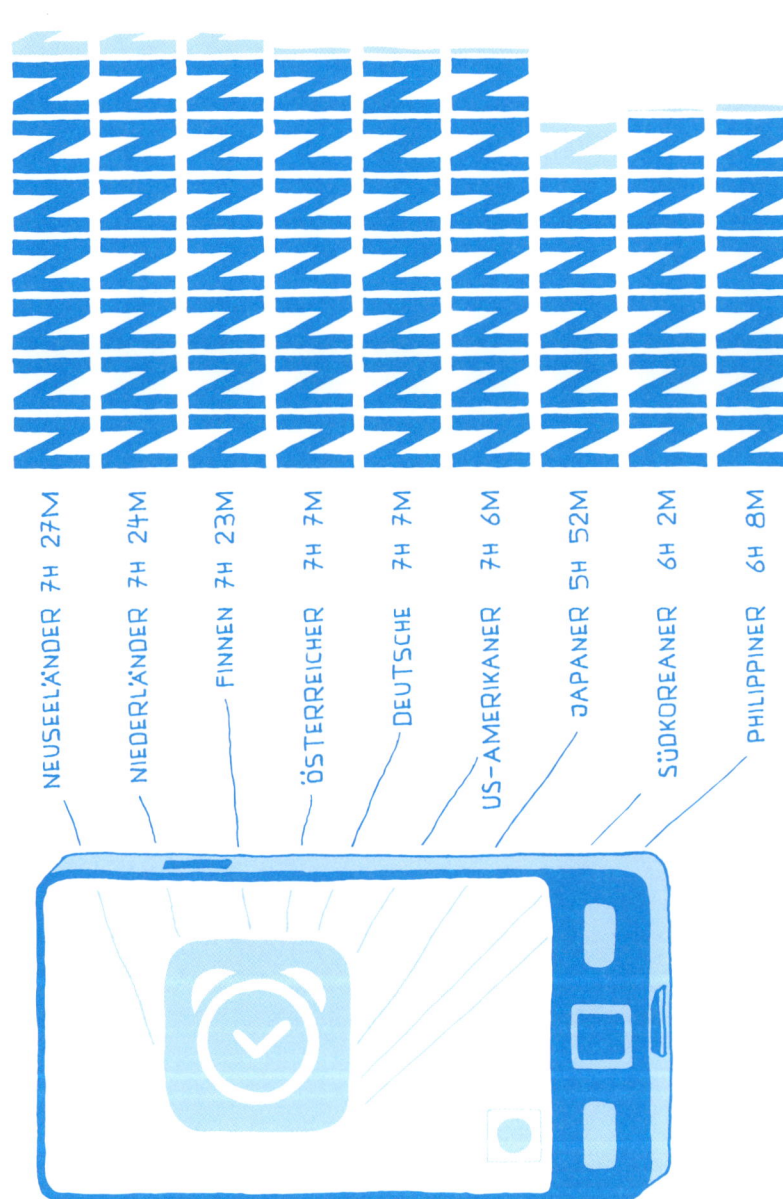

NEUSEELÄNDER 7H 27M

NIEDERLÄNDER 7H 24M

FINNEN 7H 23M

ÖSTERREICHER 7H 7M

DEUTSCHE 7H 7M

US-AMERIKANER 7H 6M

JAPANER 5H 52M

SÜDKOREANER 6H 2M

PHILIPPINER 6H 8M

Na dann, gute Nacht

Big brother is watching you – diesmal in Form eines kleinen App-Anbieters. Was der zu sehen bekommt, ist zwar nicht sonderlich spannend, birgt aber einen Quell seminützlicher, unterhaltender Fakten über das Alltagsleben auf der ganzen Welt in sich. Die App beobachtet uns beim Schlafen: Sie nimmt via Handy wahr, wann wir uns hinlegen, wie oft wir uns herumwälzen – und dann soll ein Wecker losrattern, wenn wir aufgrund der Schlafphase möglichst frisch sind. Ein Datenkrake ist diese App, sie weiß, wer von ihren Hunderttausenden Nutzern rund um den Globus gerade schläft – und wie lange. Über 900 000 Erwachsene haben ihre datenschutzrechtlichen Bedenken (so sie je welche hatten) über Bord geworfen und zugestimmt, dass ihr Schlafverhalten anonym erfasst wird. Durchschnittlich gehen die App-Nutzer drei Minuten nach Mitternacht schlafen. Am längsten bleiben jene in Russland und den Vereinigten Arabischen Emiraten auf: bis 1.05 Uhr – im Schnitt. Morgenmenschen müssen die Südafrikaner sein, sie stehen um 6.24 Uhr auf, gefolgt von den Kolumbianern (6.31 Uhr) und den Costa Ricanern (6.38 Uhr); Österreich folgt auf Platz 13 (7.20 Uhr), die Deutschen schaffen es im Schnitt um 7.25 Uhr aus dem Bett. Im Wochenschnitt schlafen von fünfzig erfassten Ländern die Neuseeländer mit sieben Stunden und 27 Minuten am längsten, vor den Niederländern mit 7:24 Stunden und den Finnen mit 7:23 Stunden. Die Österreicher schlafen im Schnitt 7:07 Stunden, genauso die Deutschen, knapp gefolgt von US-Amerikanern mit 7:06 Stunden. Die Japaner werden ihrem Klischee gerecht und schlafen im Schnitt nur 5:52 Stunden, nur wenig länger bleiben die Südkoreaner (6:02) und die Philippiner (6:08) im Bett. Zugegeben: Die Präsentation der Statistiken im Netz ist räudig, die Methode fragwürdig, das Sample beliebig, die ausgewählten Parameter ebenso – und eine Kommerz-App ist nicht wirklich eine zuverlässige Quelle. Aber Fakten sollen schließlich in erster Linie unterhalten, oder? Gute Nacht!

Infografik Eine Schlaf-App liefert die Daten: wo auf der Welt wie lange geschlafen wird

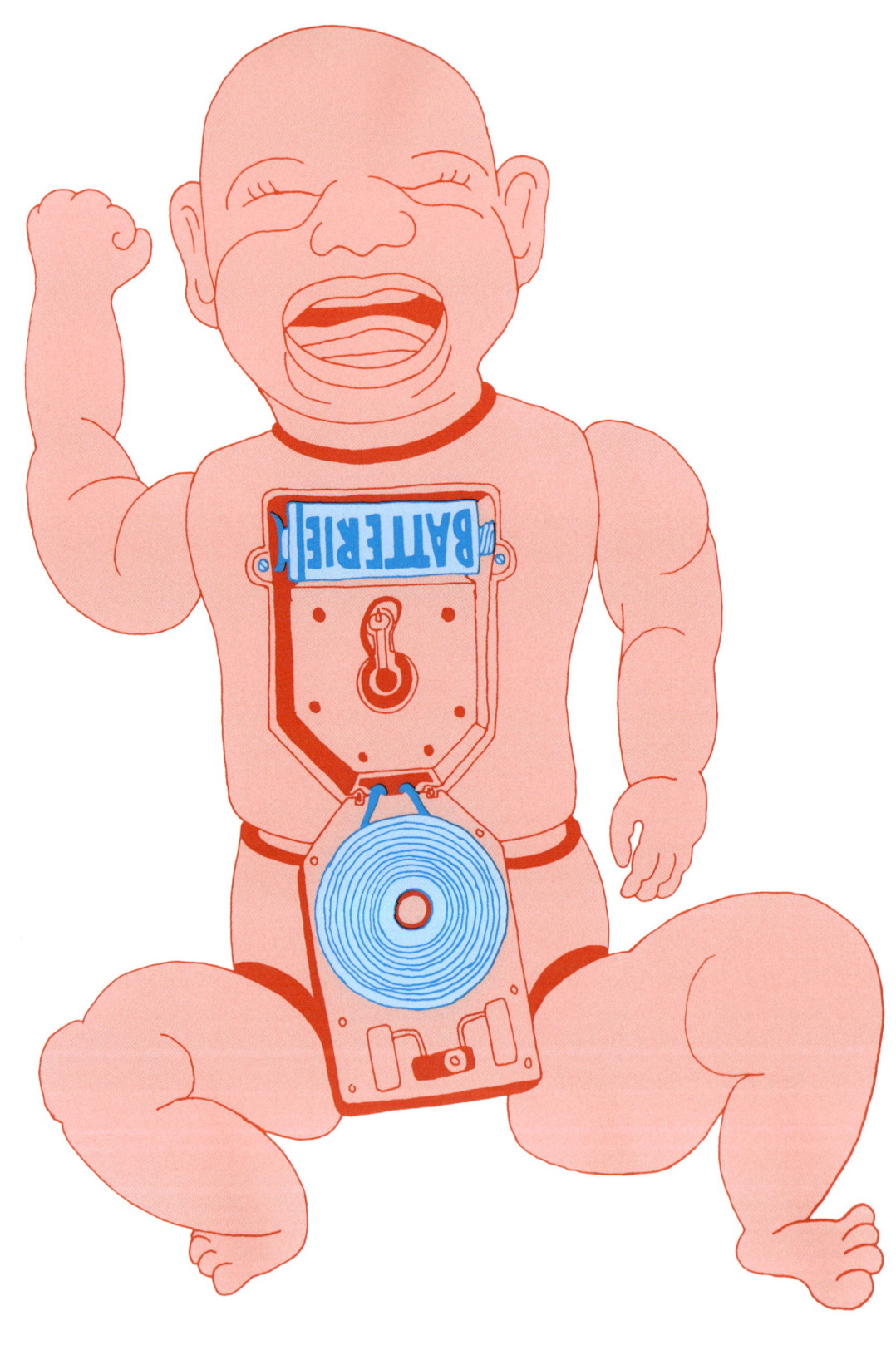

Schlafraubritter, verkleidet als süße Babys

Es gibt große, gewaltige Dramen, die sind für uns abstrakt, weil sie immer nur die anderen betreffen, nie uns selbst, Kriege und Terrorismus etwa, Hunger, Dürre und extreme Armut. Und es gibt kleine, alltägliche Dramen, die uns das Leben schwermachen – dazu zählen Babys, die beschlossen haben, uns durch unmotiviertes Gebrüll den Schlaf zu rauben, als wäre es ihre Bestimmung, die Lebensenergie ihrer Mütter auszusaugen (viel zu selten auch der Väter). Die britische Autorin Helen Walsh hat ihr Martyrium in dem wirklich dramatischen, semiautobiografischen Roman »Ich will schlafen!« dokumentiert, der international zu einem Sensationserfolg wurde, den sie sich damit erklärt, ein Tabuthema angesprochen zu haben. Tausende E-Mails bekam sie: Frauen bedankten sich und berichteten über ihre eigene postnatale Depression und über ihre eigenen Schreibabys. Britische Forscher sind das Problem systematisch angegangen und haben eine Unzahl an Studien zum Thema ausgewertet. Dieter Wolke und Ayten Bilgin von der University of Warwick und Muthanna Samara von der Kingston University London dokumentierten das Geschrei von Babys in neun Ländern: Dänemark, Deutschland, Großbritannien, Kanada, Australien, USA, Italien, Niederlande und Japan. Jeder, der regelmäßig Statistiken liest, weiß, wo die Babys am wenigsten schreien, nämlich im einzigen hier vertretenen skandinavischen Land, wo doch in Skandinavien statistisch gesehen immer alles am besten ist. Also: in Dänemark. Im Schnitt schreien Babys laut der Metastudie in den ersten vier bis fünf Wochen zwei Stunden pro Tag. Die wahre Hölle für Eltern ist die Zeit rund um die sechste Lebenswoche: Da schreit der Nachwuchs durchschnittlich zwei Stunden und fünfzehn Minuten pro Tag – jeder, der Kinder hat, weiß, was das bedeutet. Manchmal sind Studien, ganz egal, wie akkurat das Ergebnis nun sein mag, heilsam: Man weiß, man ist nicht allein auf der Welt mit seinen dicken Tränensäcken und der Gereiztheit eines mit Lanzen malträtierten Stiers in der Arena.

2016

2. QUARTAL
FACEBOOK:

1,71 MRD.
MONATLICHE
USER

VS

1,27 MRD.
KATHOLIKEN
WELTWEIT

1,13 MRD.
TÄGLICHE
USER

FOLLOW ME

Matchball: Facebook versus katholische Kirche

Lasst uns Äpfel mit Eiern vergleichen. Die ehrfurchtgebietende katholische Kirche hat schon ein paar Jahre auf dem Buckel, egal ob man ihren Beginn bei Jesus Christus, zu Zeiten der Kirchenspaltung oder irgendwann dazwischen ansetzt. Ein guter Christ betet täglich zumindest einmal, am besten aber in der Früh, zu Mittag, beim Abendessen und vor dem Zubettgehen. Er oder sie geht einmal pro Woche in die Kirche und feiert alle großen Feste in der Gemeinschaft der Gläubigen: Taufe, Erstkommunion, Firmung, Hochzeit, jedes Jahr Weihnachten und Ostern. Die katholische Kirche ist ein Glaube – und eine Ideologie, mit ihr wird Politik gemacht, nicht nur in Polen und Rom. Und die katholische Kirche ist stolz auf ihr Wachstum: Von 2005 bis 2014 ist der Anteil ihrer Gläubigen an der Weltbevölkerung von 17,3 auf 17,8 Prozent gestiegen. Facebook hat noch nicht so viele Jahre auf dem Buckel, der Student Mark Zuckerberg gründete das Unternehmen am 4. Februar 2004. Der typische Facebook-User checkt seine Chronik meistens direkt nach dem Aufwachen, auf dem Weg zur Arbeit, in den Pausen und noch einmal im Bett vor dem Einschlafen. Er oder sie postet, wenn die Katze gähnt und wenn es Sushi gibt, aber natürlich auch alle wichtigen Lebensereignisse: Die Eltern stellen Fotos ihrer Frischgeborenen auf Facebook, der eigene Account folgt (illegal) spätestens mit sieben, in der Pubertät werden zunächst einmal andere soziale Netzwerke wichtiger, aber mit dem Arbeitsplatz und der Hochzeit steht wieder Facebook im Mittelpunkt, von Weihnachten und Ostern ganz zu schweigen. Auf und mit Facebook wird jede Menge Politik gemacht. Facebook ist stolz auf sein Wachstum: Von Juni 2015 bis Juni 2016 stieg der Anteil der monatlichen User an der Weltbevölkerung von 20,5 auf 23,5 Prozent. Facebook und die katholische Kirche: Sie agieren beide, als wären sie niemandem Rechenschaft schuldig. Außerdem: Wie viel Kohle sie wirklich haben, steht in den Sternen. Und ob ihre Statistiken stimmen, sowieso.

Infografik Vergleich: Anzahl der Facebook-User und der Katholiken weltweit   167

GUT GELAUNTER
SKEPTIZISMUS

tinder

TINDER: DIE AM ÖFTESTEN NACH RECHTS GEWISCHTEN JOBS

MÄNNER	FRAUEN
1. PILOT	1. PHYSIOTHERAPEUTIN
2. GRÜNDER, UNTERNEHMER	2. INNENARCHITEKTIN
3. FEUERWEHRMANN	3. GRÜNDERIN, UNTERNEHMERIN
4. ARZT	4. PR, KOMMUNIKATION
5. TV, RADIO PERSÖNLICHKEIT	5. LEHRERIN
6. LEHRER	6. STUDENTIN
7. INGENIEUR	7. LOGOPÄDIN
8. MODEL	8. APOTHEKERIN
9. SANITÄTER	9. SOCIAL-MEDIA-MANAGERIN
10. STUDENT	10. MODEL
11. RECHTSANWALT	11. ZAHNARZTHELFERIN
12. PERSONAL TRAINER	12. KRANKENSCHWESTER
13. FINANZBERATER	13. FLUGBEGLEITERIN
14. POLIZEIBEAMTER	14. PERSONAL TRAINER
15. MILITÄR	15. IMMOBILIENMAKLERIN

Mehr Sex für Journalisten

Journalisten und Politiker haben undankbare Jobs. Sie malochen praktisch rund um die Uhr für das Wohl der Gesellschaft, schwitzen sich durch unbezahlte Überstunden ohne Ende und sind zum Überdruss in allem, was sie tun, auch noch stets dem kritischen Blick einer feindseligen Öffentlichkeit ausgesetzt. Und wofür? Weil man in den oberen Rängen nicht schlecht verdient, wenn man in einem Landtag oder Parlament sitzt oder fixangestellter Redakteur bei einem überregionalen Medium ist? Das schaffen freilich die wenigsten, der Rest, das Fußvolk, all die Bürgermeister und Gemeinderäte in kleineren Ortschaften, die Regionalfunktionäre, die freien und Provinzjournalisten – sie verausgaben sich für ein Butterbrot und ein Ei. Die Anerkennung kann nicht der Motor sein, da müsste man Feuerwehrfrau oder -mann werden, sie nehmen Platz eins der vertrauenswürdigsten Berufsgruppen in Österreich und Deutschland ein. In Deutschland sind Journalisten Viertletzte, Politiker die Schlusslichter, wie auch in Österreich, wo Reporter auf dem drittletzten Platz liegen. Feuerwehrmänner nehmen übrigens auf der Flirtplattform Tinder Platz drei im US-Ranking der Männerberufe mit dem größten Sexappeal ein – hinter Piloten (Platz eins) und Unternehmern. Immerhin: TV- und Radiostars folgen auf Platz fünf. Bei den Frauen führen Physiotherapeutinnen vor Innendesignerinnen und Unternehmerinnen, semijournalistischer Lichtblick sind hier Social-Media-Managerinnen auf Platz neun. Aber von klassischen Journalisten und Politikern ist weder bei den Männern noch bei den Frauen eine Spur. Ganze Berufsgruppen wurden durch »Witwenschütteln« (brutale Boulevardberichterstattung), dauernde Übertreibungen, das Verbreiten von Halbwahrheiten und Lügen in Verruf gebracht. Bullshit macht schlechtes Karma. Jetzt heißt es vertrauenswürdiger werden, gelassener und fundierter berichterstatten. Es zahlt sich aus – als Belohnung winkt mehr Sex für alle, die in der Branche arbeiten.

Infografik Journalisten und Politiker sind nicht unter den beliebtesten Flirtpartnern zu finden. Auch sonst mag sie keiner

Die blutige Spur des Killers auf meinem Frühstückstisch

Ein wunderschöner Tag, die Sonne strahlt durchs Fenster. Ich habe, noch im Bett liegend, mit einer wundervollen Frau telefoniert. Zum Frühstück gönne ich mir nepalesischen Schwarztee und streiche dick selbstgemachte Brombeermarmelade aufs Brot. Vor dem ersten Bissen wird der Laptop hochgefahren. Ich möchte fühlen, was der typische Deutsche fühlt, und steuere deshalb die fünf meistbesuchten Nachrichtenwebsites an, um jeweils den Aufmacherartikel zu lesen. Bild.de: »Die blutige Spur des Killers im Netz«. Das minutiöse Protokoll eines jungen Mörders, der ein Kind umbringt und danach via WhatsApp ein Grinse-Selfie verschickt. Ich bin empört und verunsichert: wozu Menschen fähig sind! Focus.de: »Das ist die Formel, die über die Höhe Ihrer Rente entscheidet«. Nicht wirklich, weil ich kein Deutscher bin. Spiegel.de: »Merkel will mit Trump Klartext über Importsteuer reden«. »Klare Kante« will sie ihm zeigen und eine »Nachhilfestunde« geben. Ha – zeig's ihm! Ich bin auf Konflikt gebürstet. Welt.de: »Bauruine BER – ein Lexikon des Wahnsinns«. Eine eigentlich brave Zusammenfassung längst bekannter Fakten über das verschleppte Berliner Flughafenprojekt, auf Skandal getrimmt. Kopfschütteln, noch mehr Empörung. Medien bereiten solche »zeitlosen« Geschichten für Tage wie diesen vor, an denen eigentlich nichts los ist, über das man sich aufregen müsste. N-tv.de: »Röttgen gegen doppelte Staatsbürgerschaft«. Ein CDU-Politiker darf über die Türken ablästern: »Der Stand der Integration ist offenbar deutlich schwächer, als viele bisher angenommen haben.« Wie viele Deutschtürken kommen in dem Artikel zu Wort? Keiner. Kontextualisierung? Null. Entrüstung über integrationsresistente Fascho-Türken ist das Ziel. Keiner dieser Artikel betrifft mich persönlich, und dennoch vermitteln sie mir noch vor dem letzten Schluck meines Tees an einem ereignislosen Tag: Empörung, Verunsicherung, Konflikt, noch mehr Empörung und Entrüstung. Die Sonne hat sich verzogen. Ich lege mich wieder ins Bett.

Infografik Kein schönes Bild, das die Nachrichten von der Welt zeichnen – in aller Früh: Merkel-Schelte, Mord und böse Türken

173

CAREERCAST.COM ERWARTET 2017 IN DEN USA EIN SCHRUMPFEN DES JOBMARKTES IN FOLGENDEN BERUFEN:

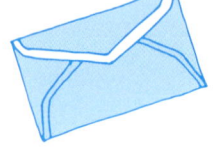

POSTMITARBEITER: **-28%**

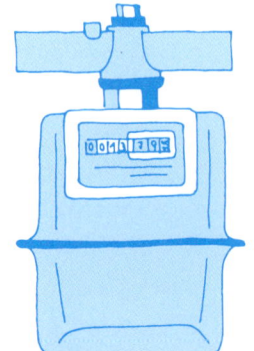

SCHREIBKRAFT: **-18%**

STROM- UND GASABLESER: **-15%**

RADIO-DJ, JUWELIERE, VERSICHERUNGSVERTRETER: **-11%**

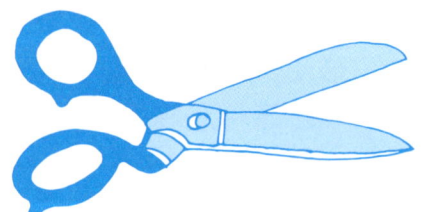

SCHNEIDER, MODERATOREN: **-9%**

PROGRAMMIERER, ZEITUNGSREDAKTEUR : **-8%**

Mit diesen Jobs geht es bergab –
Journalisten sind vorn dabei

Careercast.com ist ein Karriereportal aus Kalifornien, das regelmäßig Studien über den US-Arbeitsmarkt verfasst und gerne von Wirtschaftsmedien wie dem *Forbes*-Magazin zitiert wird. Mit Daten aus dem Jahr 2016 wurde eine Liste der »gefährdeten Berufe« erstellt, ähnlich jener der »gefährdeten Arten« im Tierreich. Die Orang-Utans des Berufslebens sind demnach Postangestellte. Nicht so sehr das Internet ist daran schuld, dass in nur einem Jahr der Jobmarkt im Postwesen um 28 Prozent schrumpfen soll (Prognose), sondern die Automatisierung in den Postverteilzentren. Zu den Verlierern zählen mit minus elf Prozent auch Radio-DJs, weil immer mehr Sender aus Kostengründen auf programmierte Playlists umstellen. Die Einsparungen im Medienbereich bekommen auch Moderatoren zu spüren. Viele TV- und Radiosender setzen auf fertigen Content und setzen teure Anchormen und -women nur noch dort ein, wo es sich nicht vermeiden lässt (minus neun Prozent). Der Jobmarkt für Zeitungsredakteure soll ebenfalls weiter schrumpfen – und zwar um acht Prozent. Die Medienkrise macht sich wie auch in den Jahren davor bemerkbar: Unternehmen bezahlen weniger für Anzeigen, und die Konkurrenz aus dem Internet macht den Printmedien zu schaffen. Wer auf Social-Media-Plattformen präsentiert bekommt, was er für das »Best of« an Artikeln hält, glaubt, keine Zeitung mehr zu benötigen. Die Vielfalt leidet genauso wie die Recherchetiefe, wenn immer weniger Journalisten für die Berichterstattung zuständig sind. Und die Stimmung in Medienhäusern ist an einem Tiefpunkt angelangt. Kündigungen sind an der Tagesordnung, der Arbeitsdruck wird immer größer, was an billige freie Mitarbeiter ausgelagert werden kann, wird ausgelagert. Nur eine kleine Rolle spielt – noch – die Automatisierung, denn auch der Journalismus ist vor ihr nicht gefeit (siehe das Kapitel über die automatisierten Mordartikel der *Los Angeles Times*). Dass es immer noch so viel Nachwuchs gibt, grenzt an ein Wunder. Traumjob ist Journalist keiner mehr.

Infografik Jobs, in denen es ungemütlich wird in nächster Zeit

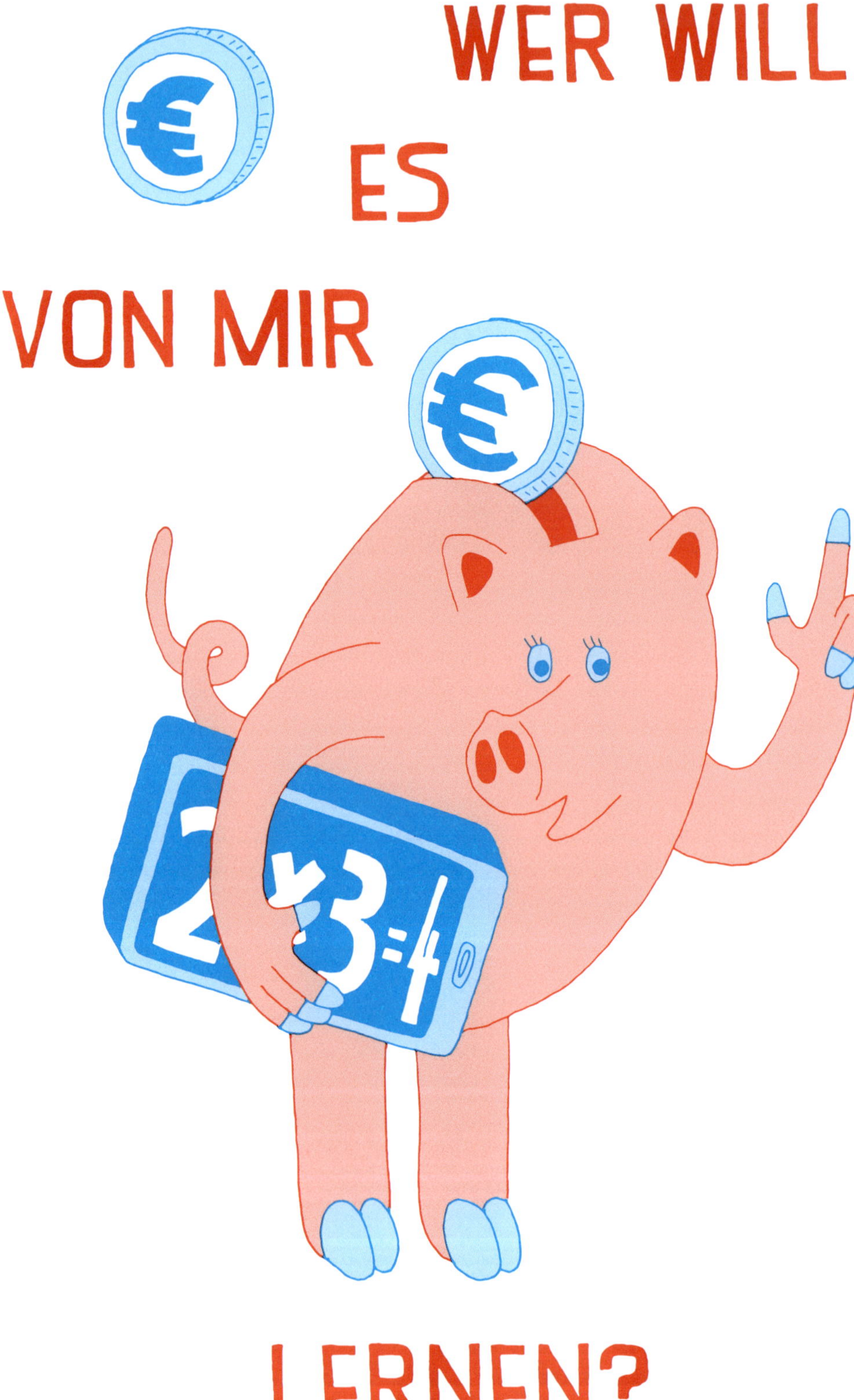
WER WILL
ES
VON MIR
LERNEN?

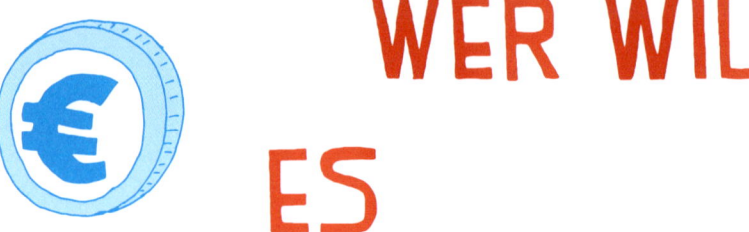

Sparzwang und Excel-Blödsinn

Wer spart, macht wenig Schulden. Das ist gut. Wenn jedoch ein Land spart, also wenig öffentliche Aufträge vergibt, weniger in Infrastruktur, Bildung und Gesundheit investiert, macht es weniger Schulden – und halst sich eine Menge anderer Probleme auf, besonders Arbeitslosigkeit. Nach der Wirtschaftskrise von 2008 blieb bei vielen Menschen das Bewusstsein: Es muss etwas passieren. Jene Politiker, die immer schon für eine Austeritätspolitik eingetreten waren, also für das Sparen, witterten Morgenluft. Unterfutter erhielten sie durch eine aktuelle Studie der einflussreichen US-Ökonomen Carmen Reinhart und Ken Rogoff, deren Conclusio lautete: Erreichen Schulden die magische Grenze von neunzig Prozent des Bruttoinlandsproduktes, ist ein Land dem Untergang geweiht. Im US-Senat wurde mit dieser Argumentation ein strenger Sparkurs gefordert, und auch der damalige EU-Wirtschaftskommissar Olli Rehn zitierte aus der Studie. Die EU schoss sich unter deutscher Führung auf den Sparzwang ein – mit drastischen Folgen vor allem für Griechenland, wo die Bürger unter Einschnitten im Gesundheitswesen litten und die Arbeitslosigkeit auf mehr als zwanzig Prozent stieg. Nur stellte sich später heraus: Die Studie war fehlerhaft. Die beiden Autoren gaben zu, dass sie sich bei ihren Excel-Tabellen schlicht und einfach vertan hatten. Aufgedeckt wurde der Fehler von Thomas Herndon, Michael Ash und Robert Pollin. Sie kamen zu dem Schluss, dass Schulden von neunzig Prozent des BIP im Schnitt nicht ein Minus von 0,1, sondern ein Wachstum in der Höhe von 2,2 Prozent bedeuten. Ist Sparen also immer schlecht? Nein, das behauptet niemand. Aber die Rechnung »Durch Sparen wird alles gut« stimmt eben auch nicht – man muss sich jedes Land und die dortigen Gegebenheiten genauer ansehen, um zu wissen, wann und ob Sparen angesagt ist. Formelhaftes Denken funktioniert selten gut in der Praxis.

Infografik Die beinharte Sparpolitik der EU geht nicht zuletzt auf einen Rechenfehler zurück

BREXIT-UMFRAGEN:
49 % FÜR EU-AUSTRITT
51 % DAGEGEN

BREXIT-REFERENDUM:
52 % FÜR EU-AUSTRITT
48 % DAGEGEN

US-WAHLPROGNOSEN IN
WAHLMÄNNER-STIMMEN:
322 FÜR CLINTON

US-WAHL-ERGEBNIS:
227 FÜR CLINTON

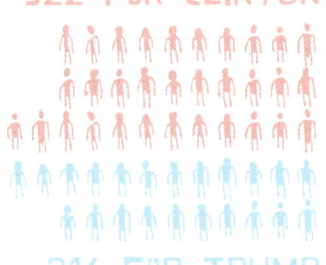
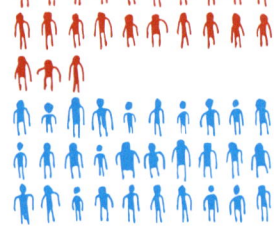

216 FÜR TRUMP

304 FÜR TRUMP

7 ANDERE

ERSTE RUNDE DER
PRÄSIDENTENWAHL
2016 IN ÖSTERREICH.
LETZTE
OGM-UMFRAGE:

ERGEBNIS:

VDB 25%
HOFER 24%
GRISS 22%
HUNDSTORFER 15%
KHOL 11%
LUGNER 3%

VDB 21,3%
HOFER 35,1%
GRISS, 18,9%
HUNDSTORFER 11,3%
KHOL 11,1%
LUGNER 2,3%

Was das Volk sagt, und was es wählt

Tarot, Handlesen, Kristallkugel, Pendeln, Meinungsumfragen: Als Scharlatan ist verschrien, wer versucht, die Zukunft vorherzusagen – zu Recht, möchte man bisweilen meinen. In einigen Ländern Europas ist es bereits verboten, kurz vor der Wahl Prognosen zu veröffentlichen, zu groß ist ihr Einfluss auf das schlussendliche Ergebnis. Das Jahr 2016 war von Umfragen geprägt, die spektakulär danebenlagen: Donald Trump wurde Präsident der USA, und die Briten entschlossen sich für den Austritt aus der EU. Spektakulär im Ausmaß des Danebenliegens waren auch die Umfragen zur ersten Runde der Präsidentenwahl in Österreich, wo der Kandidat der rechtsnationalen FPÖ, Norbert Hofer, um gute zehn Prozentpunkte unterschätzt wurde. Vor allem Männer mit geringer Bildung stimmen für Populisten, geben das in Umfragen aber nicht gerne zu – offenbar noch weniger gerne, als das ohnehin schon in die Prognosen eingerechnet worden war. Außerdem ist es heute schwieriger, ein gutes Sample zu finden; das war noch vor zwanzig Jahren leichter, als es ein flächendeckendes Telefonbuch gab. Im Fall der US-Wahl kommt dazu: Bei nationalen Umfragen lag Hillary Clinton vorne – und sie wurde ja auch von mehr US-Amerikanern gewählt als Trump. Allerdings investierten die Institute zu wenig in den einzelnen Bundesstaaten – und auf die kommt es beim US-Wahlsystem an. In Deutschland wiederum kam der Verdacht »tendenziöser« Umfragen auf, je nachdem, wem die Institute näherstehen – und tatsächlich ließ sich da ein Zusammenhang erkennen. Der traditionell offenherzige Wiener Bürgermeister Michael Häupl wiederum sagte zum Thema Wahlen: »Wie man mit Umfragen manipuliert, das weiß ich auch. Dazu bin ich selber lange genug in der Politik.« In der österreichischen Debatte wurde jedoch auch ein gewichtiges Argument genannt, warum Umfragen vor Wahlen nicht verboten werden sollten: weil sie das Rennen spannend machen und so Wähler an die Urnen locken.

Infografik Einige Meinungsumfragen vor wichtigen Wahlgängen in letzter Zeit im Realitätsabgleich

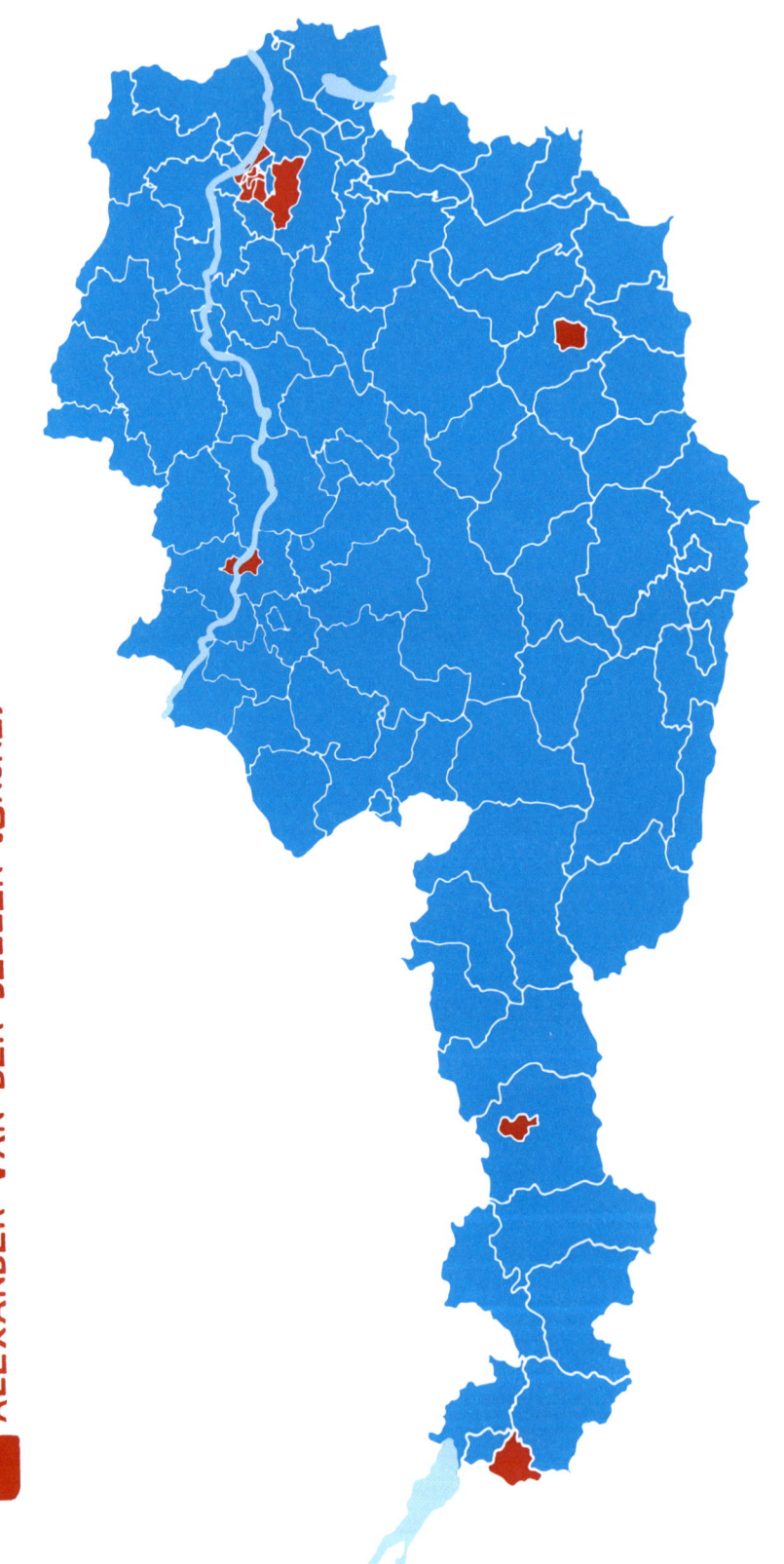

NORBERT HOFER (FPÖ)

ALEXANDER VAN DER BELLEN (GRÜNE)

Ganz Österreich ist blau

Österreich hat einen grünen Bundespräsidenten. Das ist ein kleines Wunder, wenn man sich die öffentliche politische Debatte der letzten Jahre, wenn nicht Jahrzehnte vor Augen hält, die von der Panik vor dem Erstarken rechtsnationaler Kräfte geprägt war. Ein kleines Wunder ist es aber auch, dass ein Grüner Präsident wurde, wenn man zwei völlig korrekte Infografiken betrachtet: Eine zeigt das Ergebnis nach Verwaltungsbezirken bei der ersten Runde der Wahl, die andere das Bezirksergebnis nach der ersten Runde der Stichwahl zwischen dem Kandidaten der rechtsnationalistischen FPÖ, Norbert Hofer, und dem ehemaligen Chef der Grünen, Alexander Van der Bellen. Als noch alle Kandidaten im Rennen waren, gewann Hofer recht deutlich mit 35 Prozent der Stimmen vor Van der Bellen mit 21, die politischen Mitbewerber folgten weit abgeschlagen. Also hätte eine Österreich-Karte, nach Stimmen gewichtet, bunt sein müssen – immerhin wählten 65 Prozent nicht Blau. Aber da Hofer in den meisten Bezirken vorne lag, war die Karte völlig blau eingefärbt, mit einigen kleinen Pickeln und Leberflecken in Grün, Rot und Schwarz. Die Karte war für viele ein Schock, für manche eine große Freude. Ähnlich dann bei der ersten Runde der Stichwahl – und das, obwohl der Grüne Van der Bellen hier knapp vorne lag. Wie konnte das sein? Van der Bellen holte sich die Städte, die an Fläche klein sind, aber besonders viele Einwohner haben. Flächenmäßig, nach Bezirken eingefärbt, war die Karte also wieder blau mit grünen Einsprengseln, und das ohne jede Manipulation und ohne jeden Rechenfehler. Und wie kann man diese »optische Täuschung« bereinigen? Gar nicht, außer man setzt auf die sehr seltsam aussehenden, wenig intuitiven Morph-Karten, bei denen zum Beispiel Regionen mit mehr Einwohnern flächenmäßig größer dargestellt werden können als solche mit geringerer Bevölkerungsdichte. Österreich sähe da völlig verzerrt aus und wäre kaum wiederzuerkennen. Also: Österreich mag blau sein, die Österreicher sind es nicht.

Infografik Ergebnis der österreichischen Bundespräsidentenwahl am
24. April 2016 (erste Runde): Mehrheiten in den Bezirken

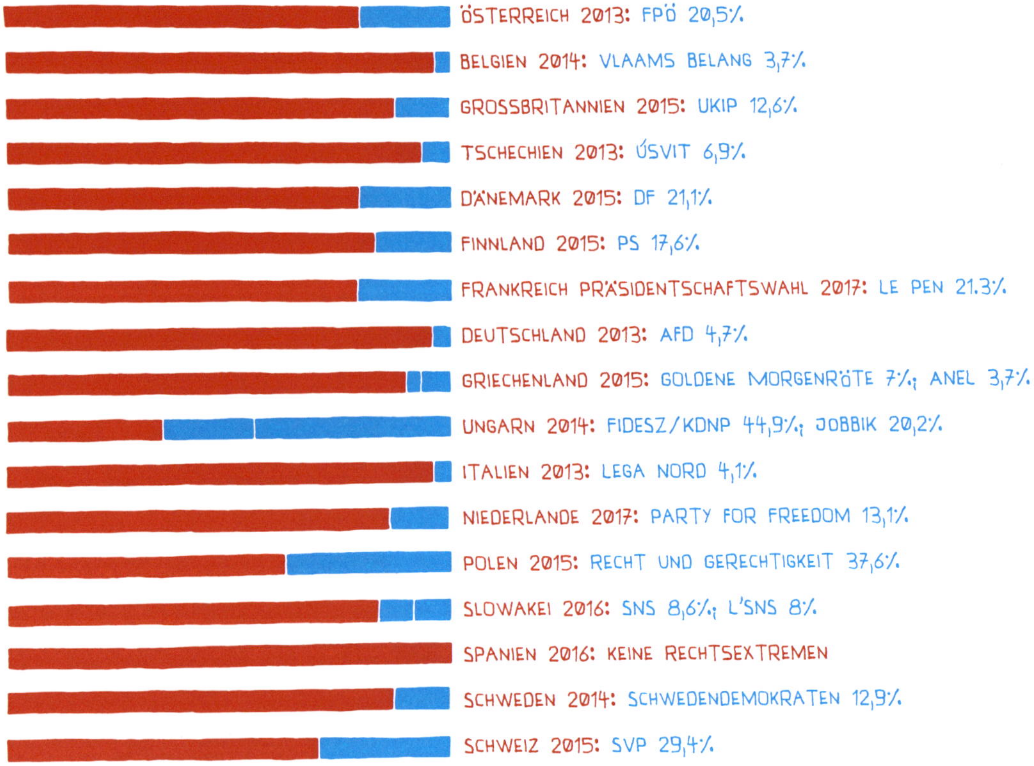

ÖSTERREICH 2013: FPÖ 20,5%

BELGIEN 2014: VLAAMS BELANG 3,7%

GROSSBRITANNIEN 2015: UKIP 12,6%

TSCHECHIEN 2013: ÚSVIT 6,9%

DÄNEMARK 2015: DF 21,1%

FINNLAND 2015: PS 17,6%

FRANKREICH PRÄSIDENTSCHAFTSWAHL 2017: LE PEN 21.3%

DEUTSCHLAND 2013: AFD 4,7%

GRIECHENLAND 2015: GOLDENE MORGENRÖTE 7%; ANEL 3,7%

UNGARN 2014: FIDESZ/KDNP 44,9%; JOBBIK 20,2%

ITALIEN 2013: LEGA NORD 4,1%

NIEDERLANDE 2017: PARTY FOR FREEDOM 13,1%

POLEN 2015: RECHT UND GERECHTIGKEIT 37,6%

SLOWAKEI 2016: SNS 8,6%; L'SNS 8%

SPANIEN 2016: KEINE RECHTSEXTREMEN

SCHWEDEN 2014: SCHWEDENDEMOKRATEN 12,9%

SCHWEIZ 2015: SVP 29,4%

Europa versinkt im Faschismus – oder nicht?

Rechtsnationalistische Populisten schüren Hass und verbreiten Halb-, wenn nicht Unwahrheiten. Noch schlimmer als ihre Ressentiments ist jedoch die Panik vor ihren Wahlsiegen. Denn nur durch diese Panik treiben sie Politiker anderer Parteien vor sich her – und diktieren ihnen damit einen Kurs, der, um es höflich zu formulieren, bürgerlicher, christlich-sozialer, liberaler und ganz besonders sozialdemokratischer Parteien nicht würdig ist. Diese Panik wird nicht nur, aber vor allem durch die Berichterstattung von Qualitätsmedien erzeugt, die den Eindruck entstehen lassen, dass Europa drauf und dran ist, im Faschismus zu versinken, was schlicht und einfach genauso wenig stimmt wie die Fake News, die Rechtspopulisten auf ihren Social-Media-Accounts teilen. Eine bemerkenswerte Bild-Text-Schere brachte die *New York Times* Ende 2016 zustande. Rechtsradikale seien in Europa in alarmierender Weise auf dem Vormarsch, liest man in dem Artikel – und mittendrin wird eine seltsame Grafik gezeigt, in der die Stimmenanteile von Rechten bei den letzten paar Wahlen rot und der Rest grau angezeigt wird. Erstens: Der Gesamteindruck ist grau, grau, grau, mit ein paar kleinen roten Einsprengseln. Zweitens: Es werden Parlaments-, Regional- und Präsidentenwahlen vermischt (ohne es auszuweisen), was von der Vergleichbarkeit her problematisch ist (von der Problematik mehrerer Wahlgänge und Stichwahlen ganz zu schweigen). Drittens: Der *New York Times* sind einige Fehler passiert, die sie im Nachhinein korrigieren musste. Viertens: Die Auswahl der Länder scheint beliebig – hätte die *New York Times* wirklich alle europäischen oder zumindest alle EU-Länder gezeigt, wäre die Grafik noch grauer und noch weniger rot gewesen. Journalisten gefallen sich manchmal in der Rolle der antifaschistischen Mahner allzu gut. Bleibt zu hoffen, dass ihre große Sensibilität nicht zu einer Desensibilisierung der Bevölkerung Europas führt. Sonst droht am Ende wirklich noch der Faschismus.

Infografik Rechtsnationalistische Parteien in Europa (jeweils Ergebnis der letzten Parlamentswahlen; Stand: Juni 2017). Ungarn und Polen sind Ausreißer, sonst dominiert ganz eindeutig Rot

TOP 5 FAKE WAHL STORIES NACH FACEBOOK BEITRAGSINTERAKTION
[DREI MONATE VOR DER WAHL]

„POPE FRANCIS SHOCKS WORLD, ENDORSES DONALD TRUMP
FOR PRESIDENT, RELEASES STATEMENT"
[960.000, ENDING THE FED]

„WIKILEAKS CONFIRMS HILLARY SOLD WEAPONS TO ISIS...
THEN DROPS ANOTHER BOMBSHELL! BREAKING NEWS"
[789.000, THE POLITICAL INSIDER]

„IT'S OVER: HILLARY'S ISIS EMAIL JUST LEAKED AND
IT'S WORSE THAN ANYONE COULD HAVE IMAGINED"
[754.000, ENDING THE FED]

„JUST READ THE LAW: HILLARY IS DISQUALIFIED
FROM HOLDING ANY FEDERAL OFFICE"
[701.000, ENDING THE FED]

„FBI AGENT SUSPECTED IN HILLARY EMAIL LEAKS
FOUND DEAD IN APPARENT MURDER-SUICIDE"
[567.000, DENVER GUARDIAN]

TOP 5 MAINSTREAM WAHL STORIES NACH FACEBOOK BEITRAGSINTERAKTION
[DREI MONATE VOR DER WAHL]

„TRUMP'S HISTORY OF CORRUPTION IS MIND-BOGGLING.
SO WHY IS CLINTON SUPPOSEDLY THE CORRUPT ONE?"
[849.000, WASHINGTON POST]

„STOP PRETENDING YOU DON'T KNOW WHY
PEOPLE HATE HILLARY CLINTON"
[623.000, HUFFINGTON POST]

„MELANIA TRUMP'S GIRL-ONGIRL
PHOTOS FROM RACY SHOOT REVEALED"
[531.000, NEW YORK POST]

„FORD FACT CHECKS TRUMP:
WE WILL BE HERE FOREVER"
[407.000, CNN]

„I RAN THE C.I.A. NOW
I'M ENDORSING HILLARY
CLINTON" [373.000,
NEW YORK TIMES]

Der Papst (unseriös) und
die nackte Frau Trump (seriös)

Fake News – *das* Hype-Thema 2016. Wie groß der Einfluss auf den Ausgang der US-Wahl tatsächlich war, sei dahingestellt, faszinierend ist es jedenfalls: Jene zwanzig erlogenen Artikel zu Wahlkampfthemen, die bei Facebook in den letzten drei Monaten vor der Wahl die meisten Reaktionen hervorgerufen haben (Shares, Likes, Kommentare), haben die zwanzig Top-Artikel von anerkannten Medien auf Facebook abgehängt. Insgesamt wurden selbstredend seriöse Artikel zu Wahlkampfthemen weitaus öfter verlinkt und gelikt, aber eben nicht in den obersten Rängen der Hitparade des »Trump versus Hillary«-Infights. 960 000 Facebook-Reaktionen hat die Fake-News-Seite »Ending the Fed« generiert mit ihrer frei erfundenen Meldung, wonach der Papst Donald Trump aktiv im Wahlkampf unterstütze. Platz zwei geht bei den Lügenstorys an »The Political Insider« mit 789 000 Reaktionen für den sehr subtilen Fake, dass Hillary Clinton Waffen an den IS verkauft haben soll. Die Top-Meldungen anerkannter Medien zeugen ebenfalls nicht gerade von feiner Klinge, sind aber zumindest keine glatten Lügen. Die *Washington Post* führt hier mit 849 000 Facebook-Reaktionen: »Trumps korrupte Vergangenheit ist völlig irre. Also warum soll noch mal Clinton die Korrupte sein?« Platz zwei geht an die *Huffington Post* für den Artikel mit dem Titel »Jetzt tut nicht so, als ob ihr nicht wüsstet, wieso die Leute Hillary Clinton hassen« mit 623 000 Reaktionen. Ein Ruhmesblatt ist auch Platz drei von der Boulevardzeitung *New York Post*: »Aufgetaucht: Die Fotos des lesbischen Schmuse-Shootings von Melania Trump«. Womit bewiesen wäre: Ob wahr oder falsch – das ist völlig egal. Was zählt, ist der Unterhaltungswert. Die nackte Frau Trump braucht keine Fake News: Sexistischer Softporno mit Skandalappeal zieht auch so. Und der Papst verleiht selbst den blödesten Fake-News-Seiten noch einen Anstrich von Seriosität. Amen.

Infografik Gemessen an Likes, Shares und Kommentaren wurden die fünf höchstgereihten Fake-News-Artikel zur US-Wahl öfter angeklickt als die fünf meistgelesenen Artikel anerkannter Medien

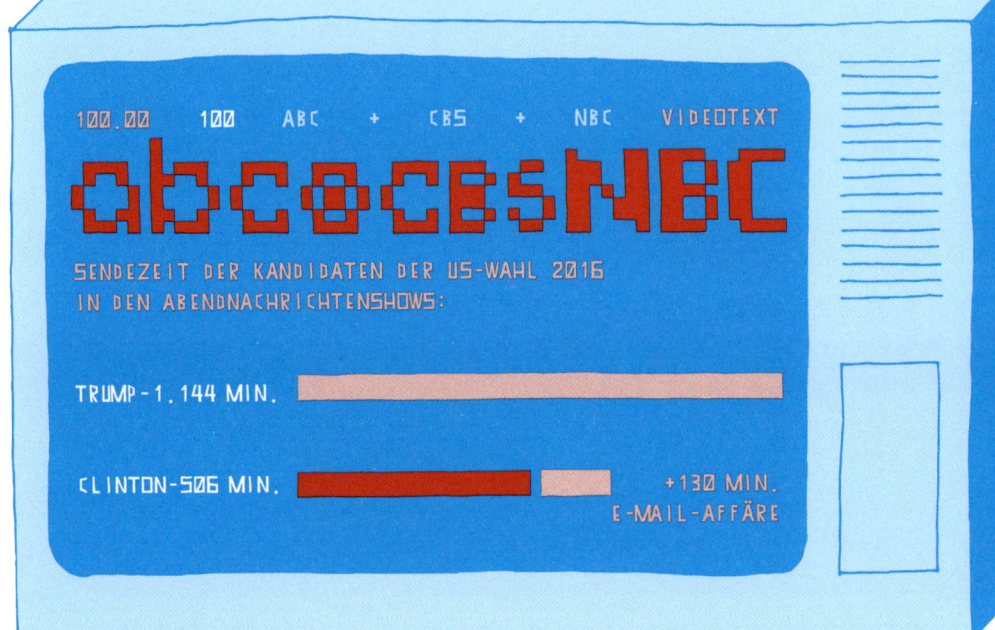

Trump und die Mainstream-Medien

Kommentatoren machen es sich leicht, wenn es um die Analyse des Wahlsieges von US-Präsident Donald Trump geht: Das etablierte System hat damit nichts zu tun, sondern nur halbkriminelle, amoralische Machenschaften sind schuld, besonders Fake News. Sprich: Regeln finden, die solche Ausreißer verhindern, und alles wird gut? Nein. Trump ist in erster Linie ein TV-Phänomen, auch abseits seines Leib-und-Magen-Senders Fox News. Seit mehr als 25 Jahren beobachtet Andrew Tyndall allabendlich die Nachrichten der drei großen US-Netzwerke ABC, CBS und NBC. Für den Tyndall Report, der von Medien wie der *Washington Post* zitiert wird, zählt er Minuten – unter anderem vergleicht er vergangene US-Wahlkämpfe. Dabei galt *bisher* die Regel: Wenn ein Präsident ein zweites Mal antritt, entfällt auf seinen Herausforderer viel mehr Sendezeit. Treten zwei neue Kandidaten an, ist die »Airtime« ausgeglichen. Nicht so diesmal. Das begann mit dem Vorwahlkampf, als über Trump mehr berichtet wurde (234 Minuten) als über sämtliche demokratischen Kandidaten zusammen (226) – und setzte sich mit dem Infight zwischen Trump (1144 Minuten) und Clinton (506) im Jahr 2016 fort, wobei die Berichterstattung über Clintons E-Mail-Affäre noch extra 130 Minuten Wahlkampfhilfe für Trump waren (sie hat als Außenministerin einen privaten E-Mail-Account statt einer Dienstadresse benutzt). Von all dieser Zeit ging es gerade einmal 32 Minuten um Sachthemen; noch im Wahlkampf acht Jahre davor waren es 220 gewesen. Es waren nicht zuletzt Mainstream-Medien, über die Trump so gerne schimpft, die seinen unterhaltsamen Radau an die US-Amerikaner weitergaben. Aber Trump ist auch in anderer Hinsicht ein TV-Präsident. Nicht, weil er seine exorbitante Bekanntheit als Gastgeber der Hire-and-Fire-Realityshow »The Apprentice« erlangte, sondern, weil sich sein TV-Konsum eins zu eins auf die Amtsführung überträgt. Einen guten Teil seiner Tweets setzt er direkt ab, nachdem auf Fox News ein Beitrag zur jeweiligen Thematik gelaufen ist.

Infografik Geht es nach den Minuten der Berichterstattung, hat Trump seine Konkurrentin Clinton im Wahlkampf meilenweit abgehängt

63,6% NACH TRUMP

9,6% NACH STATISTIK DES UNITED STATES DEPARTMENT OF LABOR

58,5% NACH TRUMP

19,2% NACH STATISTIK DES UNITED STATES DEPARTMENT OF LABOR

48,7% NACH TRUMP

10% NACH STATISTIK DES UNITED STATES DEPARTMENT OF LABOR

ARBEITSLOSE
ASIATISCHE
JUGENDLICHE

ARBEITSLOSE
SCHWARZE
JUGENDLICHE

ARBEITSLOSE
WEISSE
JUGENDLICHE

Trump und die Wahrheit I

US-Präsident Donald Trump ist ein begnadeter Alchemist, wenn es darum geht, aus Zahlen, Daten und Fakten Emotionen zu brauen – ganz egal, ob seine »Informationen« falsch kontextualisiert, schlicht erfunden oder schlampig recherchiert wurden. Das ganze Buch könnte man mit Beispielen aus seinem Wahlkampf füllen; und wenn es, der These aus dem Eingangsessay folgend, darum geht, Menschen zu unterhalten, dann ist es plötzlich überhaupt nicht mehr überraschend, wie Trump gewinnen konnte: Er war unterhaltsam – Hillary Clinton war langweilig. Die Fakten freilich blieben auf der Strecke. So richtete Trump rhetorisch bestechend (und mit rassistischem Einschlag) in einer Rede folgende Worte an die Afroamerikaner: »Ihr lebt in Armut. Eure Schulen sind schlecht. Ihr habt keine Arbeit. 58 Prozent eurer jungen Leute sind arbeitslos. Was, verdammt noch mal, habt ihr zu verlieren?« Seine Conclusio: Da kann man gleich Trump wählen, der probiert wenigstens etwas Neues. Aber halt: 58 Prozent der schwarzen Jugendlichen sind arbeitslos? Wirklich? Das hat Michelle Ye Hee Lee, Faktencheckerin der *Washington Post*, auf den Plan gerufen. Wie kommt Trump auf diese Zahl? Er stützte sich auf eine Statistik des United States Department of Labor, verwendete aber nicht die Zahl der arbeitslosen jungen Leute, sondern die Zahl jener Jungen, die keinen Job haben. Sprich: Er zählte auch Schüler und Studenten mit. Nach dieser Rechenweise wären auch 48,7 Prozent der weißen und gar 63,6 Prozent der asiatischen jungen Menschen in den USA arbeitslos, obwohl US-Amerikaner asiatischer Herkunft in Wahrheit besonders selten von Arbeitslosigkeit betroffen sind. Die Realität sieht laut offiziellen Zahlen vielmehr so aus: 19,2 Prozent der jungen Afroamerikaner sind arbeitslos (schlimm genug), genauso wie zehn Prozent der Weißen und 9,6 Prozent der Asiaten. Trump hat die Unwahrheit gesagt, wurde überführt – und niemanden hat's gejuckt.

Infografik Trumps rassistische – und falsche – Arbeitslosenzahlen im Vergleich mit der Realität

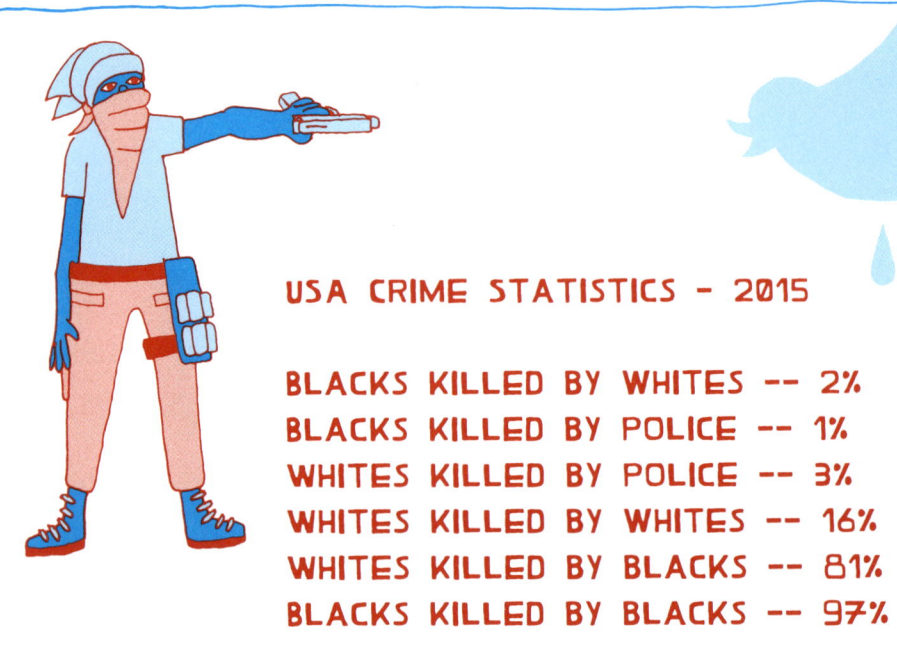

USA CRIME STATISTICS - 2015

BLACKS KILLED BY WHITES -- 2%
BLACKS KILLED BY POLICE -- 1%
WHITES KILLED BY POLICE -- 3%
WHITES KILLED BY WHITES -- 16%
WHITES KILLED BY BLACKS -- 81%
BLACKS KILLED BY BLACKS -- 97%

CRIME STATISTICS BUREAU - SAN FRANCISCO

FBI NUMBERS (2014)

BLACKS KILLED BY WHITES - 8%
BLACKS KILLED BY BLACKS - 90%
WHITES KILLED BY WHITES - 82%
WHITES KILLED BY BLACKS - 15%

Trump und die Wahrheit II

Einmal noch Trump; aber was soll man machen, er ist der Meister aller Klassen im Verdrehen von Fakten – und damit Präsident der USA geworden. Auch diesmal geht es um Rassismus gegenüber Schwarzen. Trump teilte auf Twitter eine Statistik zur Kriminalität und behauptete, dass die meisten weißen Mordopfer von Schwarzen getötet werden und die Polizei kaum Schwarze tötet. Man sieht auf dem Bild einen Mann, der eine Pistole quer über folgende Zahlen für 2015 hält: »Von Weißen getötete Schwarze – 2 %; Von Polizisten getötete Schwarze – 1 %; Von Polizisten getötete Weiße – 3 %; Von Weißen getötete Weiße – 16 %; Von Schwarzen getötete Weiße – 81 %; Von Schwarzen getötete Schwarze – 97 %«. Als Quelle wird am unteren Rand des Bildes angegeben: Crime Statistics Bureau – San Francisco. Die Statistik war ein gefundenes Fressen nicht nur für renommierte Fact Checker wie jene von PolitiFact (die 2009 den nationalen Pulitzer-Preis gewonnen hatten), sondern auch für große Medien wie CNN und den britischen *Telegraph*. Es war zu einfach, den Gegenbeweis anzutreten. Ein Institut mit dem Namen Crime Statistics Bureau – San Francisco gibt es nicht. Die FBI-Zahlen für 2015 waren zu diesem Zeitpunkt noch nicht einmal veröffentlicht. Und die Zahlen von 2014 beweisen sogar das Gegenteil: »Von Schwarzen getötete Weiße – 8 %; Von Weißen getötete Weiße – 82 %; Von Schwarzen getötete Weiße – 15 %; Von Schwarzen getötete Schwarze – 90 %«. Abgesehen von letzterem Wert lag also der Verfasser der erfundenen Statistik um das Vier- bis Fünffache daneben. Die Zahl der durch Polizisten getöteten Menschen in den USA ist umstritten, es gehen aber alle Fact Checker davon aus, dass auch hier die Daten der Trump-Statistik weit weg von der Wahrheit liegen. Wer die Statistik tatsächlich verfasst hat, darüber gibt es wilde Spekulationen. Donald Trump und seinen Mitstreitern scheint das egal gewesen zu sein – und den Wählern auch.

Infografik Trumps Mordzahlen im Vergleich mit jenen des FBI   191

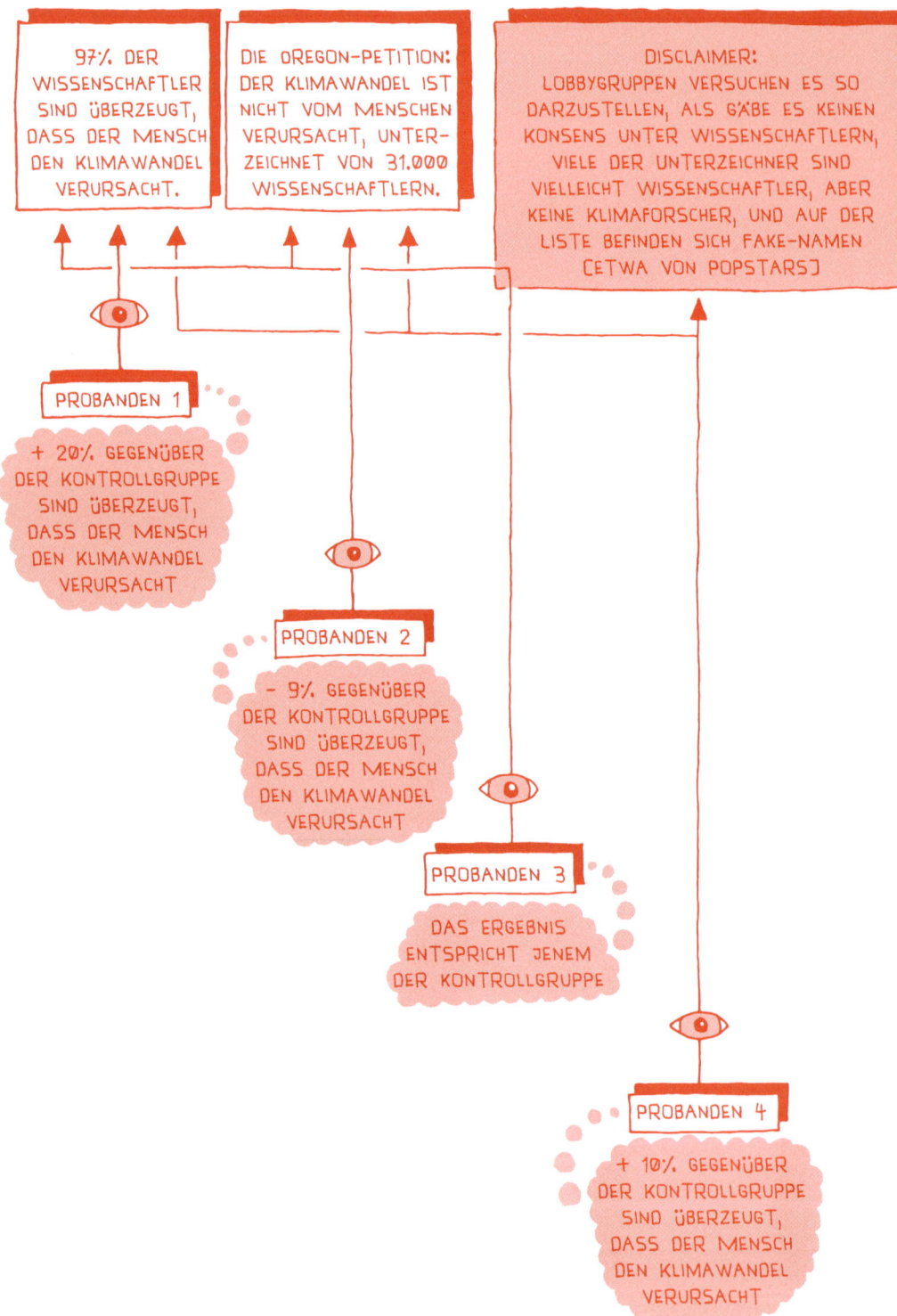

Immun werden gegen Fake News

Constructive News bedeutet: nicht einfach nur schlechte Nachrichten verbreiten, sondern gleich auch Lösungsvorschläge für Probleme mitliefern. Zuerst also die schlechte Nachricht: Es gibt Fake News, und gar nicht so wenige Menschen fallen darauf rein; dann der Lösungsvorschlag von Psychologen von der Universität Cambridge: Sie befragten 1000 Menschen (als Kontrollgruppe), ob sie glauben, dass der Klimawandel vom Menschen gemacht ist oder nicht. Dann teilten sie mehr als 2000 weitere Probanden in Gruppen. Den einen zeigten sie eine Studie, wonach 97 Prozent der Wissenschaftler davon überzeugt sind, dass der Mensch den Klimawandel verursacht. In dieser Gruppe stieg die Zustimmung um zwanzig Prozent. Der nächsten Gruppe zeigten sie die sogenannte Oregon-Petition, die das Gegenteil behauptet und von 31 000 Wissenschaftlern unterschrieben worden sein soll. Hier sank die Überzeugung, der Mensch sei Verursacher der Erderwärmung, um neun Prozent. Einer weiteren Gruppe zeigten sie beide Statements – hier neutralisierte sich die Wirkung, das Ergebnis entsprach jenem der Kontrollgruppe. Der letzten, vierten Gruppe wurden beide Statements vorgelegt – plus einem Disclaimer, dass Lobbygruppen versuchen, es so darzustellen, als gebe es keinen Konsens unter Wissenschaftlern, und dass viele Unterzeichner der Petition vielleicht Forscher, aber keine Klimaexperten sind, und dass sich außerdem Fake-Namen (etwa von Popstars) auf der Liste finden. Solchermaßen vorbereitet, entfaltete die Propaganda der Leugner eines menschengemachten Klimawandels keine Wirkung mehr. Rund zehn Prozent der Befragten änderten im Vergleich zur Kontrollgruppe ihre Meinung und waren sich nun sicher, der Mensch sei am Klimawandel schuld. Ohne jetzt unkonstruktiv wirken zu wollen – es bleiben ein paar Fragen offen. Wie die »Immunisierung« flächendeckend an die Menschen bringen? Und was, wenn auf sie eine »Gegenimmunisierung« folgt? Aber immerhin, man sieht: Es wird geforscht. Und es gibt Hoffnung. Alles wird gut.

Infografik Drei Aussagen, siehe die Kästchen oben. Vier verschiedene Gruppen, die mit ihnen konfrontiert werden. Fazit: Den Menschen über Bullshit reinen Wein einzuschenken (Kästchen rechts oben) zahlt sich aus

FASCHIST

ADOLF HITLER
DEUTSCHES REICH 1933-1945

GEBURTSJAHR: 1889
ALTER BEI
MACHTERGREIFUNG: 43 JAHRE
DAUER DER
HERRSCHAFT: 12 JAHRE
ANZAHL DER OPFER: 30.000.000
SKRUPELLOSIGKEIT: 5

KOMMUNIST

JOSEF STALIN
SOWJETUNION 1922-1953

GEBURTSJAHR: 1878
ALTER BEI
MACHTERGREIFUNG: 43 JAHRE
DAUER DER
HERRSCHAFT: 31 JAHRE
ANZAHL DER OPFER: 40.000.000
SKRUPELLOSIGKEIT: 5

KOMMUNIST

MAO ZEDONG
CHINA 1949-1976

GEBURTSJAHR: 1893
ALTER BEI
MACHTERGREIFUNG: 56 JAHRE
DAUER DER
HERRSCHAFT: 31 JAHRE
ANZAHL DER OPFER: 20.000.000
SKRUPELLOSIGKEIT: 4,5

VÖLKER-
MÖRDER

POL POT
KAMBODSCHA 1975-1979

GEBURTSJAHR: 1925
ALTER BEI
MACHTERGREIFUNG: 38 JAHRE
DAUER DER
HERRSCHAFT: 18 JAHRE
ANZAHL DER OPFER: 2.000.000
SKRUPELLOSIGKEIT: 4,5

So viel Spaß macht Genozid

Es gibt Produkte, die sind zynisch. Und es gibt Produkte, die an Zynismus nicht zu übertreffen sind – wie das Tyrannenquartett. Mancher wird sich noch an die Trumpfkartenspiele seiner Kindheit erinnern, bei denen jubeln durfte, wer die Lkw-Karte mit den meisten PS gezogen hatte, die Schiffskarte mit den meisten Bruttoregistertonnen oder die Yugioh-Karte mit dem höchsten Verteidigungswert. Solche Quartette gibt es auch mit den Massenmördern des 20. Jahrhunderts – und sie bringen die Problematik statistischer Zahlenvergleiche auf den Punkt. Hier darf jubeln, wer den Tyrannen mit den meisten Todesopfern gezogen hat. Und auch im Internet gibt es Seiten mit lustvoll präsentierten »Hitlisten« der Tyrannen und ihrer Opferzahlen: Hitler vor Mao vor Stalin vor Pol Pot, manchmal auch in einer anderen Reihenfolge, wie überhaupt die Zahlen variieren, ohne dass jemals eine Quelle genannt wird. Auf Amazon schreibt ein Käufer, der ein Tyrannenquartett mit fünf Sternen geadelt hat: »einige Fakten stimmen nicht (was dem Spaß nicht schadet)«. Kein Zweifel: Die Zahlen allein schockieren nicht (mehr). Pol Pot und seinen Roten Khmer etwa fielen 1,7 Millionen Menschen zum Opfer. Die Zahl steht da, unnahbar wie ein Monolith: nackt, kalt und groß. Was sie bedeutet, begreift, wer das Buch »Auslöschung« in Händen hält. Filmregisseur und Cannes-Gewinner Rithy Panh schildert darin, wie er gemeinsam mit seinen Eltern deportiert wurde, wie seine ganze Familie durch die Gräueltaten der Roten Khmer ausgelöscht wurde. Er beschreibt minutiös die Trauer, die Angst und den Psychoterror, der sich tief in den Körper und die Seele des jungen Burschen eingeschrieben hat. Panh: »Mir ging es nicht um den Gedächtniskult, sondern darum, das Wesen dieses Verbrechens zu verstehen. Damit es sich nie wiederholt.« Es ist tatsächlich das Wesen des Verbrechens, dem er sich in seinem eindringlichen Bericht annähert. Aber 1,7 Millionen? Das ist nur eine Zahl, mit der man beim Quartett auftrumpfen kann.

Infografik Der Schrecken der Opferzahlen scheint verblasst – sie gelten als »Trumpf« beim Diktatorenquartett

ZAHNÄRZTE EMPFEHLEN: ZÄHNE PUTZEN!

Zwölf von zehn Zahnärzten empfehlen

Man kennt das aus der Werbung: Da steht ein älterer Arzt mit strahlend weißem Kittel und ebensolchen Zähnen in einer schicken Praxis und sagt uns, welches Produkt wir kaufen sollen, denn erstens empfiehlt er es seit Jahren seinen Patienten und zweitens gibt es jetzt eine unabhängige Studie, die beweist, dass – und so weiter. Normalerweise nimmt man solche werberischen Nebelschwaden hin wie das Plätschern eines Flusses; man hat den Verdacht, dass der Arzt in Wahrheit Schauspieler ist, aber irgendwo, ganz hinten im Bewusstsein, setzt sich das mit der Statistik fest, denn: So dreist lügen kann man nicht vor Millionenpublikum. Doch. Hin und wieder macht sich der Werberat eines Landes die Mühe und überprüft solche »Fakten«. Einer dieser Fälle hat 2007 für Schlagzeilen gesorgt: Colgate-Gate. Das Unternehmen Colgate-Palmolive hatte auf Plakaten behauptet, dass acht von zehn Zahnärzten Colgate empfehlen. Das würde im Umkehrschluss bedeuten: Die restlichen Marken werden nur von einem Fünftel der Ärzte empfohlen. Das stimmt nicht. Die befragten Zahnärzte wurden (von Colgate) am Telefon nach Multiple-Choice-Manier befragt – und sprachen auch für andere Marken ähnlich häufig Empfehlungen aus. Die Ärzte empfehlen also, überspitzt formuliert, dass man sich die Zähne mit irgendeiner Zahnpasta putzen soll, Hauptsache, man putzt sie regelmäßig. Eigentlich ein Warnsignal: Jeder fünfte Zahnarzt will nicht, dass sich seine Patienten mit Colgate die Zähne putzen. Der britische Werberat verdonnerte Colgate-Palmolive zum Stopp der Kampagne; der Fall ging in die reiche Geschichte der Fake-Statistiken ein und wird immer wieder gerne zitiert. Ach ja: Und Katzen würden Whiskas kaufen. Das war wohl auch eine Umfrage.

Infografik Zahnärzte in der Werbung und ihre unentbehrlichen Empfehlungen

INSGESAMT 110 AUTOREN,
DAVON 48 DIREKTE ANGESTELLTE VON PHARMAFIRMEN

991 ARTIKEL ÜBER STUDIEN,
DIE SICH MIT BLUTZUCKERSENKENDEN SUBSTANZEN BESCHÄFTIGEN

906 KOMMERZIELL GESPONSERT

BEI 704 ARTIKELN KONNTE EIN INTERESSENKONFLIKT FESTGESTELLT WERDEN

AN 439 VON 991 ARTIKELN SCHEINEN SCHREIBAGENTUREN BETEILIGT
GEWESEN ZU SEIN

ALS „VÖLLIG UNABHÄNGIG" GELTEN NUR SECHS PROZENT DER ARTIKEL

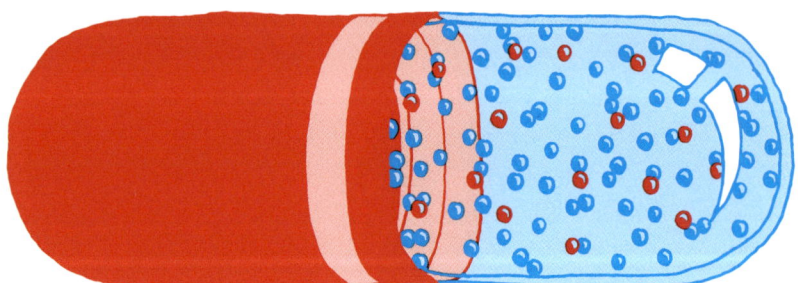

Wenn's der Herr Doktor sagt

Also, jetzt geht es ans Eingemachte, es geht um Leben und Tod, um medizinische Studien – Studien, die unerlässlich sind, wenn man sich die häufigsten Todesarten vor Augen hält: koronare Herzkrankheiten, Krebs und Diabetes. Artikel über medizinische Studien kommen mit dem Nimbus des Apodiktischen daher. Schwarz auf weiß, in umständlicher Sprache gehalten, schwer zu hinterfragen. Helmut Schatz, ein Bochumer Medizinprofessor, ließ 2015 mit einem Blogeintrag aufhorchen. Immer wieder sei er von Firmen gebeten worden, gegen Honorar seinen Namen herzugeben – als Autor von wissenschaftlichen Beiträgen, die gar nicht er verfasst hatte, sondern eine Schreibagentur. In diesen Beiträgen sei zwar nicht glatt gelogen worden, aber Auslassungen und schwammige Formulierungen hätten die negativen Folgen einzelner Behandlungen absichtlich im Dunkeln gelassen. Besorgniserregend ist auch eine Recherche des *British Medical Journal*: Zwischen 1993 und 2013 wurden demnach von nur 110 Autoren (sogenannten »Super-Trialisten«, also Vielschreibern) zusammen 991 im US-Wissenschaftssystem Pubmed abrufbare Artikel verfasst, in denen Studien über blutzuckersenkende Substanzen vorgestellt wurden. Das Ergebnis: 48 der 110 Top-Autoren waren Angestellte pharmazeutischer Unternehmen; von den 991 erwähnten Studien waren 906 kommerziell gesponsert; bei 704 Artikeln konnte ein Interessenkonflikt festgestellt werden, nur sechs Prozent gelten als »völlig unabhängig«. Schreibagenturen waren an der Verfassung von mindestens 439 der 991 Artikel beteiligt. Ein weiteres Problem ist es, dass immer öfter Metastudien erstellt werden, also Studien, in denen die Ergebnisse mehrerer anderer Studien zusammengefasst werden. Klingt toll, weil das Sample dadurch größer wird. Nur: Wurde bei den einzelnen Studien mit den gleichen Kriterien geforscht? Gibt es bei manchen von ihnen Interessenkonflikte? Der Teufel liegt hier oft im Detail – und ist schwer bis kaum zu finden. Metastudien an sich sind wichtig, nur lässt ihre Qualität oft zu wünschen übrig.

Infografik   Zeitraum 1993 bis 2013; 991 Artikel zu Blutzuckersenkern wurden untersucht

Das Hirn durchleuchten und Farben sehen

Manchmal braucht es verrückte Ideen, um die Forschung weiterzubringen. Und manchmal braucht es verrückte Ideen, um wissenschaftliche Euphorie zu bremsen; verrückte Ideen wie das Toter-Lachs-Experiment, aber dazu später. Zunächst zum Grundsätzlichen, zu den bildgebenden Verfahren in der Medizin, vor allem Computertomografie (CT) und Magnetresonanztomografie (MRT). Dass die Lebenserwartung steigt, ist nicht zuletzt Fortschritten in der Früherkennung von Krankheiten zu verdanken – und das wiederum ist auch auf die Weiterentwicklung bildgebender Verfahren zurückzuführen. Zahlreiche Forscher – und damit sind keine Esoteriker gemeint – warnen jedoch davor, allzu viel in die Ergebnisse hineinzuinterpretieren. Denn die Deutung der Bilder geht weit über Krankheiten hinaus: Es wird versucht zu verstehen, wie das menschliche Gehirn wirklich funktioniert – denn darüber weiß man erstaunlich wenig. Trotzdem gibt es zahlreiche Neurowissenschaftler, die apodiktisch verkünden, ob es einen freien Willen gibt oder nicht, wo man im Gehirn die Liebe wahrnimmt und so weiter. Kritiker wie der Wissenschaftshistoriker Michael Hagner von der ETH Zürich und der Psychopharmakologe Felix Hasler von der Berliner Humboldt-Universität halten solche Jubelmeldungen für Humbug. Hasler sagt, dass man bis jetzt nicht einmal ansatzweise wisse, wie im Gehirn so etwas wie Bewusstsein entsteht. MRTs seien eigentlich statistische Verfahren – und oft ließen sich Experimente, aus denen große Welterklärungen orakelt werden, nicht einmal wiederholen, weil die Methode so unsicher sei. Das hat 2009 auch ein internationales Forscherteam rund um Craig M. Bennett von der University of California in Santa Barbara bewiesen: Sie untersuchten einen toten Lachs mittels MRT, »zeigten« ihm dabei Fotos – und im MRT leuchteten (natürlich zufällig) die passenden Hirnregionen auf. In der medizinischen Praxis werden seither Korrekturen des statistischen Materials viel gewissenhafter durchgeführt.

Infografik Da lacht der Lachs: Hirnscans zeigten – fälschlicherweise – Reaktionen bei einem toten Lachs

Wie Eitelkeit die Wissenschaft bremst

»Das Wahre ist das Ganze«, schrieb Hegel in der Vorrede zur »Phänomenologie des Geistes« und präzisierte: »Das Ganze ist aber nur das durch seine Entwicklung sich vollendende Wesen.« Laut Hegel hat eine unvollständige Darstellung keinen Anspruch auf Wahrheit. Genau hier liegt in der Praxis der Haken. Es heißt, dass es so etwas wie »Wahrheit«, wenn überhaupt, nur in den Naturwissenschaften gibt (wobei selbst hier streng genommen nur von gut begründeten Hypothesen gesprochen werden kann), weil Beweise einen Sachverhalt verifizieren oder falsifizieren können. Aber auch in den Naturwissenschaften halten sich falsche Fakten manchmal jahrzehntelang. Wissenschaftler der Universitäten von Kopenhagen, Washington State und North Carolina haben gemeinsam herausgefunden, dass es einen direkten Zusammenhang gibt: Je mehr gescheiterte Experimente in einem Feld publiziert werden, desto weniger lang halten sich in diesem Feld falsche Fakten. Das hat zwei Gründe: Erstens können Forscher dann ihre eigenen Ergebnisse vor der Publikation mit denen anderer vergleichen, bei denen vielleicht kein positives Ergebnis herausgekommen ist, um dann noch einmal zu überprüfen, wer recht hatte. Und zweitens können Untersuchungen nur dann sinnvoll wiederholt und überprüft werden, wenn sie in ihrer Gesamtheit – mit allen Schritten, auch den erfolglosen – dokumentiert sind. Laut den Berechnungen des Forscherteams muss in einem Feld die Wahrscheinlichkeit, dass schiefgegangene Experimente publiziert werden, bei mindestens zwanzig Prozent der Wahrscheinlichkeit der Publikation von positiven Ergebnissen liegen. Dann ist gewährleistet, dass falsche Fakten nicht kanonisiert werden. Unter der Zwanzig-Prozent-Marke wird es kritisch. Sprich: Forscher müssen ihre Eitelkeit hintanstellen, und wissenschaftliche Journale dürfen nicht nur spektakuläre Erkenntnisse publizieren, sondern müssen auch dem Scheitern Platz einräumen. Während in den Massenmedien das Prinzip »Only bad news are good news« problematisch ist, sollte es in der Wissenschaft nicht länger heißen: »Only good news are news.«

Infografik Wissenschaftler sollten auch erfolglose Experimente und
geschwitere Studien publizieren – damit alle daraus lernen

ZUCKER IST GESUND

UND MACHT SCHLANK!

Zucker ist gesund und macht schlank

In der Nachrichtenwerttheorie ist die »Überraschung« einer der wichtigsten Faktoren, warum über etwas berichtet wird. Wenn eine Nachricht nicht nur überrascht, sondern auch noch die Absolution für (Diät-)Sünden erteilt, umso besser. Der österreichische *Kurier* berichtet etwa, »dass es keinen Zusammenhang zwischen Übergewicht und dem Konsum von Süßigkeiten gibt«. Wie es zu so einer Nachricht kommt, wird in einem Artikel von ORF.at nachgewiesen, der in Zusammenarbeit mit der Rechercheplattform Dossier und dem Studiengang Journalismus und Medienmanagement der Fachhochschule Wien entstand: Die im *Kurier* zitierte Expertin ist Vertreterin des Forums Ernährung heute, eines sogenannten Tarnvereins, der so tut, als sei er eine wissenschaftliche Institution im Interesse der Allgemeinheit, der in Wahrheit aber ein Lobbyvehikel der Nahrungsmittelindustrie ist und in dessen Vorstand Vertreter des Fruchtsaftherstellers Rauch, des Zuckerfabrikanten Agrana und von Coca-Cola und Nestlé sitzen; Vereinsmitglieder sind auch Mars, McDonald's und Unilever. Besorgniserregend ist, dass namhafte Wissenschaftler ihren Namen für diesen Verein hergeben – man kann nur hoffen, die Bezahlung stimmt. Die deutsche *Zeit* berichtet über ähnliche Tarnvereine wie den »Arbeitskreis Jodmangel« und die »Informationsstelle für Kariesprophylaxe« (beides Salzindustrie) und die »Gesellschaft zur Information über Vitalstoffe und Ernährung« (synthetische Vitamine, Pharmaindustrie). Ähnlich ist das beim Tabakkonsum gelaufen, und es gibt immer noch Experten, die Trump zitieren kann, wenn er den Klimawandel leugnet. Besonders ärgerlich ist, wenn es solche »Vereine« und »Institute« mit ihrer kruden Wahrheitsverbiegung auch in seriöse Medien schaffen; man sollte sich als Leser eigentlich darauf verlassen können, dass die ihre Quellen prüfen. Wenn man jetzt auch noch honorige Wissenschaftler anzweifeln muss, die in Qualitätszeitungen zitiert werden – na, dann gute Nacht. Muss man. Leider.

Infografik … zu diesem Schluss könnte man kommen, wenn man den »Ernährungsexperten« Glauben schenkt, die von der Zuckerindustrie bezahlt werden

	TODESFÄLLE PRO JAHR IM 20. JAHRHUNDERT IN DEN USA	REDUKTION	GEMELDETE TODESFÄLLE IM JAHR 2010 IN DEN USA
POCKEN (SMALLPOX)	29.005	100%	0
DIPHTERIE	21.053	100%	0
TETANUS	580	99%	8
POLIO	16.316	100%	0
MASERN	530.217	GRÖSSER 99%	61
MUMPS	162.344	98%	2.528
H. INFLUENZAE	20.000 (GESCHÄTZT)	99%	270

	GESCHÄTZTE TODESFÄLLE PRO JAHR VOR DER ÄRA DES IMPFENS IN DEN USA	REDUKTION	GESCHÄTZTE TODESFÄLLE IM JAHR 2008 IN DEN USA
HEPATITIS A	117.333	91%	11.049
HEPATITIS B	66.232	83%	11.269

»Geimpfte Kinder fangen an zu masturbieren«

Viel zu selten finden wissenschaftliche Erkenntnisse Eingang in die Bericht-erstattung von Boulevardmedien. Im Sinne der Aufklärung wäre die verständ-liche Darstellung komplexer Sachverhalte aber gerade dort besonders wichtig. Eine rühmliche Ausnahme ist die österreichische Tageszeitung *Österreich* samt ihrer Web-Ausgabe oe24.at, sie scheut sich nicht davor, heiße Eisen anzufas-sen, gerade auch Themen, wo Verschwörungstheorien allerorten den klaren Blick auf die Sachverhalte vernebeln – etwa das Impfen von Kindern. Die Impf-mafia will den Menschen einreden, dass Krankheiten durch Impfprogramme so gut wie ausgerottet wurden und durch sinkende Impfdisziplin sich wie-der auszubreiten drohen. Weil das Thema so brisant ist, soll die wissenschaft-liche Abhandlung von oe24.at hier zur Gänze wiedergegeben werden: »Es ist ein schon länger schwelender Streit: Impf-Befürworter und Impf-Gegner lie-gen sich schon seit Jahren in den Haaren. Jetzt hat sich eine bekannte Schwei-zer Heilpraktikerin auf die Seite der Impf-Gegner geschlagen. Zita Schwyter will erkannt haben, dass Kinder nach Impfungen anfangen zu masturbieren. Aber Schwyter will auch andere Nebenwirkungen entdeckt haben: Schlafstö-rung, Legasthenie, Stottern, Autismus oder ein Hirntumor seien die Folge, wen (sic!) man sein Kinder impfe. Deswegen rät sie dazu, ›Kinder vor Impfun-gen zu verschonen‹.« Man stelle sich vor: Kinder, die masturbieren! Dann lie-ber an Masern sterben. Wie groß die Macht der dunklen Pharmalobby ist, zeigt, dass oe24.at-Chef Nikolaus Fellner zu einer Entschuldigung (gegenüber dem *Standard)* gezwungen wurde: »Wir werden bei Artikeln, die sich mit der heiklen Thematik des Impfens befassen, künftig größere Sorgfalt an den Tag legen.« Kenner der österreichischen Medienszene vermuten, dass er diese Dro-hung nicht wahrmachen wird. Empfohlen sei eine Website des deutschen Ro-bert-Koch-Instituts, in der auf Argumente der wacker für die Wahrheit kämp-fenden Impfgegner eingegangen wird (siehe Quellenteil des Buches).

Infografik Wer behauptet, Impfungen bringen nichts, der hat die Fakten gegen sich

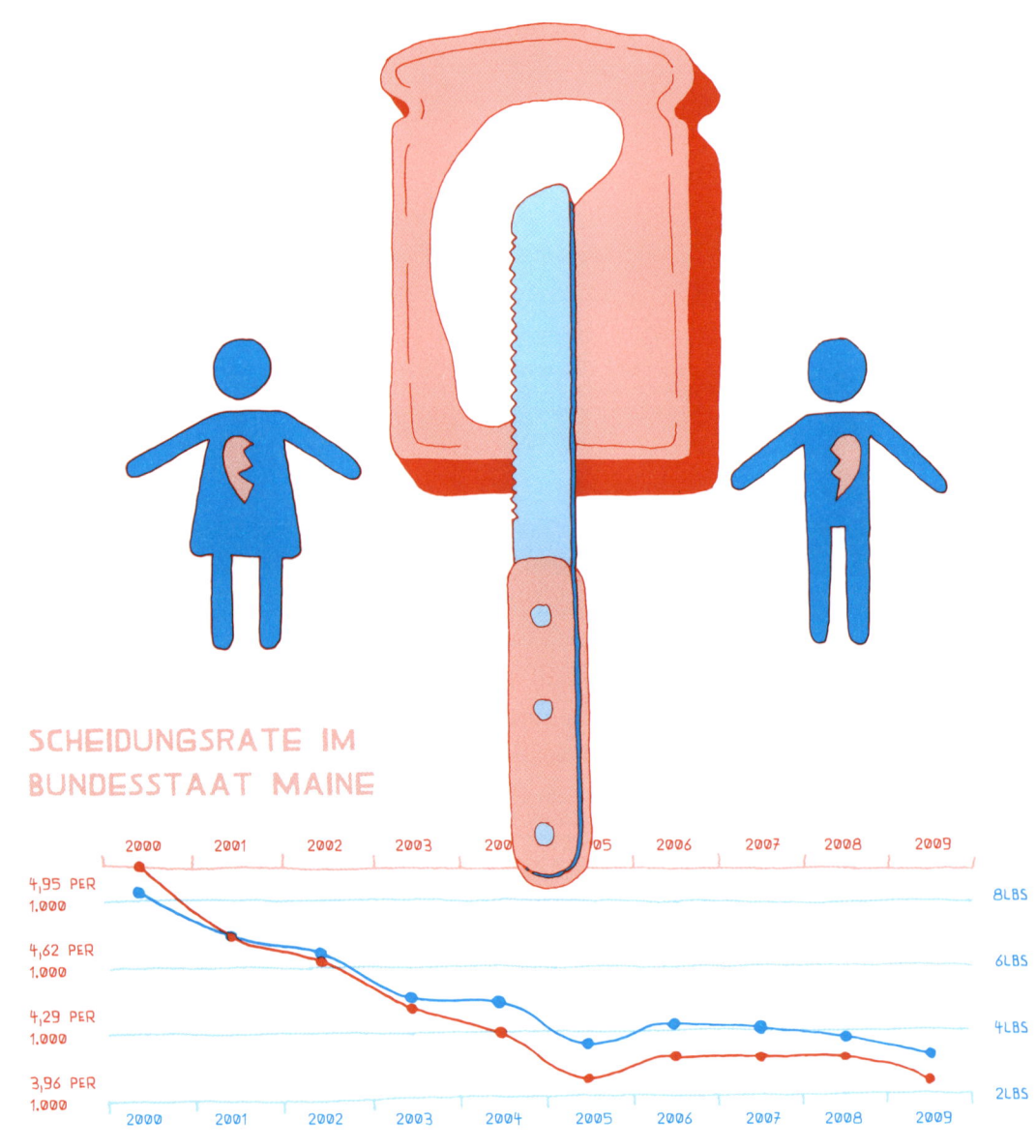

SCHEIDUNGSRATE IM
BUNDESSTAAT MAINE

2000 2001 2002 2003 200 05 2006 2007 2008 2009

4,95 PER
1.000

4,62 PER
1.000

4,29 PER
1.000

3,96 PER
1.000

8LBS

6LBS

4LBS

2LBS

2000 2001 2002 2003 2004 2005 2006 2007 2008 2009

PRO-KOPF-VERBRAUCH VON
MARGARINE IN DEN USA

Was Scheidungen mit Margarine zu tun haben

… ist ein Rätsel und wird eines bleiben. Warum wir uns dieser Frage hier überhaupt widmen, hat mit Tyler Vigen zu tun. Tyler Vigen gehört einer ganz besonderen Spezies an, jener der Trüffelschweine in Sachen absurde Statistikvergleiche. Vigen studiert in Harvard und hat offenbar Zeit. Zeit ist in diesem Fall Geld: Sein Buch »Spurious Correlations« wurde in den USA zum Riesenerfolg. Vigen entwickelte eine Software, die nach statistischen Kurven sucht, die einander ähneln oder sogar gleich sind, obwohl sie nichts miteinander zu tun haben. Genau das trifft zu auf die Scheidungsrate des US-Bundesstaates Maine und den Verbrauch von Margarine in den USA zwischen 2000 und 2009. Jedes Auf und Ab in der Kurve der Scheidungen macht die Margarine mit. Gleich vorweg: Es gab immer weniger Scheidungen – und man setzte zusehends auf Butter statt Margarine. Nun könnte man meinen, es gebe tatsächlich eine Erklärung für diese Korrelation. Etwa, dass die Menschen konservativer werden und mehr auf alte Traditionen setzen: Butter und eine monogame Lebensform. Oder, dass es ökonomisch bergab ging und in harten Zeiten Paare eher zusammenhalten, weil sie sich außer Sex und Romantik nichts leisten können und weil ihnen eine zweisame Wirtschaftsgemeinschaft Vorteile bringt, obwohl trotzdem weniger Geld für Margarine bleibt. Aber so ist es nicht. Es werden weniger Ehen geschieden, weil zuvor weniger geschlossen worden waren. Und es wird seit den siebziger Jahren, als es große Imagekampagnen für die vermeintlich gesunde Margarine gab und der Höhepunkt ihres Konsums erreicht war, kontinuierlich weniger davon gegessen. Heute zählt das ursprüngliche Nahrungsmittel mehr – die Butter. Sprich: Die Korrelation ist Zufall. Aber man sieht an diesem harmlosen Beispiel gut, wie leicht sich mit Statistiken Schindluder treiben lässt. Frei nach dem Motto: Es muss doch einen Zusammenhang geben – so viel Zufall ist doch gar nicht möglich! Die nächste Verschwörungstheorie lugt schon um die Ecke.

Infografik Korrelation zwischen Scheidungen im US-Bundesstaat Maine
und dem Margarinekonsum in den gesamten USA von 2000 bis 2009   209

FAKTASTISCH: 12 SCHRÄGE FAKTEN ÜBER FRAUEN

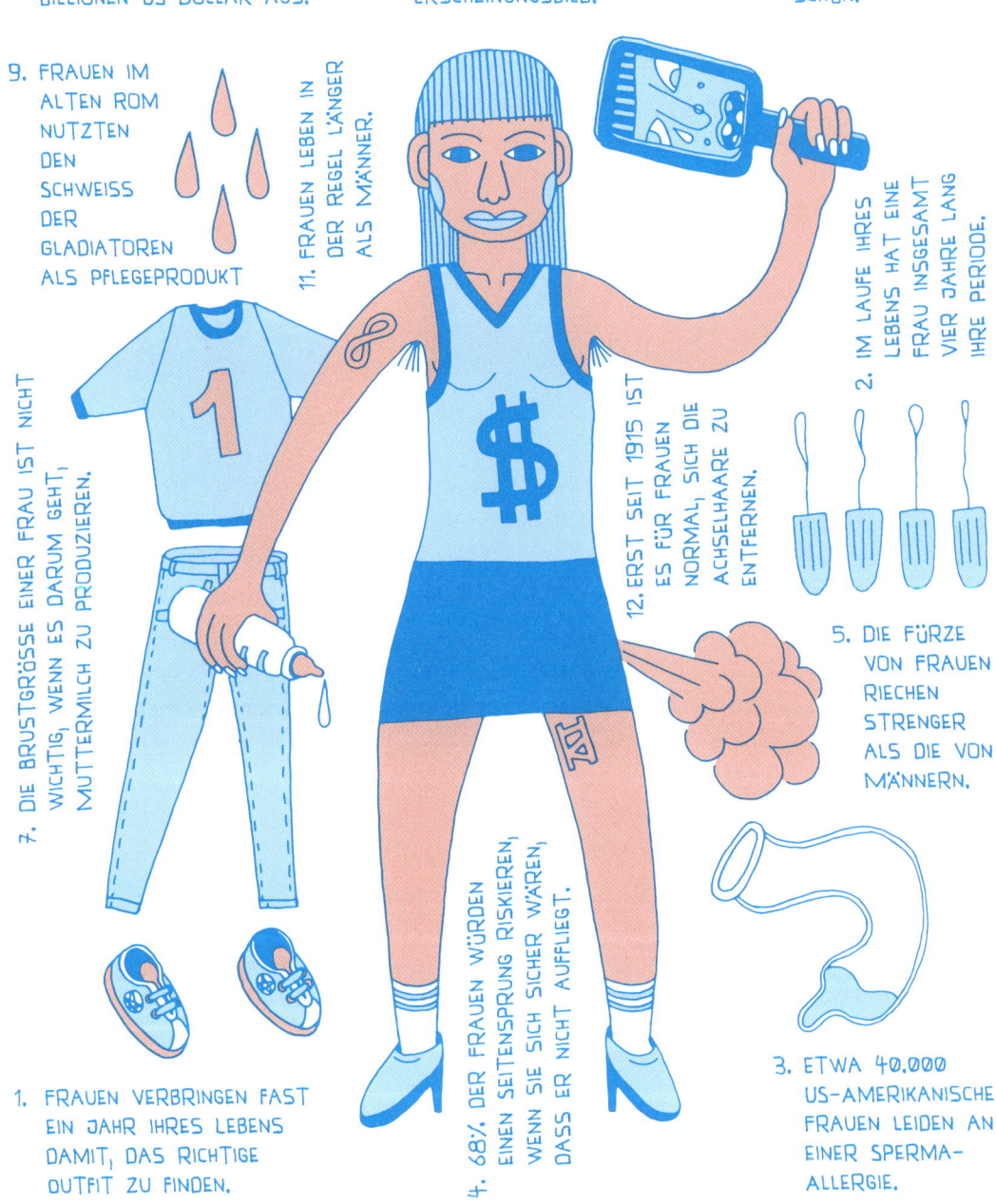

10. WELTWEIT VERDIENEN FRAUEN INSGESAMT 18 BILLIONEN US-DOLLAR, GEBEN ABER 28 BILLIONEN US-DOLLAR AUS.

6. FRAUEN MACHEN SICH IM SCHNITT 9 MAL AM TAG GEDANKEN ÜBER IHR ÄUSSERES ERSCHEINUNGSBILD.

8. NUR 2% DER FRAUEN BEZEICHNEN SICH SELBST ALS SCHÖN.

9. FRAUEN IM ALTEN ROM NUTZTEN DEN SCHWEISS DER GLADIATOREN ALS PFLEGEPRODUKT

11. FRAUEN LEBEN IN DER REGEL LÄNGER ALS MÄNNER.

2. IM LAUFE IHRES LEBENS HAT EINE FRAU INSGESAMT VIER JAHRE LANG IHRE PERIODE.

12. ERST SEIT 1915 IST ES FÜR FRAUEN NORMAL, SICH DIE ACHSELHAARE ZU ENTFERNEN.

5. DIE FÜRZE VON FRAUEN RIECHEN STRENGER ALS DIE VON MÄNNERN.

7. DIE BRUSTGRÖSSE EINER FRAU IST NICHT WICHTIG, WENN ES DARUM GEHT, MUTTERMILCH ZU PRODUZIEREN.

1. FRAUEN VERBRINGEN FAST EIN JAHR IHRES LEBENS DAMIT, DAS RICHTIGE OUTFIT ZU FINDEN.

4. 68% DER FRAUEN WÜRDEN EINEN SEITENSPRUNG RISKIEREN, WENN SIE SICH SICHER WÄREN, DASS ER NICHT AUFFLIEGT.

3. ETWA 40.000 US-AMERIKANISCHE FRAUEN LEIDEN AN EINER SPERMA-ALLERGIE.

Faktastische Frauen

Unterhaltung durch Fakten: Nichts und niemand steht für dieses Prinzip so sehr wie die Social-Media-Seite Faktastisch. Den Betreibern geht es ganz offiziell um nichts anderes, was an und für sich schon einmal sympathisch ist – wäre da nicht die Umsetzung: In den Faktastisch-Memes und -Videos werden so gut wie nie Quellen genannt. Manche Fakten halten nur so halb, manche sind tatsächlich valide, vieles jedenfalls ist in der Art seiner Präsentation dazu angetan, Stereotype zu verstärken. Kein Wunder, damit lässt sich eine große Zielgruppe erreichen. Ein Klassiker ist der Videobeitrag »12 schräge Fakten über Frauen«: wie viel Hihi-Sexismus sich in zwei Minuten und acht Sekunden packen lässt! »Britische Forscher haben herausgefunden, dass die durchschnittliche Frau 287 Tage in ihrem Leben vor dem Kleiderschrank steht und überlegt, was sie anziehen soll.« Es war jedoch keine repräsentative Studie, sondern eine von der Bekleidungsfirma Matalan in Auftrag gegebene Umfrage in Großbritannien aus dem Jahr 2009 mit 2491 Teilnehmerinnen. Für die Firma war die Umfrage ein Coup, weil sie oft zitiert wurde – und bis heute wird; eine unbezahlbare Werbung. Dass die Umfrage repräsentativ ist, darf bezweifelt werden. Das Sample von 2491 ist zwar nicht schlecht, aber ob Frauen, die bei der Umfrage eines Bekleidungshauses mitmachen, den Querschnitt der Bevölkerung bilden, darf bezweifelt werden. Fakt Nummer zwei: »Laut einer Studie riechen die Fürze von Frauen strenger als die von Männern.« So lautet tatsächlich das Ergebnis einer Studie des Veterans' Affairs Medical Center in Minneapolis aus dem Jahr 1998, veröffentlicht im Fachmagazin *Gut* (zu Deutsch »Gedärm«). Das Institut scheint in Ordnung, die Methode seriös – Details seien an dieser Stelle ausgespart; im Quellenteil weiter hinten finden sich Verweise auf einen *Independent*-Artikel mit weiterführenden Informationen und auf ein Salon.com-Interview mit dem Furzforscher.

Infografik Ein Videobeitrag der Social-Media-Seite Faktastisch hat »12 schräge Fakten über Frauen« zu bieten

Die wirklich wahre Wahrheit über 9/11

»Die Menschen sind Schafe, sie sind darauf programmiert, nicht selbst zu denken, das ist die Wahrheit.« In diesem Video wird aufgedeckt, dass eigentlich gar keine Flugzeuge in die Türme des World Trade Center gesteuert wurden. Knapp 150 000 Treffer findet Google, wenn man nach den Phrasen »the truth about 9/11« und »the truth behind 9/11« sucht. Eine liebe Freundin aus alten Tagen meinte, ich solle mich der Sache einmal annehmen: »Das kann doch nicht alles gelogen sein?« Sie meinte die kruden Verschwörungstheorien, nicht die Stellungnahmen der US-Regierung. Man sollte tatsächlich Experten zurate ziehen – aber nicht solche für Terrorismus, sondern für Verschwörungstheorien wie David Robert Grimes, der eigentlich Krebsforscher an der Uni Oxford ist und für den *Guardian* schreibt. Er hat anhand von Beispielen aus der Vergangenheit eine Formel dafür entwickelt, wie lange tatsächliche Verschwörungen geheim bleiben. Die Prism-Affäre, von Edward Snowden 2013 aufgedeckt, blieb sechs Jahre lang geheim. 1998 wurde nach sechs Jahren aufgedeckt, dass das FBI bei forensischen Beweisen im großen Stil geschummelt hatte, weshalb reihenweise Unschuldige verurteilt worden waren. Nach erst 25 Jahren flog auf, dass US-Forscher in den vierziger Jahren Afroamerikaner, die unter Syphilis litten, nicht behandelten, um den Krankheitsverlauf beobachten zu können. Entscheidend ist dabei, wie viele Menschen eingeweiht waren. Wäre die Mondlandung ein Fake gewesen, wäre das laut Grimes' komplizierter Formel nach drei Jahren und acht Monaten aufgeflogen, einen Monat länger hätte es gedauert, wäre der Klimawandel eine Lüge gewesen. Kein Wunder, dass ernsthafte Statistiker Grimes' Methode hinterfragen, sie ist eher ein Gedankenexperiment als Wissenschaft – aber ein lohnendes. Dass sie der Lust der Menschen, Verschwörungstheorien auszuspinnen, Einhalt gebietet, ist nicht anzunehmen. Denn Verschwörungstheorien sind einfach unterhaltsamer als die Wahrheit. Da lebt man mitten auf dem Set von »Akte X«.

Infografik Nach wie vielen Jahren würden Verschwörungen auffliegen? Das hängt davon ab, wie viele Menschen eingeweiht sind. Die Nasenlänge zeigt den Zeitraum an, die dreieckigen Symbole stehen für Mitwisser

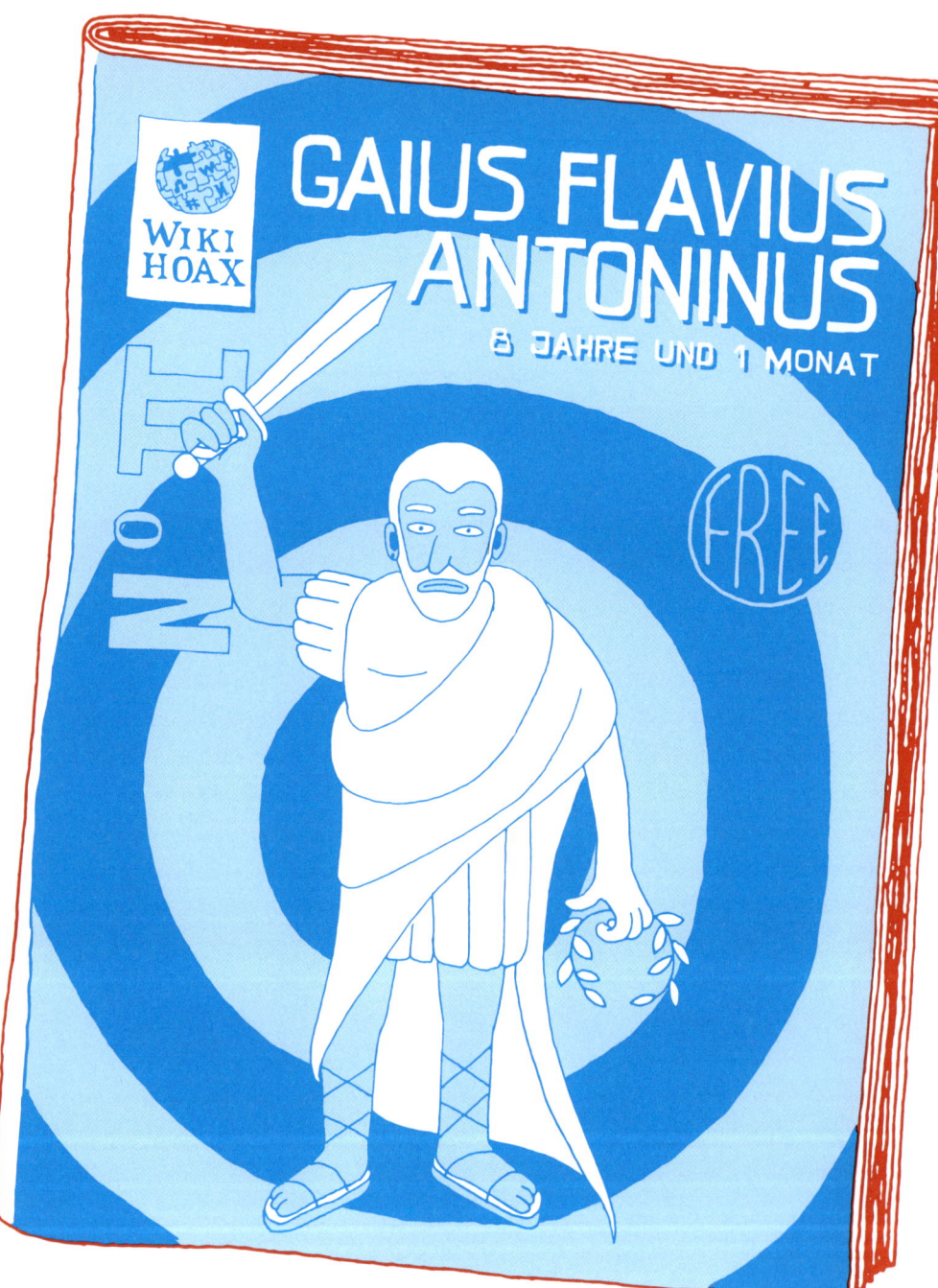

Wikipedia – Blindes Vertrauen
bringt oftmals Schmerz

Als wir Kinder waren, wurden im Freundeskreis Stammbücher herumgereicht. Noch heute weiß ich meinen Spruch für diese Büchlein: Öffne die Augen und hüte dein Herz, blindes Vertrauen bringt oftmals Schmerz. Ich hatte damals nicht an Wikipedia gedacht, sondern an illoyale Mitglieder unserer Straßengang, die zu den anderen überliefen und unsere Verstecke preisgaben. Aber es ist auch blindes Vertrauen, das Journalisten in Wikipedia setzen. Ein Künstler hat mir erzählt, dass es falsche Details in seiner Wikipedia-Biografie gibt – und die findet er in beinahe jedem Artikel über seine Person wieder. Wikipedia ist die praktischste Versuchung, seit es Journalismus gibt, aber nicht die erste: Früher perpetuierten sich Fehler, wenn sie einer Qualitätszeitung passierten. Als mahnender Zeigefinger dafür, dass die Online-Enzyklopädie sich zwar hervorragend als Ausgangspunkt für Recherchen eignet, aber niemals deren Endpunkt sein sollte, eignen sich Hoaxes – und sie sind lustig. Hoaxes sind erfundene, oft absurde Einträge, die gelöscht werden, wenn Administratoren davon Wind bekommen. Manche der Fälschungen sind aber von erschreckend langer Dauer. Ewig hielt sich etwa die Räuberpistole über Jack Robichaux, einen erfundenen Serienvergewaltiger im New Orleans des 19. Jahrhunderts (zehn Jahre und einen Monat), nicht schlecht ist auch Gaius Flavius Antoninus, der (aber nur auf Wikipedia) Cäsar ermordet hat (acht Jahre und einen Monat); tragisch das Wikipedia-Schicksal der Deutschrockband Tillery, die mit dem Flugzeug abstürzte (sechs Jahre, sechs Monate). Bonehill International war auf Wikipedia sechs Jahre und vier Monate lang als KGB-Abteilung für den »Export der Revolution« tätig. Und frage nicht, was man mit dem grausigsten aller Folterinstrumente im Mittelalter gemacht hat, den »Crocodile Shears« (ebenfalls sechs Jahre und vier Monate). Der Hoax-Hitparade ist auf Wikipedia ein Disclaimer vorangestellt: This list is incomplete, as many hoaxes remain undiscovered. Also – Obacht!

Infografik Der Wikipedia-Eintrag über Cäsars Mörder Gaius Flavius Antoninus war Fake – und hielt sich acht Jahre und einen Monat lang

215

PEANUT LACROSSE BALL - DOUBLE MASSAGE
BALL FOR MYOFASCIAL RELEASE AND TRIGGER
POINT THERAPY

CUSTOMER REVIEWS

 58
4.5 OUT OF 5 STARS

5 STAR	████████████████	84%
4 STAR	█	11%
3 STAR		2%
2 STAR		0%
1 STAR		3%

WRITE A CUSTOMER

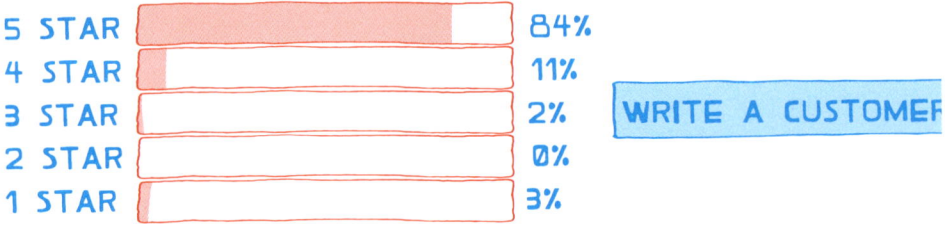

★★★★★ OH SO PERFECT!
THIS. YES, THIS! THIS IS WORTH IT, I SAW IMMEDIATE RES
I USED IT ON MY NECK AND IT SHIFTET INTO PLACE. MY
NOTE: I RECEIVED THIS PRODUCT AT A DISCOUNTED PRICE
PROVIDE MY HONEST/UNBIASED REVIEW.

Sternderl schauen bei Amazon

Könnte sein, dass die Sternchen von Amazon die am öftesten gesehene Infografik dieser Tage sind. Ein Produkt, das zwei Sterne und keine einzige Review hat, klickt man gleich gar nicht an. Eines mit ein paar hundert Bewertungen und einem Schnitt von 4,5 Sternchen (von fünf möglichen) hat schon einmal einen Stein im Brett. Wenn dann noch die meisten Käufer versichern, wie großartig das Produkt ist – überhaupt im Vergleich zu den Konkurrenzprodukten in einer ähnlichen Preisklasse –, dann bestellen wir bedenkenlos. Manchmal leider zu Unrecht, denn viele Amazon-Reviews sind gefälscht oder gekauft (Prozentzahlen dazu gibt es nicht). Amazon versucht seit Jahren mit mäßigem Erfolg, Fälschungen zu verhindern und gewerbsmäßiges Schreiben von Reviews gering zu halten. Es gibt mit fakespot.com sogar eine eigene (von zahlreichen seriösen Medien empfohlene) Website, auf der man die URL von Amazon-US-Produktseiten eingeben kann und eine Software die Postings analysiert sowie mit einer stetig anwachsenden Datenbank abgleicht. Danach erhält man eine Einschätzung, wie viel Prozent der Einträge mit hoher Wahrscheinlichkeit falsch sind. Als Faustregel gilt: je unbekannter der Markenname und das Produkt bei einer gleichzeitig hohen Zahl an Besprechungen, desto unwahrscheinlicher ist es, dass diese Besprechungen echt sind. Ein Beispiel: Bei einem seltsamen Physiotherapieprodukt (dem »Peanut Lacrosse Ball«) mit über fünfzig frenetischen Reviews hieß es: mindestens achtzig Prozent Fälschungen. Dieselben Reviewer hätten am selben Tag zahlreiche andere Produkte besprochen. Außerdem würden sich Muster in den Formulierungen wiederholen, die anderen Fakes zugeordnet werden konnten. Im Gegensatz dazu sind Besprechungen, für die Amazon-Kunden von Firmen ein Gratisprodukt erhalten haben, legal und werden als solche ausgewiesen (was man sieht, wenn man genau hinschaut und darauf achtet). Solche Reviews sollten eigentlich neutral sein. Eigentlich.

Infografik Wenn seltsame Produkte sehr viele – noch dazu positive – Bewertungen auf Amazon bekommen, könnte es gut sein, dass nicht alles mit rechten Dingen zugeht

WISSENSDURST UND BILDERRAUSCH

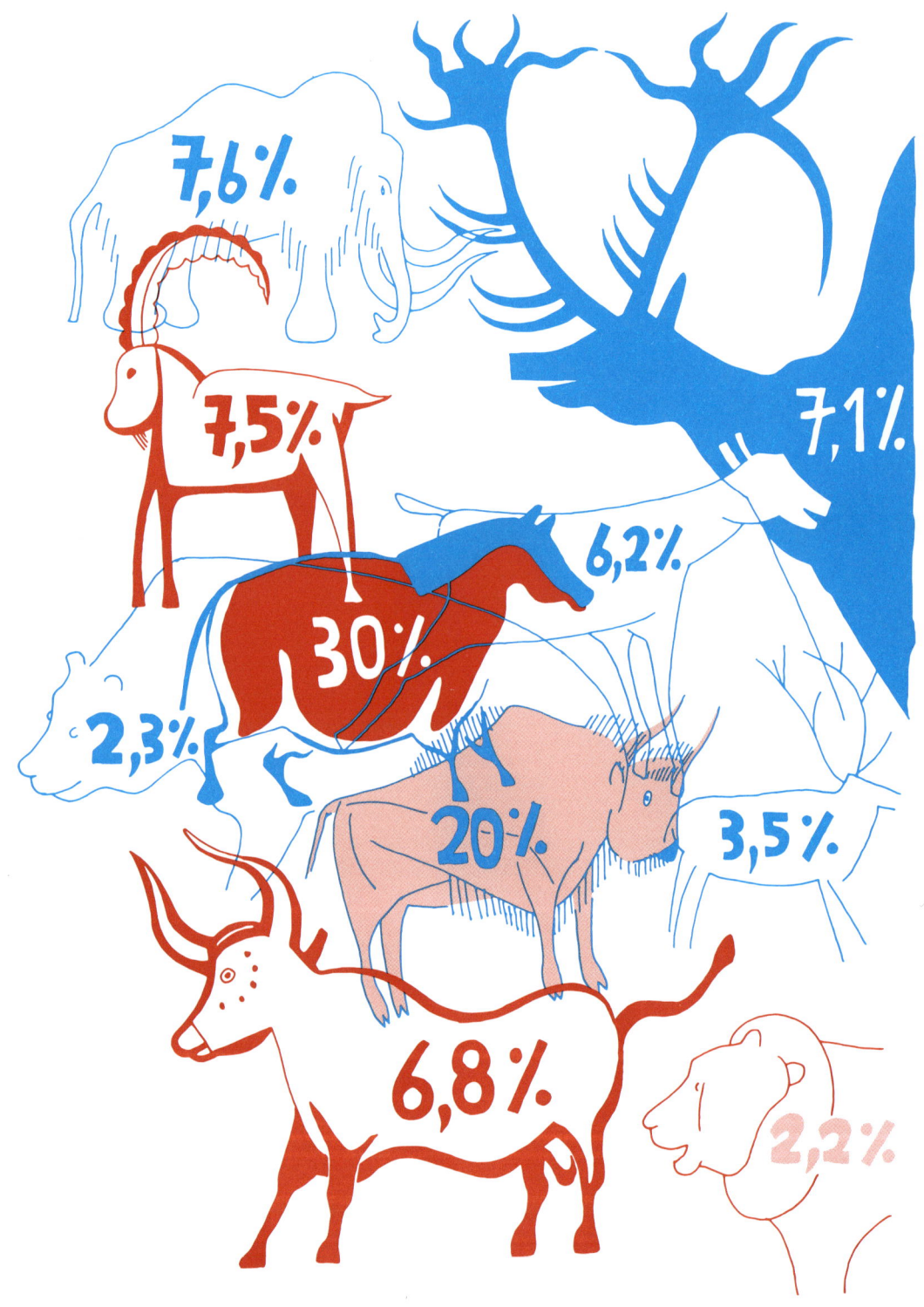

Die ersten Statistiker

Statistik ist ein Grundbedürfnis des Menschen. Lange, bevor unsere Spezies sesshaft wurde oder auch nur in Ansätzen so etwas wie eine Sprache entwickelte, dürfte sie in einem Zeitalter des Wehklagens gedarbt haben: »Ich will eine Statistik machen! Aber womit malen – und wie geht das? Und wie bespreche ich das mit den anderen?« Vor rund 41 000 Jahren, möglicherweise nach jahrtausendelangen Sitzungen in Arbeitsgruppen, folgte der Durchbruch – ob von Neandertalern oder Cromagnonmenschen, ist umstritten: Eine rote, runde Scheibe und vierzig Hände wurden in die Höhle von El Castillo in Spanien gemalt. Eine Statistik, die Rätsel aufgibt. Vielleicht ein Dispositiv der Macht? Ein Chef, vierzig Befehlsempfänger? Rund 5000 Jahre später war man im Jungpaläolithikum schon etwas weiter, eine komplexere Sozialstruktur hatte sich ausdifferenziert, Kreativität stand hoch im Kurs, Künstler galten wohl als sexy, und ganz besonders Graffity-Artists, die in Höhlen arbeiteten. Sie verteilten ihre Statistik über 20 000 Jahre hinweg in Südfrankreich und Nordspanien auf rund 350 Höhlen. Die Verteilung zeigt: Pferd dreißig Prozent, Bison zwanzig, Steinbock 7,5, Ur 6,8, Hirsch/Riesenhirsch 7,1, Hirschkuh 6,2, Mammut 7,6, Ren 3,5, Bär 2,3, Löwe 2,2; der Rest unter einem Prozent. Aber was bedeutet das? Spiegelt das wider, wie verbreitet die Tiere waren? Ist es eine Gault-Millau-Rangliste der Leckereien, bei der Pferdeleberkäse ganz oben stand? Oder handelt es ich um eine Liste der Tiere, die dem Menschen am wenigsten gefährlich werden konnten, im Sinne von Pferd = gut, Löwe = böse? Sollten die Geister hinter der Höhlenwand beschworen werden? Man weiß es nicht. Übrigens gab es darüber hinaus neben abstrakten Monstern und abgemalten Händen auch Menschendarstellungen. Sehr selten Frauen, häufiger Männer, meistens etwas verkürzt als Vagina bzw. Penis dargestellt. Der Mensch hatte in seiner Symbolsprache offenbar schon immer Sinn fürs Wesentliche.

Infografik Die ultimative Statistik der Höhlenmalerei   221

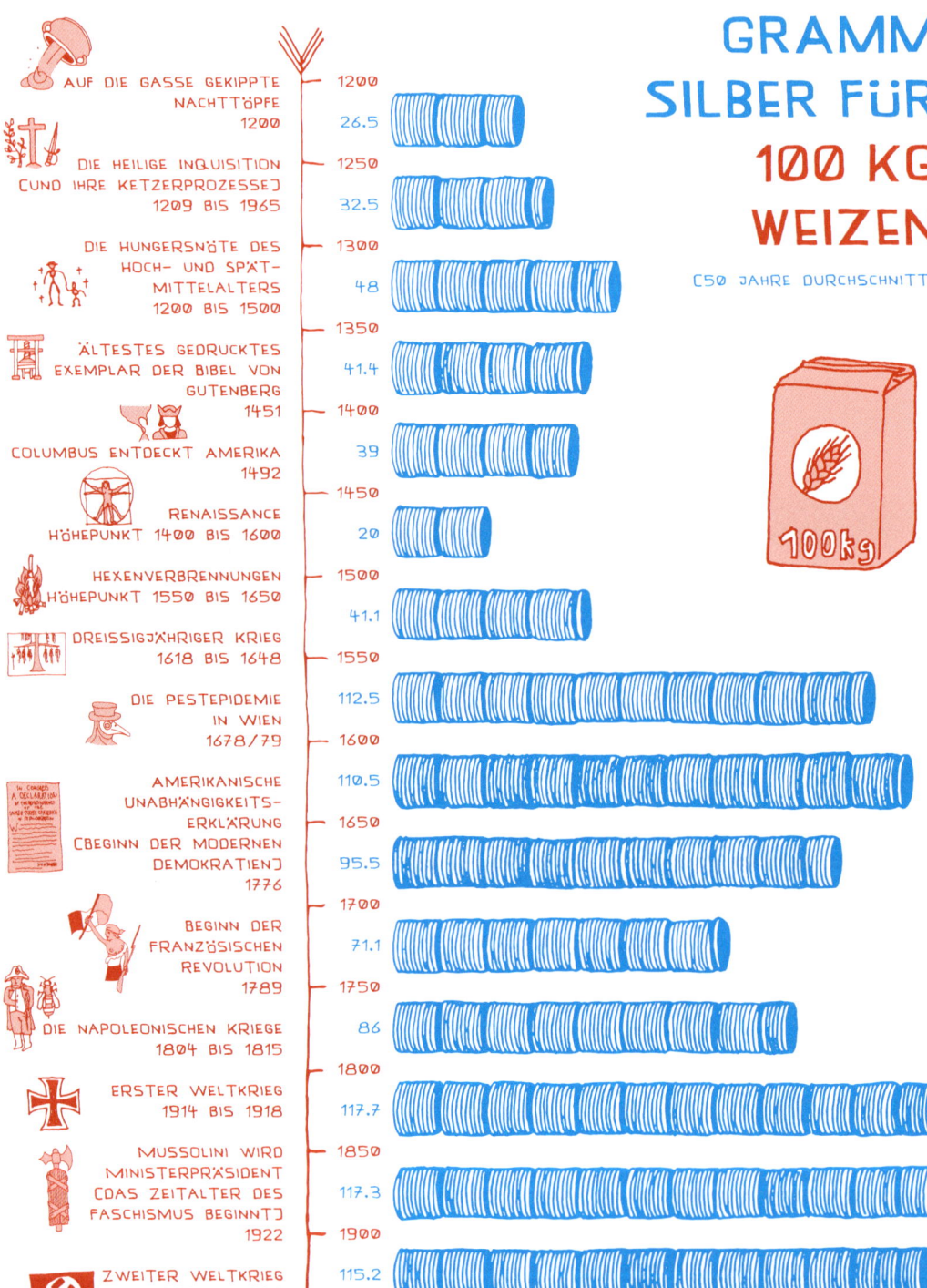

GRAMM
SILBER FÜR
100 KG
WEIZEN

(50 JAHRE DURCHSCHNITT)

100kg

Ereignis	Gramm	Jahr
AUF DIE GASSE GEKIPPTE NACHTTÖPFE 1200	26.5	1200
DIE HEILIGE INQUISITION (UND IHRE KETZERPROZESSE) 1209 BIS 1965	32.5	1250
DIE HUNGERSNÖTE DES HOCH- UND SPÄT- MITTELALTERS 1200 BIS 1500	48	1300
ÄLTESTES GEDRUCKTES EXEMPLAR DER BIBEL VON GUTENBERG 1451	41.4	1350
COLUMBUS ENTDECKT AMERIKA 1492	39	1400
RENAISSANCE HÖHEPUNKT 1400 BIS 1600	20	1450
HEXENVERBRENNUNGEN HÖHEPUNKT 1550 BIS 1650	41.1	1500
DREISSIGJÄHRIGER KRIEG 1618 BIS 1648	112.5	1550
DIE PESTEPIDEMIE IN WIEN 1678/79	110.5	1600
AMERIKANISCHE UNABHÄNGIGKEITS- ERKLÄRUNG (BEGINN DER MODERNEN DEMOKRATIEN) 1776	95.5	1650
BEGINN DER FRANZÖSISCHEN REVOLUTION 1789	71.1	1700
DIE NAPOLEONISCHEN KRIEGE 1804 BIS 1815	86	1750
ERSTER WELTKRIEG 1914 BIS 1918	117.7	1800
MUSSOLINI WIRD MINISTERPRÄSIDENT (DAS ZEITALTER DES FASCHISMUS BEGINNT) 1922	117.3	1850
ZWEITER WELTKRIEG 1939 BIS 1945	115.2	1900
		1950

Was das alles kostet seit 1201

Auf die Straße gekippte Nachttöpfe, die Klauen der Inquisition, Hungersnöte, Kriege: das »dunkle« Mittelalter. Dann die Prachtbauten der Renaissance, die Entdeckung Amerikas, der Buchdruck, Hexenverbrennungen, der Dreißigjährige Krieg, die Pest, die Französische Revolution, Napoleon, Demokratie, Faschismus, Weltkriege: Im Blick auf die Geschichte tost das Drama, tobt die Wut und torpediert die Erneuerung das Alte. Oft jedoch sind es fade Kontinuitäten, die den Überlebenskampf im Alltag prägen, wie etwa der Handel mit Getreide – und über den gibt es eine lückenlose Statistik für Frankreich von 1201 bis 1960, eine der am weitesten zurückreichenden Zeitleisten, die zugleich das ganze Dilemma des Sammelns von Daten und Fakten demonstriert. Die Entwicklung der Weizenpreise zeigt an, wie es den Menschen gegangen ist, sollte man meinen; billiges Getreide bedeutet gestopfte Mäuler. Doch das Problem beginnt schon mit der Einheit, dem Preis in Gramm Silber – denn der Wert von Silber hat im Lauf der 760 Jahre so geschwankt wie die Dreimaster der Entdecker auf unruhiger See, je nach Silbermenge auf dem Markt. Zudem gab es kaum Vergleichswerte, es fehlt der »Warenkorbindex«: Wie viel kosteten Brot, Obst, Gemüse, Bier und Grundstücke? Interessant wäre auch die Frage nach dem Medianeinkommen gewesen, also dem durchschnittlichen Gehalt, wenn man die Reichsten und Ärmsten nicht mitrechnet: Wie viel Prozent dieses Medianeinkommens musste man für den Kauf eines Kilos Weizen berappen? Wobei selbst dieser Wert wenig aussagt, weil vieles nicht in Geld abgehandelt wurde. Wer einen Garten beackern durfte, hatte wenige Silbermünzen, aber trotzdem sein Auskommen. Außerdem waren Kost und Logis nicht selten Teil des Gehalts. Für eine aussagekräftigere Statistik müsste man eine ganze Reihe von Wissenschaftlern ganz schön lange recherchieren lassen, denn die nackten Zahlen sind Rohmaterial, das von Experten behauen werden will – was auch für den Großteil der Statistiken in heutigen Medien gilt.

Infografik Der Getreidepreis, gerechnet in Gramm Silber, von 1201 bis 1950; plus: was sonst noch geschah

Modern Man
in the Making

by Otto Neurath

Der Held

Otto Neurath ist, wenn man so will, der Held dieses Buches. Die undogmatische, undemagogische Demokratisierung des Wissens war sein Anliegen. Wie sollte man der bildungsfernen Arbeiterschaft der Zwischenkriegszeit in Wien wirtschaftliche, politische und gesellschaftliche Zusammenhänge näherbringen? Der 1882 in Wien geborene Ökonom und Volksbildner erfand zu diesem Zweck gemeinsam mit dem Grafiker Gerd Arntz die »Wiener Methode der Bildstatistik«. Statistische Größen wurden nicht durch abstrakte Symbole dargestellt, sondern durch solche, die das Thema der Statistik illustrieren. Bei Balken und Torten kann man sich wenig vorstellen. Neurath setzte deshalb zur Verbildlichung der Arbeitslosenzahlen Arbeitslose ein: kleine schematische Figuren mit den für diese Zeit typischen Schiebermützen, die in Österreich früher »Arbeitslosenkapperl« genannt wurden. Der heutige Boom in Sachen Infografik geht direkt auf Otto Neurath zurück, Referenzen sind allerorten erkennbar, und er wird auch namentlich gewürdigt. Zu Lebzeiten hatte es Neurath schwerer – er war ein Querkopf. In Deutschland wurde er achtzehn Monate lang eingesperrt, weil er nach dem Ersten Weltkrieg als Leiter des Zentralwirtschaftsamtes die geldlose Wirtschaft einführen wollte. Als Austromarxist musste er 1934 vor dem faschistischen Dollfuß-Regime aus Österreich fliehen, es verschlug ihn nach Holland, das später von den Nazis überfallen wurde, weshalb Neurath schließlich in Großbritannien landete. In all diesen Jahren blieb er politisch aktiv und entwickelte gemeinsam mit seiner Frau und Gleichgesinnten die Wiener Methode der Bildstatistik zur Isotype weiter. Bei Neurath ging die Vermittlung von Wissen Hand in Hand mit dem Gestalten der Gesellschaft. Heute würde man sagen, er trieb die größtmögliche Teilhabe voran. Niemand sollte ausgeschlossen sein, alle sollten an der Weiterentwicklung der Gesellschaft teilhaben können. Und diese Weiterentwicklung sollte stets einem Ziel dienen: der Vermehrung des Glücks.

Infografik Hier das Cover eines Buches von Otto Neurath – allerdings auf die Gegenwart upgedatet

WIE VIEL MEINUNG STECKT IN EINEM ARTIKEL
ZU EINEM SACHTHEMA? DIE HARVARD BUSINESS
SCHOOL HAT DAFÜR EINEN WERT ERRECHNET,
DEN „MEINUNGSFAKTOR"

	WIKIPEDIA	BRITANNICA
ABTREIBUNG	0,19	0,08
US-POLITIKER	0,14	0,10
ENERGIE	0,10	0,9
WAFFENBESITZ	0,10	0,15
STEUERN	0,20	0,23
EINWANDERUNG	0,10	0,06

Die Enzyklopädie der Kompromisse

Man befetzt und beflegelt sich, streitet über Details, stellt wilde Theorien auf, und schließlich sagt jemand: »Schauen wir bei Wikipedia nach.« 39,5 Millionen Artikel (Stand Juni 2016) als Hort der Weisheit, als ausgelagertes Gedächtnis des Menschen, der nun endgültig zum »Prothesengott« im Sinne Freuds geworden ist. Umso wichtiger, dass die Neutralität des kollektiven Lexikons immer wieder in Frage gestellt und überprüft wird. Eine häufig zitierte Untersuchung, deren Methodik nachvollziehbar scheint, haben Shane Greenstein und Feng Zhu von der Harvard Business School im Jahr 2012 durchgeführt. Sie fanden 3918 Artikel zu Themen der US-amerikanischen Politik, die sowohl in der Encyclopedia Britannica abgehandelt werden als auch auf Wikipedia, und verglichen diese miteinander. Republikanische Sichtweise, demokratische Sichtweise oder neutral? Es gibt Phrasen, die eher Republikaner verwenden (»illegale Einwanderer«), und Phrasen, die eher Demokraten verwenden (»persönliche Freiheit«); Wörter, aus denen sich ein Sprachcode ergibt. Je kürzer die Wikipedia-Artikel, je weniger Menschen beteiligt waren und je seltener sie überarbeitet wurden, desto weiter sind sie von Neutralität entfernt. Längere Einträge, die besonders oft und von besonders vielen Nutzern überarbeitet werden, waren demnach neutraler als jene in der Britannica, wobei sowohl die Enzyklopädie als auch Wikipedia laut Harvard Business School ziemlich neutral sind und nur eine leichte Schlagseite Richtung Demokraten aufweisen. Bei Wikipedia kommt es mitunter zu regelrechten Kriegen um einzelne Beiträge. Wenn Vertreter von Meinung X die Infos von Vertretern der Meinung Y einfach löschen und durch neue Inhalte ersetzen, wenn das dann hin und her geht, greifen Administratoren ein. Die Meinungsvielfalt soll sich in den Artikeln widerspiegeln, Kompromisse müssen gefunden werden – das funktioniert anscheinend gar nicht schlecht und entspricht der zentralen Erkenntnis der Erkenntnistheorie: Die Wahrheit ist ein Kompromiss.

Infografik Je kleiner die Zahl, desto größer die Neutralität einer Information. Wikipedia liegt nicht schlecht im Rennen

WIKIPEDIA TOP12 2016

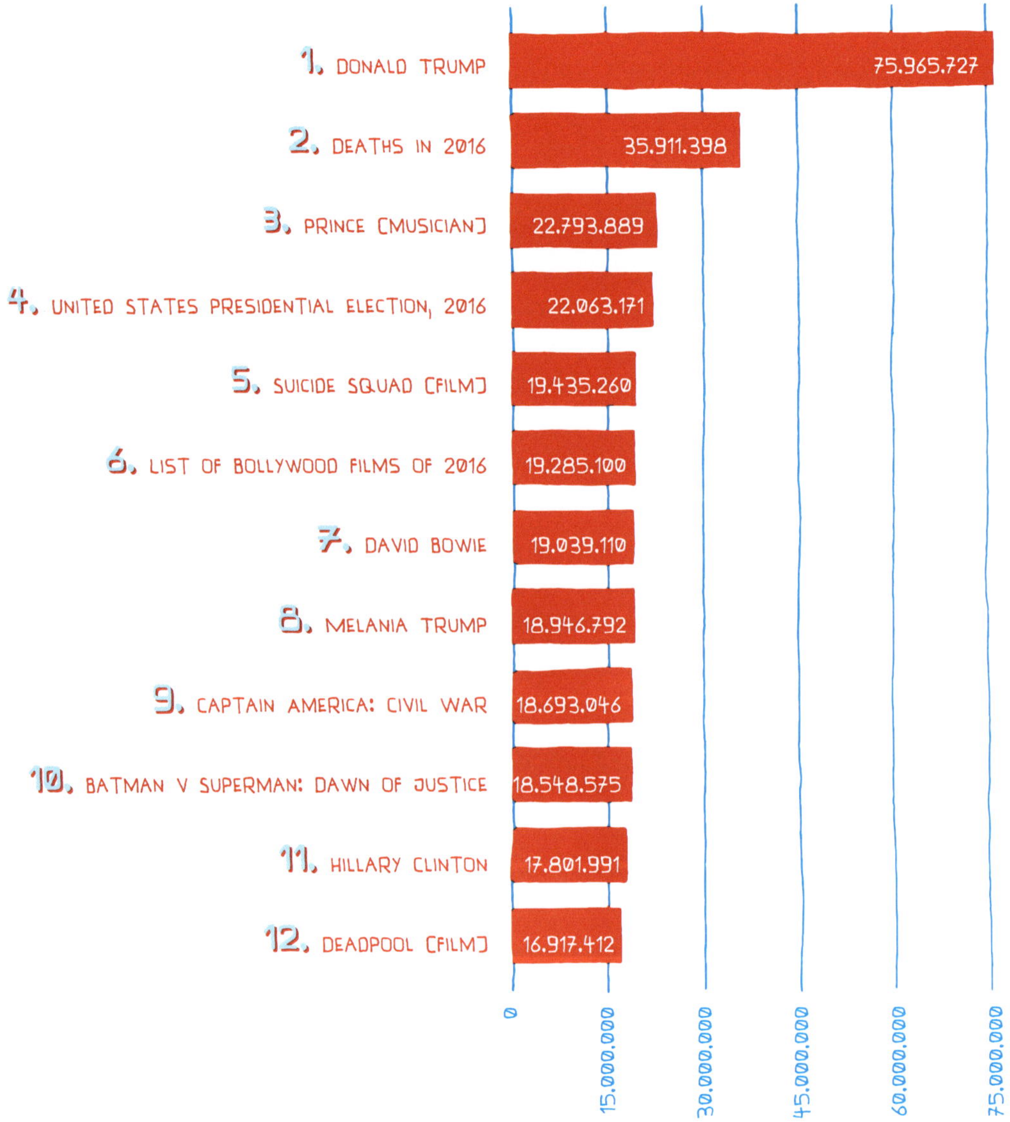

1. DONALD TRUMP — 75.965.727

2. DEATHS IN 2016 — 35.911.398

3. PRINCE (MUSICIAN) — 22.793.889

4. UNITED STATES PRESIDENTIAL ELECTION, 2016 — 22.063.171

5. SUICIDE SQUAD (FILM) — 19.435.260

6. LIST OF BOLLYWOOD FILMS OF 2016 — 19.285.100

7. DAVID BOWIE — 19.039.110

8. MELANIA TRUMP — 18.946.792

9. CAPTAIN AMERICA: CIVIL WAR — 18.693.046

10. BATMAN V SUPERMAN: DAWN OF JUSTICE — 18.548.575

11. HILLARY CLINTON — 17.801.991

12. DEADPOOL (FILM) — 16.917.412

0   15.000.000   30.000.000   45.000.000   60.000.000   75.000.000

Was die Menschen wirklich interessiert

Was interessiert die Menschen wirklich? Aus Google-Anfragen lässt sich das nicht ableiten, da geht es oft nur um die kurze Info. Bei Wikipedia ist das anders, vor allem seit Google neben Suchergebnissen gleich selbst eine kurze Zusammenfassung der passenden Wikipedia-Artikel anbietet. Seither sind die Wikipedia-Zugriffszahlen gesunken. Hypothese: Nun lesen eher jene Menschen Wikipedia-Einträge, die sich tatsächlich für die Themen interessieren – weil als rasche Information die Google-Zusammenfassung gereicht hätte. Zwei zufällig gewählte Wochen der Wikipedia-Top-25-Liste im Vergleich, die erste von 15. bis 21. Mai 2016. Der Top-Treffer mit knapp 1,3 Millionen Lesern geht an »Captain America: Civil War« – vor einem weiteren Superheldenfilm: »X-Men: Apocalypse«. Insgesamt beschäftigen sich dreizehn der 25 am öftesten gelesenen Wikipedia-Seiten mit Filmen und Serien, eine weitere mit dem Computerspiel »Doom«, drei mit Sport-Events, dazu die Todesfälle der Woche. Ein paar Monate später, kurz nach der US-Wahl: Zehn der 25 meistbesuchten Artikel betreffen Donald Trump, seinen Clan und seine Mitstreiter, fünf weitere sind Filmen gewidmet, einmal geht es um Hip-Hop, dann um diverse Verstorbene, und etwas Sport ist auch dabei. In der letzten Woche des Jahres 2016 ist die Politik wieder uninteressant. Gleich sechzehn der 25 meistgelesenen Seiten beschäftigen sich mit den Todesfällen der Woche (Carrie Fisher und George Michael). Zum Abgleich ein längerer Zeitraum, die Top 25 des Jahres 2016: Ganz oben rangiert mit weitem Abstand Donald Trump, gefolgt von der Wikipedia-Liste der Todesfälle des Jahres; elfmal Film und Serien, ganz weit abgeschlagen Hillary Clinton – und viele Einzelartikel zu den Toten des Jahres, allen voran Prince und David Bowie. Was lässt sich daraus schließen? Die Menschen tun sich nach dem Tod um – und sie lenken sich gerne mit Unterhaltung ab. Und auch mit Politik – aber nur dann, wenn sie unterhaltsam ist: der Trump-Clan als die neue Addams Family.

Infografik Die häufigsten Seitenabrufe auf Wikipedia 2016   229

ALLE   VIDEO   BILDER   MAPS   NEWS   MEHR▼   SUCHOPTIONEN

DAS IST KEINE WERBEANZEIGE

DAS IST EIN GESPONSERTER LINK

DAS IST EINFACH NUR BLÖDSINN.
BLÖDSINN IRRELEVANT NOCHMEHRBLÖDSINN

GO0000000000GLE   ＞
 NEXT

Eine Generation ohne Bullshit-Barometer

Die Universität Standford ist nicht gerade für Alarmismus bekannt. Umso alarmierender, wenn eine ihrer Studien die Demokratie in Gefahr sieht. Rund 7000 junge Menschen wurden in den USA befragt, an heruntergekommenen und durchschnittlichen Schulen, an Kaderschmieden, an Massen-Unis, an Eliteuniversitäten. Untersucht wurde die Fähigkeit, den Wahrheitsgehalt von Nachrichten zu erfassen. Junge Schüler sollten reine Werbung von einem Artikel unterscheiden können, etwas ältere erkennen, dass ein Artikel von Interessenvertretern geschrieben wurde – etwa ein Beitrag über Waffenbesitz von der Waffenlobby –, und Studenten sollten von selbst daran denken, bei einer Information einer .org-Website darauf zu achten, wofür diese Organisation eintritt, also darauf, ob Fakten von vornherein als einseitig zu betrachten sind. Quer durch alle Schultypen, Unis und Altersstufen fassen die Studienautoren das Ergebnis mit einem Wort zusammen: düster. Über achtzig Prozent der Schüler war der Unterschied zwischen einem gesponserten Beitrag (der klar als solcher gekennzeichnet war) und dem Artikel einer seriösen News-Website nicht klar. Zu einem ähnlichen Ergebnis kommt eine OECD-Studie, nach der beim Leseverständnis im Netz fast ein Viertel der Schüler den Anschluss verloren hat (in Österreich 13,7, in Deutschland 9,7 Prozent). Auch eine Untersuchung der britischen Medienaufsichtsbehörde zeigt: Ein Drittel der Jugendlichen kann bei Google Werbung von Nachrichten nicht unterscheiden. Content-Distributoren, von Google über Facebook bis hin zu News-Websites, sind Nebelmaschinen, die sich gegen Bezahlung bereitwillig von politischen Lobbyisten und von Konzernen missbrauchen lassen, um einseitige Informationen zu streuen. Das kann man kontrollieren – oder im Bildungssystem darauf Rücksicht nehmen. Als politisches Totalversagen kann gelten, dass Medienkunde von der ersten bis zur letzten Klasse nicht längst ein Pflichtfach ist. Da darf sich niemand über die Trumps dieser Welt wundern – zumal Printmedien um nichts besser als ihre Online-Pendants sind.

Infografik Das Suchergebnis: Längst nicht alle können Werbung von echten Treffern unterscheiden – und das ist durchaus erwünscht

World Values Survey

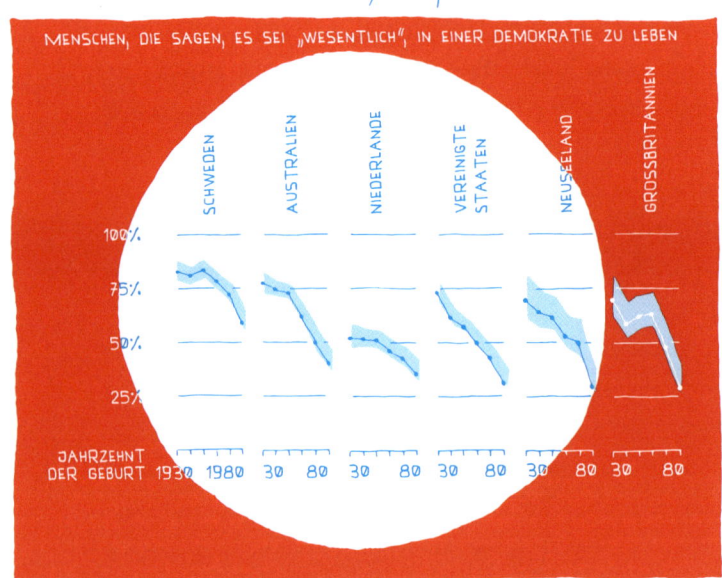

MENSCHEN, DIE SAGEN, ES SEI „WESENTLICH", IN EINER DEMOKRATIE ZU LEBEN

SCHWEDEN AUSTRALIEN NIEDERLANDE VEREINIGTE STAATEN NEUSEELAND GROSSBRITANNIEN

100%
75%
50%
25%

JAHRZEHNT
DER GEBURT 1930 1980 30 80 30 80 30 80 30 80 30 80

The
New York
Times

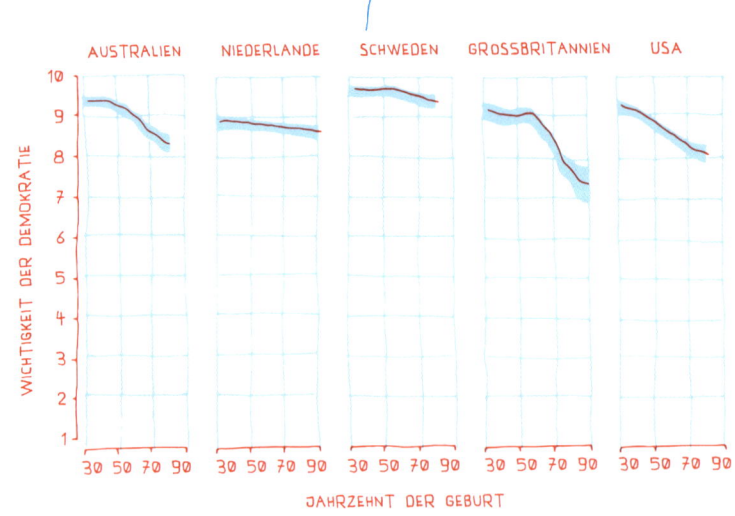

AUSTRALIEN NIEDERLANDE SCHWEDEN GROSSBRITANNIEN USA

WICHTIGKEIT DER DEMOKRATIE

10
9
8
7
6
5
4
3
2
1

30 50 70 90   30 50 70 90   30 50 70 90   30 50 70 90   30 50 70 90

JAHRZEHNT DER GEBURT

The
Washington
Post

Ist Demokratie Jugendlichen egal?

Dass Boulevardmedien Fakten verdrehen und ständig übertreiben, überrascht nicht besonders. Spannender ist es, Qualitätsmedien unter die Lupe zu nehmen, die auch immer wieder danebenhauen. Die *Washington Post* wurde in diesem Zusammenhang bereits erwähnt. Aber gerade sie war es, die ihrem Konkurrenzblatt, der *New York Times*, die allzu alarmistische Interpretation einer Statistik nachwies. Es ging dabei um die weltweit größte, Jahrzehnte umfassende Untersuchung der Werte von Menschen, die World Values Survey, ausgehend von den Universitäten Michigan (USA) und Tilburg (Niederlande). Die *New York Times* titelte »Wie stabil sind Demokratien? ›Die Alarmsignale blinken rot‹«, ein Zitat von Harvard-Lektor und Autor Yascha Mounk. Dazu wurde eine Grafik gezeigt, in der bei mehreren Ländern eine Kurve steil nach unten abstürzte – in den USA etwa von 75 auf knapp dreißig Prozent; als Legende in fetten Lettern darüber gedruckt: »Prozentanteil der Menschen, die es für essenziell halten, in einer Demokratie zu leben«. Die Argumentation des ganzen Artikels läuft darauf hinaus, dass vor allem jüngeren Menschen Demokratie völlig egal, wenn nicht sogar ein Dorn im Auge ist, und dass man schleunigst gegensteuern muss. Die *New York Times* wertete allerdings lediglich aus, wie viele Prozent der Befragten auf einer zehnstufigen Skala Stufe zehn ausgewählt hatten. Nur: Für jene mit den Antworten neun oder acht ist die Demokratie auch sehr wichtig. Hätte die *New York Times* den Durchschnittswert der Antworten genommen (und nicht nur die sinkende Zahl der Zehner-Antworten), hätten die Kurven zwar ebenfalls einen abnehmenden Verlauf gezeigt, aber nur leicht, in einem Ausmaß, das erklärbar ist, ganz ohne Dramatik: Die Menschen sind kritischer geworden und sehen, dass auch in Demokratien vieles schiefläuft – ohne diese jedoch gleich abschaffen zu wollen. Zu Recht ist die *New York Times* über das Grassieren des Rechtspopulismus besorgt. Aber solche Artikel desavouieren ihr hehres Anliegen.

Infografik   Oben die alarmistische Grafik der *New York Times*, unten die korrektere Darstellung der *Washington Post*

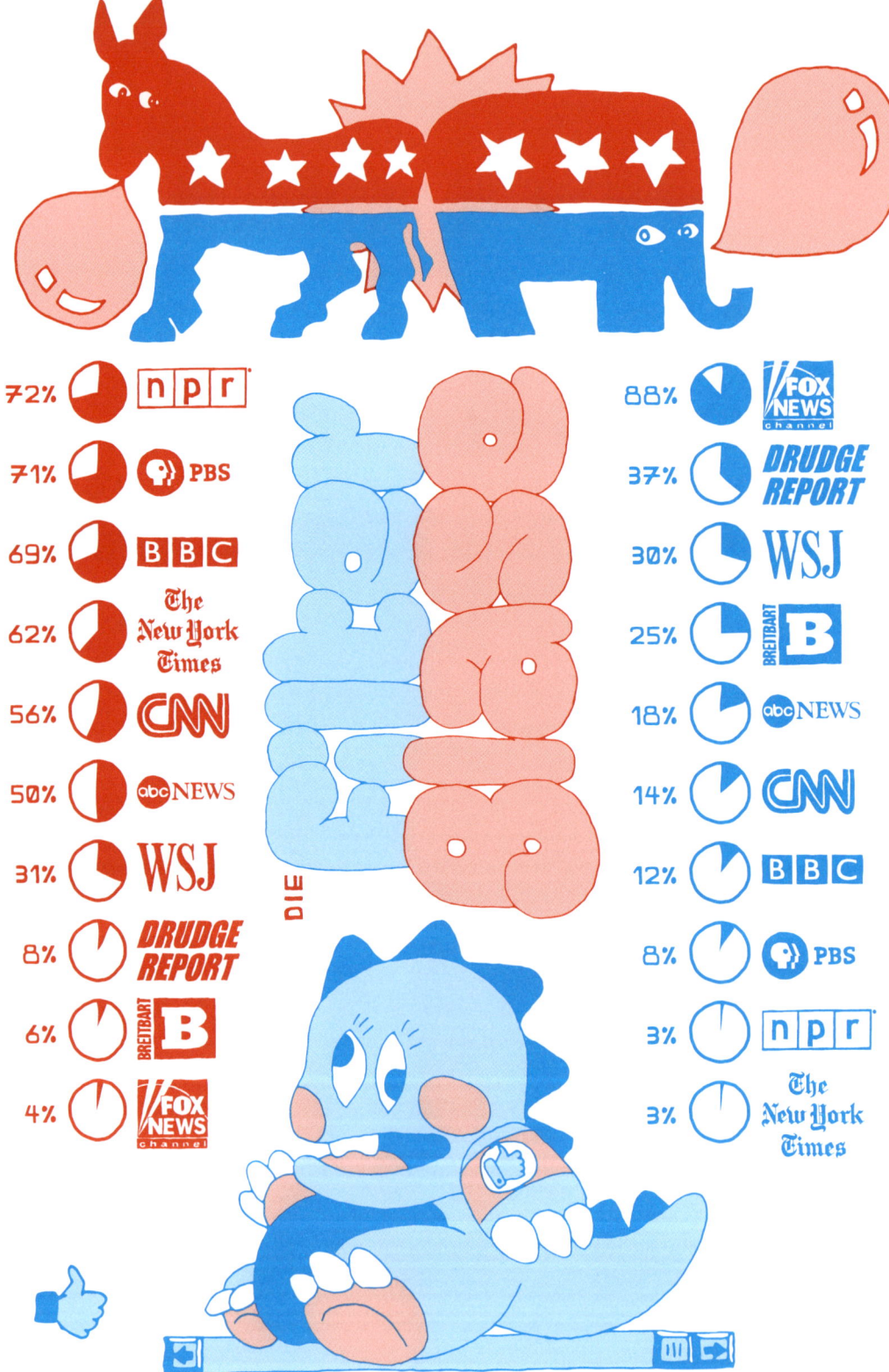

Wenn die Filterblase platzt

Es ist umstritten, ob uns soziale Medien zu völlig einseitigen Idioten machen oder den vielseitigen Freigeist in uns wecken. Zwei Theorien, die inhaltlich auf eine ähnliche Kernaussage hinauslaufen, sind jene der »Echokammer« und der »Filterblase«. Sprich: Wir umgeben uns mit einem Kokon, machen es uns bequem, und wenn wir etwas rufen, schallt uns das Echo der eigenen Meinung zurück. Wir befinden uns in einer Blase, an deren Außenrändern alles aussortiert wird, was nicht in unser festgefahrenes Weltbild passt. In einer Untersuchung des Washingtoner Meinungsforschungsinstituts Pew Research Center wurde für das Leseverhalten der US-Bürger im Web nachgewiesen, was in der Offline-Welt ohnehin jedem klar war: Liberale vertrauen eher liberalen Medien, Konservative eher konservativen. In sozialen Medien wiederholt sich dieses Muster, haben Seth Flaxman, Sharad Goel und Justin M. Rao anhand der Untersuchung des Verhaltens von 50 000 Facebook-Usern herausgefunden (sie konzentrierten sich auf regelmäßige Leser von Online-News – die Studie ist also nicht repräsentativ). Liberale freunden sich eher mit Liberalen an, Konservative mit Konservativen. Da jeder nur Artikel aus seinem alltäglichen Leseverhalten teilt, kommt man selten mit abweichenden Meinungen in Kontakt. Aber allem Anschein nach verstärken soziale Medien diesen Effekt nicht. Es kommen einem sogar eine Spur öfter Artikel unter, die andere Sichtweisen als die eigene wiedergeben. Überhaupt würden nur sechs Prozent der online gelesenen Artikel via soziale Medien angesteuert. Die Studie legt nahe, dass der Filterbubble-Effekt zu vernachlässigen ist. Die Erfahrung der »Flüchtlingskrise« des Jahres 2015 hat gezeigt, dass wohl sogar der gegenteilige Effekt zum Tragen kommt: Plötzlich entdecken die Rechten die Linken und umgekehrt – es kommt zu gegenseitigen Hasstiraden. Das gab es früher seltener – und wenn, dann nicht so öffentlich. Man wünscht sich zurück in seine Offline-Echokammer.

Infografik Welche Medien in den USA Wähler der Demokraten bevorzugen (rot) und welche jene der Republikaner (blau)

Wie Big Data zu Big Brother wurde

»Verschwörungstheorie« ist ein großes Wort. Ungewöhnlich, aber mitunter muss sich auch ein Qualitätsmedium den Vorwurf gefallen lassen, einer solchen Vorschub zu leisten. Das Magazin des angesehenen Zürcher *Tages-Anzeigers* widmete der Digitalstrategie von Donald Trump im Wahlkampf einen langen Artikel. Die Essenz: Ein mysteriöser Datenmoskito saugte im Dienste Trumps die Social-Media-Profile von Amerikanern aus und schenkte ihm so den Sieg. Vorgestellt wurde in dem Text Michal Kosinski, dessen Spezialgebiet die Psychometrik ist, ein »datengetriebener Nebenzweig der Psychologie«, wie es heißt. Er habe als seriöser Wissenschaftler eine Methode erarbeitet, wie man aus Facebook-Profilen und Likes, bzw. überhaupt aus Social-Media-Einträgen, ein »unheimlich« genaues Psychogramm von Personen erstellen kann – automatisiert und in großem Stil. Aber nun werde die Methode von der Firma »Cambridge Analytica« kopiert, in dessen Aufsichtsrat Breitbart-Chef und Trump-Berater Steve Bannon saß. Und die hätten jedem User die perfekt auf ihn abgestimmte Trump-Werbung geschickt (in 175 000 Varianten!) und hätten sogar Trump-Mitarbeiter vor jedem Hausbesuch gebrieft. Nur deshalb hätte Trump gewonnen. Der Artikel wurde viral geteilt, voller Entsetzen. In weiterer Folge musste sich das Magazin jedoch den Vorwurf gefallen lassen, den Werbebotschaften von »Cambridge Analytica« aufgesessen zu sein. Das Konkurrenzblatt, die *Neue Zürcher Zeitung*, führte ins Treffen, dass erstens auch Clintons Team mit einer ähnlichen Methode gearbeitet habe, und es sich zweitens bei gezielter Ansteuerung von Werbekunden auf Facebook um eine gängige Praxis und keinen sensationellen Coup handle. Die Firma selbst bestreitet überhaupt die Verwendung von Facebook-Daten und will nur Umfragen durchgeführt haben. Jedes Zeitalter hat seinen Demiurgen, den es hinter allem Bösen der Welt vermutet. Heute ist das Big Data, einer dunkelschwarzen, verschwommenen Monstergestalt gleich. So wichtig gezielte, gut recherchierte Kritik ist – so wenig hilfreich sind Horrorgeschichten und Mythenbildungen.

Infografik Der Datenkrake Cambridge Analytica soll Trumps Wahlsieg ermöglicht haben; eine Verschwörungstheorie?

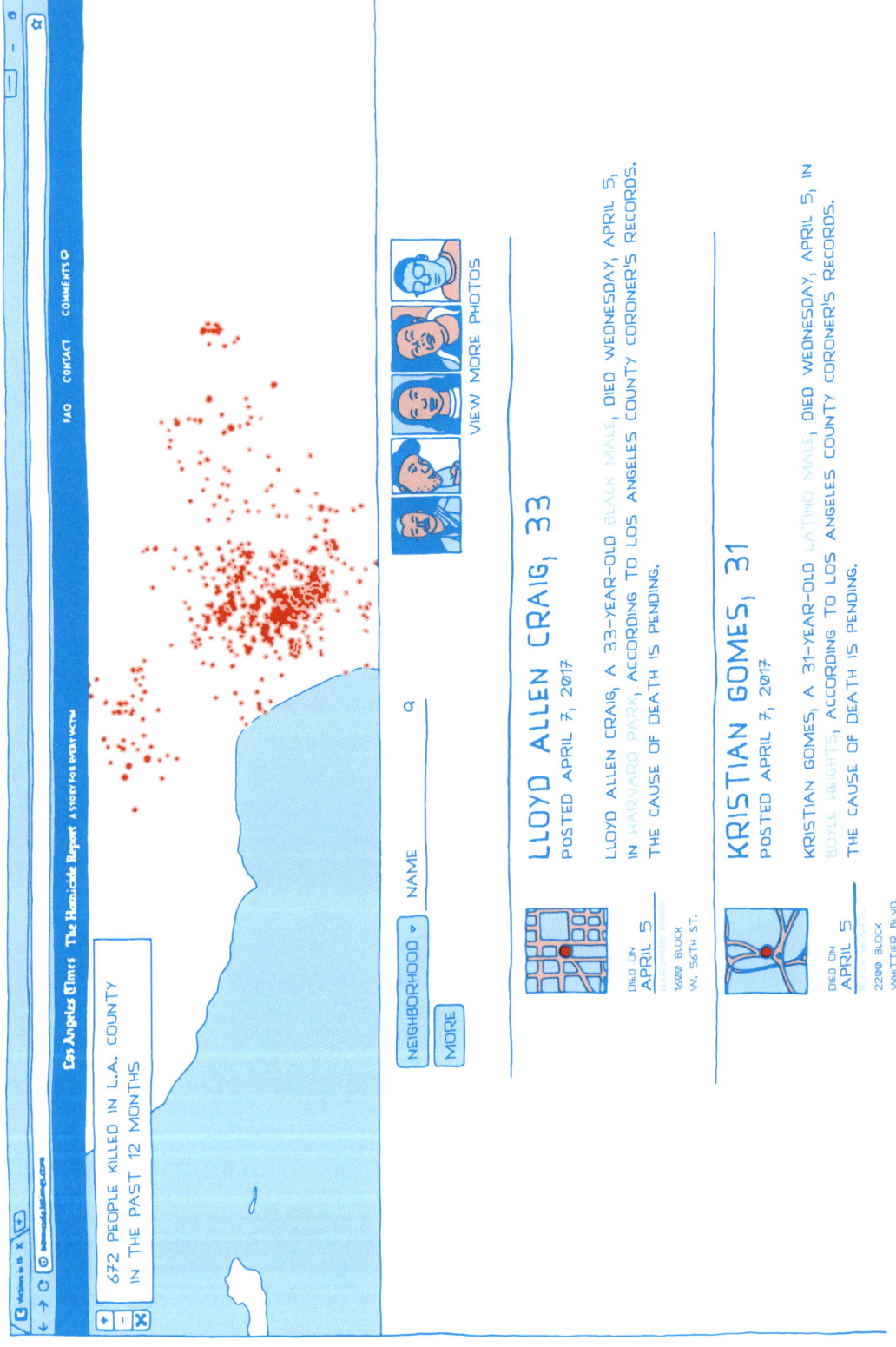

Der Mordstadtplan von L.A.

Blut und Beuschel gehen immer – das ist eine journalistische Grundannahme; Mord ist eine »Quotensau«. Das ist schon von Haus aus nicht sympathisch, aber richtig problematisch wird es, wenn keine Journalisten mehr am Werk sind, sondern ein »Bot«, also eine Software, die Berichte verfasst. Ein Beispiel dafür ist der gespenstische »Homicide Report« auf der Website der *Los Angeles Times*, wo die Morde der letzten zwölf Monate aufgelistet werden. In der Unterüberschrift heißt es vollmundig: »A Story for every victim«. Die meisten »Storys« auf der Seite bestehen allerdings nur aus einem einzigen Satz, der nur in Details variiert. Ein Beispiel: »Jason George Teter, a 21-year-old Latino male, died Saturday, Nov. 5, after being shot in Baldwin Park, according to Los Angeles County coroner's records.« Der Bot liest eine Polizeidatenbank aus, gießt die Datensätze automatisch in einen Satz und veröffentlicht diesen gleich. Nur vereinzelt finden sich zwischendurch von Journalisten verfasste Artikel. Manche der Kurzmeldungen werden im Nachhinein erweitert, wenn es mehr Informationen gibt. Als zusätzlichen »Hingucker« gibt es die automatisch aktualisierte »Mordlandkarte« mit roten Punkten für jeden Toten: L.A. hat die Masern auf dieser Karte der Paranoia. Rund um manche Blocks scheinen Morde an der Tagesordnung zu sein. Auch entlang einer Reihe von Fotos der Opfer kann man sich durch die Morde klicken. Aber was nützen diese Informationen, wenn sie nicht in Artikel über Gangs und über soziale Probleme eingebettet sind? Wer nur zwanzig Seiten des Romans »Homicide« liest oder zwei Folgen der Serie »The Wire« ansieht, beides nach akribischen Recherchen des Journalisten David Simon entstanden, weiß mehr über tödliches Verbrechen in den USA, als wenn er sich drei Jahre hindurch von den automatisierten Kurzmeldungen der *Los Angeles Times* schockieren lässt.

Infografik Die automatisierte Mordberichterstattung der *Los Angeles Times*: Roboter als Journalisten, die eine Datenbank der Polizei nutzen

art world
digital
internet
social space
reach message

Eine sternklare Nacht über dem Datenozean

Heute ist das Internet als Hort des Bösen verschrien, nichts als Hasspostings, Werbung, Schadsoftware und Pornografie. Doch in den Anfangstagen des World Wide Web, zu Beginn der neunziger Jahre, da verhieß es noch das Utopia der Aufklärung: egalitärer Zugang zu Wissen für alle und überall. Kurz darauf, als der Browser Netscape die Welt eroberte, explodierten die Zugriffszahlen, und mit der kommerziellen Nutzung und dem Zugriff von Staaten machte sich bei den Künstlern und Wissenschaftlern der Pionierzeit ein wenig Katerstimmung breit, in Mailinglisten aus alten Tagen wie Nettime und Rohrpost wurde viel geklagt über »corporate evil« und Zensurmaßnahmen. Doch die Künstler arbeiteten weiter mit dem Hypertext und den Http-Protokollen, bauten Suchmaschinen um, führten symbolisch Krieg gegen Konzerne (der Toywar gegen E-Toys), nutzten Flash für subversive Filme und verweigerten sich modernem Webdesign und der eigenen Vermarktung. Man traf sich bei der Ars Electronica in Linz oder im ZKM in Karlsruhe. Olia Lialina, Vuk Ćosić und Alexei Shulgin waren einige der großen Namen dieser Zeit, aber auch Mark Tribe, der von New York aus Rhizome betrieb, Rhizom wie das Wurzelwerk, eine Mailingliste und Website zugleich. Er war es auch, der mit einem wunderschönen Kunstwerk gleich auf mehreren Ebenen die Netzkunst auf den Punkt brachte. Im Grunde verwaltete er Links zu Künstlern, Denkern, Kunstwerken, zu einzelnen Medien, Texten und Knotenpunkten in einer Datenbank. Die einzelnen Datensätze wurden online aber nicht einfach aufgelistet, sondern als Sterne am Himmel dargestellt. Je öfter einzelne Sterne angeklickt wurden, desto heller leuchteten sie. Und Sterne, die miteinander in Verbindung standen, weil ein Besucher oft von einem zum nächsten, themenverwandten weiterging, wurden als Sternbilder angezeigt. Eine Infografik, die so viel Schönheit in sich vereinte, so viel Utopie und Kollaboration, habe ich seither im Netz nie wieder gesehen.

Infografik Die Netzavantgardisten von Rhizome und ihr kooperatives Kollektivkunstwerk »Starrynight«

Quellenverzeichnis, Recherchehistorie und Tipps

Quellenverzeichnis, Recherchehistorie und Tipps finden Sie auch unter folgendem Link: www.deuticke.at/wirklichwahr

Digitale Windmühlen – *Seite 17*
Miguel de Cervantes: »Don Quijote von der Mancha«; den Don Quijote gibt es freilich in
zahllosen Ausgaben, auch kostenlos als E-Book etwa in der klassischen Übersetzung. Hier
sei die Komfort-Variante empfohlen: Ein ungekürztes Hörbuch, gelesen von Christian
Brückner, 2008 neu übersetzt für den Hanser Verlag (München) von Susanne Lange; als
Hörbuch 2015 im parlando Verlag (Berlin). Große Empfehlung: Neben dem Wandern
oder Radfahren auf ruhigen Rad- oder Feldwegen (Vorsicht im Straßenverkehr) hören;
ungemein inspirierend, und auch heute noch unterhaltsam (zumal die Neuübersetzung).

Dem Tode geweiht – *Seite 18*
Michael Schmidt-Salomon: Hoffnung Mensch. Eine bessere Welt ist möglich. Piper,
Berlin 2014, S. 18; das hier wiedergegebene Zitat ist eigentlich irreführend in Bezug auf
Schmidt-Salomons Intention. Er zeichnet in seinem Buch akribisch – und gar nicht naiv –
nach, warum die Menschheit keine Güllegrube ist und es sich doch lohnt, zu leben; ein
Feel-Good-Buch auf hohem Niveau.
»Twelve Monkeys«; unter der Regie von Terry Gilliam, 1995
»The Road«; unter der Regie von John Hillcoat, 2009
Cormac McCarthy: Die Straße, Rowohlt, Reinbek 2006
»Tank Girl«; unter der Regie von Rachel Talalay, 1995
»Homo Sapiens«; unter der Regie von Nikolaus Geyrhalter, 2016
In der Textpassage über Nikolaus Geyrhalters Film »Homo Sapiens« habe ich mich eines
Artikels von mir bedient: »Geyrhalters postapokalyptische Diashow« vom 29.10.2016;
gesichtet und heruntergeladen am 13.04.2017: http://orf.at/viennale16/stories/2364246/
Vilém Flusser: Kommunikologie. S. Fischer, Frankfurt am Main 1998. Das Zitat kommt in
dieser Form nur im Klappentext vor. Es ist die Synthese einer seiner in diesem Buch wie-
dergegebenen Vorlesungen, siehe v. a. S. 259–261. Flusser schreibt hier: »Man kodifiziert,
um miteinander zu kommunizieren, und das heißt, um gemeinsam diese sinnlose Welt
und das Leben in ihr zu zerreden. Um den Tod durch Kommunikation totzuschweigen.
Alle Codes, die der Kunst, der Wissenschaft, der Politik (und a fortiori die der Philosophie
und der Theologie) haben im Grunde nur diese Absicht: das Unleugbare zu leugnen.«
Charles Foster: Der Geschmack von Laub und Erde. Wie ich versuchte, als Tier zu leben.
Malik, München 2017

Von Keulen, Moral, Angst und Sex – *Seite 21*
Michael Tomasello: Eine Naturgeschichte der menschlichen Moral. Suhrkamp, Berlin 2016
Steven Pinker: Gewalt. Eine neue Geschichte der Menschheit. S. Fischer, Frankfurt am
Main 2011. Dieses Buch ist die Beruhigungspille unter den Geschichtsbüchern. Man sollte

sich vom etwas flapsigen, in der US-Populärwissenschaft weitverbreiteten Stil nicht abschrecken lassen. Pinker wurde nach Veröffentlichung in den Feuilletons mitunter methodische Schwäche angekreidet – nicht jedoch die große These des Buches angezweifelt.

Die Allgemeine Erklärung der Menschenrechte, zitiert nach Wikipedia: »Allgemeine Erklärung der Menschenrechte«, gesichtet und heruntergeladen am 13.04.2017: https://de.wikipedia.org/wiki/Allgemeine_Erkl%C3%A4rung_der_Menschenrechte

Die Weltbank-Zahlen zur extremen Armut, zitiert nach *Der Standard*: »Weltbank: Extreme Armut erstmals unter zehn Prozent«, gesichtet und heruntergeladen am 13.04.2017: http://derstandard.at/2000023230025/Weltbank-Extreme-Armut-geht-erstmals-auf-unter-zehn-Prozent-zurueck

Byung-Chul Han: Die Austreibung des Anderen. Gesellschaft, Wahrnehmung und Kommunikation heute. S. Fischer Wissenschaft, Frankfurt am Main 2016; S. 23/24; appellativ und aufgekratzt geschrieben und dennoch zutiefst fundiert; wer sich für die Themen meines Buches interessiert, wird auch Byung-Chul Hans Buch mit großem Gewinn lesen – eine unbedingte Leseempfehlung!

Simon Hadler: Die Angst vor dem »Ansturm«. Faktencheck Asyl, Hanser Box, München 2015. Bei diesem E-Book ging es darum, möglichst zeitnah auf die Flüchtlingskrise des Jahres 2015 zu reagieren. Das Buch enthält die Essenz meiner Überlegungen, Reisen und meines Engagements zum Thema Flucht und Asyl mit besonderem Augenmerk auf die Lage in Österreich.

Arbeitsprogramm der Bundesregierung 2017/2018 (in meinem Text als »Regierungsübereinkommen« bezeichnet); Präambel. Gesichtet und heruntergeladen vom Server des österreichischen Bundeskanzleramtes am 13.04.2017: https://www.bka.gv.at/regierungsprogramm-2017_2018

Das Vakuum füllen: Action, Action, Action – *Seite 27*

Georg Franck: Mentaler Kapitalismus. Eine politische Ökonomie des Geistes. Edition Akzente, München 2005

Georg Franck: Ökonomie der Aufmerksamkeit. Hanser, München 1998. Ein Buch, das die Augen öffnet, sprachlich jedoch eher an eine Fach-Community gerichtet als an den interessierten Laien.

Robert Kanigel: The One Best Way: Frederick Winslow Taylor and the Enigma of Efficiency, Viking Adult, New York 1997

oe24.at (Website der Tageszeitung *Österreich*): »Gewalt explodiert«, Artikel vom 11.05.2012, gesichtet und heruntergeladen am 13.04.2012: www.oe24.at/oesterreich/chronik/Gewalt-explodiert/65730739

Plus 2016 erneut dieselbe Headline in der Tageszeitung *Österreich*, zitiert nach der österreichischen Bullshit-Aufdecker-Seite Kobuk, Artikel »Österreich hat eine kriminelle Dauerexplosion« vom 16.06.2016, gesichtet und heruntergeladen am 13.04.2017: https://www.kobuk.at/2016/06/oesterreich-hat-eine-kriminelle-dauerexplosion/

Krone-Artikel, in dem von einem angeblichen »Aufstand« von Asylwerbern die Rede ist, Titel »Aufstand in Linz: Flüchtlinge bewarfen die Polizei mit Essen« vom 02.06.2015, gesichtet und heruntergeladen am 13.04.2017: www.krone.at/oberoesterreich/fluechtlinge-bewarfen-die-polizei-mit-essen-aufstand-in-linz-story-456016

Film »Braveheart«, unter der Regie von Mel Gibson, 1995; nein, das ist keine Empfehlung.

Bernhard Pörksen in der *Zeit*: »Die Schuldfrage«, vom 11.11.2016, gesichtet und heruntergeladen am 13.04.2017: www.zeit.de/kultur/2016-11/medien-us-wahl-donald-trump-schuld/komplettansicht

Christoph Biro, *Krone-Steiermark*-Chefredakteur, Kommentar in der *Krone* über »junge, testosterongesteuerte Syrer«, vom 25.10.2015, gesichtet und heruntergeladen (Screenshot von der rechtsradikalen Website »Politically Incorrect« – ich kannte den Artikel bereits, der Screenshot konnte von mir als korrekt verifiziert werden) am 13.04.2017: https://pi-news.net/wp/uploads/2015/10/krone_kommentar.jpg

Roland Barthes: Mythen des Alltags. Edition Suhrkamp, Frankfurt am Main 1964

Niklas Luhmann: Die Realität der Massenmedien. 2., erweiterte Auflage. Westdeutscher Verlag, Opladen 1995

Jeder will geliebt werden – *Seite 39*

Owen Gleiberman in *Variety*, Artikel »Why It's Okay for the Oscars to Get Political« vom 30.01.2017, gesichtet und heruntergeladen am 13.04.2017: http://variety.com/2017/film/columns/academy-awards-meryl-streep-asghar-farhadi-donald-trump-politics-1201973551/

TV-Serie »Black Mirror«, Channel 4, drei Staffeln von 2011 bis 2016, online auf Netflix. Eine Serie, für die es sich durchaus lohnt, den kostenlosen Probemonat von Netflix in Anspruch zu nehmen (wenn man nicht sowieso dabei ist)

Breitbart-Artikel mit Zitat von Chefredakteur Alexander Marlow: »Breitbart Launches Official ›We Are Breitbart‹ Instagram Page«, 11.08.2016, gesichtet und heruntergeladen am 13.04.2017: www.breitbart.com/big-government/2016/08/11/breitbart-launches-official-breitbart-instagram-page/

Zahlreiche Infos über Breitbart aus einem lesenswerten Artikel der *Columbia Journalism Review* vom 30.01.2017, gesichtet und heruntergeladen am 13.04.2017: www.cjr.org/tow_center/memes-trump-articles-on-breitbarts-facebook-page.php

Über die Genese der Fake-News-Debatte, Artikel von Wired, »The Internet Made ›Fake News‹ a Thing – Then Made It Nothing« vom 25.02.2017, gesichtet und heruntergeladen am 13.04.2017; Pflichtlektüre für alle, die das Thema bewegt: https://www.wired.com/2017/02/internet-made-fake-news-thing-made-nothing/

Buzzfeed-Artikel über Fake News im US-Wahlkampf: »This Analysis Shows How Viral Fake Election News Stories Outperformed Real News On Facebook«, vom 16.11.2016, gesichtet und heruntergeladen am 13.04.2017: https://www.buzzfeed.com/craigsilverman/viral-fake-election-news-outperformed-real-news-on-facebook?utm_term=.fnyYBVROp#.itWRPKYx9

Über den Buzzfeed-Aufdecker Craig Silverman, einer seiner typischen Tage, den er auf »Digiday UK«, 20.02.2017, beschreibt; gesichtet und heruntergeladen am 13.04.2017: https://digiday.com/media/day-life-buzzfeeds-craig-silverman-debunks-fake-news/

Buzzfeed-Artikel über die meistgelesenen Fake-News-Artikel des Jahres 2016: »Here Are 50 Of The Biggest Fake News Hits On Facebook From 2016«, vom 30.12.2016, gesichtet und heruntergeladen am 13.04.2017: https://www.buzzfeed.com/craigsilverman/top-fake-news-of-2016?utm_term=.liZMZ2X8q#.wrG2XGRAo

Slate-Artikel über die Buzzfeed-Erfolgsstory vom 11.08.2014, gesichtet und heruntergeladen am 08.03.2017: www.slate.com/blogs/moneybox/2014/08/11/buzzfeed_raises_50_million_jonah_peretti_is_building_a_viral_media_empire.html

Wired-Artikel über Fake News aus Mazedonien: »Welcome to Veles, Macedonia, News Factory to the World«, vom 15.02.2017, gesichtet und heruntergeladen am 13.04.2017; gleichzeitig auch ein Beispiel dafür, wie Journalismus spannend sein kann, ohne sensationalistisch oder alarmistisch zu sein; ein sogenannter »Longread« bzw. »Onepager« mit Hintergrundfakten und reportageartigen Elementen: https://www.wired.com/2017/02/veles-macedonia-fake-news/

Guardian-Artikel über Fake News (etwa aus Mazedonien): »As fake news takes over Facebook feeds, many are taking satire as fact«, vom 17.11.2016, gesichtet und heruntergeladen am 13.04.2017: https://www.theguardian.com/media/2016/nov/17/facebook-fake-news-satire

Buzzfeed-Artikel über die mazedonischen Teenager und ihre Pro-Trump-Fake-News, vom 04.11.2016, gesichtet und heruntergeladen am 08.03.2017: https://www.buzzfeed.com/craigsilverman/how-macedonia-became-a-global-hub-for-pro-trump-misinfo?utm_term=.lc9PRnXrw#.qoEqXD9BE

New-York-Times-Artikel über Trending Topics bei Facebook: »Facebook ›Trending‹ List Skewed by Individual Judgment, Not Institutional Bias«, vom 20.05.2016, gesichtet und heruntergeladen am 13.04.2017: https://www.nytimes.com/2016/05/21/technology/facebook-trending-list-skewed-by-individual-judgment-not-institutional-bias.html?_r=0

New-York-Times-Magazine-Artikel über Polit-Fake-News bei Facebook vom 24.08.2016, gesichtet und heruntergeladen am 08.03.2017: https://www.nytimes.com/2016/08/28/magazine/inside-facebooks-totally-insane-unintentionally-gigantic-hyperpartisan-political-media-machine.html?_r=0

Hol mich hier raus – *Seite 48*

Rüdiger Safranski: Wieviel Wahrheit braucht der Mensch? Über das Denkbare und das Lebbare. S. Fischer, Frankfurt am Main 1993, S. 194; ein Buch aus der Zeit, bevor Safranski sich öffentlich sorgte, dass Deutschland mit Flüchtlingen »geflutet« werde, und sich beschwerte, dass man ihn nicht gefragt hatte, ob das gut sei.

Die-Welt-Porträt Rüdiger Safranskis: »Deutschland fluten? Da möchte ich gefragt werden« vom 28.09.2015, gesichtet und heruntergeladen am 13.04.2017; Safranski kritisiert darin die Flüchtlingspolitik der deutschen Bundesregierung: https://www.welt.de/politik/deutschland/article146941915/Deutschland-fluten-Da-moechte-ich-gefragt-werden.html

Ludwig Wittgenstein: Über Gewißheit. Edition Suhrkamp, Frankfurt am Main 1970; zitiert nach Rüdiger Safranski: Wieviel Wahrheit braucht der Mensch? Über das Denkbare und das Lebbare. S. Fischer, Frankfurt am Main 1993

Tocotronic: Im Zweifel für den Zweifel. Album »Schall und Wahn«, Vertigo Records 2010

Lukrez: Über die Natur der Dinge. Neu übersetzt und reich kommentiert von Klaus Binder. Galiani, Berlin 2015; S. 147. Ausdrückliche Lektüre-Empfehlung: Dieses Buch birgt Überraschungen – weil es so viel von dem vorwegnimmt, was wir gemeinhin für neue, postmoderne Erkenntnisse halten. Lukrez war der Aufklärer der Antike – und fortschrittlicher als so mancher Akteur der öffentlichen Debatte im Hier und Jetzt.

Blumfeld: Mein System kennt keine Grenzen. Album »Old Nobody«, Zickzack 1999

Harry G. Frankfurt: Bullshit. Suhrkamp, Frankfurt am Main 2006; ein Büchlein, kein Buch.

Harry G. Frankfurt: Über die Wahrheit. Hanser, München 2007; ebenfalls ein Büchlein.

Barbi Marković: Graz, Alexanderplatz. Leykam, Graz 2012

ORF.at-Artikel von Chefredakteur Gerald Heidegger über die Oper »Il trovatore«: »Ein ›Trovatore‹ zum Niederknien«, vom 06.02.2017, gesichtet und heruntergeladen am 13.04.2017: http://orf.at/stories/2377670/2377671/

Krone-Artikel: »Sex-Lügen: So schwindeln Männer« vom 06.02.2017, gesichtet und heruntergeladen am 13.04.2017: www.krone.at/city4u/Sex-Luegen-So-schwindeln-Maenner-Top-5-Story-552629

Krone-Artikel: »20 Tschetschenen schon wieder frei« vom 05.02.2017, gesichtet und heruntergeladen am 13.04.2017 (grandiose Fotomontage als Aufmacher übrigens): www.krone.at/oesterreich/wien-20-tschetschenen-schon-wieder-frei-nach-massenfestnahme-story-552522

Krone-Artikel: »Wir waren Terrorziel: Attentäter in Wien festgenommen« vom 20.01.2017, gesichtet und heruntergeladen am 13.04.2017: www.krone.at/oesterreich/wir-waren-terrorziel-attentaeter-in-wien-verhaftet-mit-eigenbau-bombe-story-549888

Stéphane Hessel: Empört Euch! Ullstein, Berlin 2011; auch hier: ein Büchlein, kein Buch.

Stéphane Hessel: Engagiert Euch! Ullstein, Berlin 2011; noch ein Büchlein.

Die Info, dass 2015 44 Prozent der Sozialausgaben auf Alterspensionen entfielen, von der Website der Statistik Austria, gesichtet und heruntergeladen am 07.05.2017: https://www.statistik.at/web_de/statistiken/menschen_und_gesellschaft/soziales/sozialschutz_nach_eu_konzept/sozialausgaben/index.html

Die Naivität der Relativierer – *Seite 61*

Ulrik Haagerup: Constructive News. Warum »bad news« die Medien zerstören und wie Journalisten mit einem völlig neuen Ansatz wieder Menschen berühren. Edition Oberauer, Salzburg 2015; S. 20

CareerCast-Liste der gefährdeten Jobs 2016: »The most endangered Jobs 2016«, ohne Datumsangabe, gesichtet und heruntergeladen am 13.04.2017. Überprüft bei news.google.co.uk: Wird von *Forbes* und CNBC zitiert. Kommen aus Kalifornien, ein Jobs- und Karriere-Branchendienst: www.careercast.com/jobs-rated/most-endangered-jobs-2016

Was sonst? – *Seite 67*

Tom Hodgkinson: Anleitung zum Müßiggang. Rogner und Bernhard bei Zweitausendeins, Berlin 2004, S. 43; es gibt wenige Bücher, die ich mit so viel konstanter Freude gelesen habe wie dieses (und immer wieder zur Hand nehme).

Alain de Botton: Religion für Atheisten. S. Fischer, Frankfurt am Main 2013, S. 65; feinster Lesegenuss auch hier.

Alain de Botton: StatusAngst. S. Fischer, Frankfurt am Main 2004

Financial-Times-Artikel über Alain de Botton: »The God Gap«, vom 20.01.2012, gesichtet und heruntergeladen am 13.04.2017: https://www.ft.com/content/b2004496-41c1-11e1-a1bf-00144feab49a

Leo Tolstoi: Krieg und Frieden. Die Urfassung. S. Fischer, Frankfurt am Main 2010; bzw. ganz besonders empfohlen sei auch die Hörbuch-Fassung mit Ulrich Noethen als Sprecher; über fünfzig Stunden, von denen man keine missen mag; Audioverlag, Berlin 2013

Aus allen Büchern von Gerhard Roth lernt man viel über Österreich, ganz besonders zugänglich vielleicht in seinem großartigen, packenden, autobiografischen Werk »Das Alphabet der Zeit«, S. Fischer, Frankfurt am Main 2007

Julia Kristeva: Geschichten von der Liebe. Edition Suhrkamp, Frankfurt am Main 1989

TV-Serie »House of Cards«: Staffeln 1–5, 2013 bis 2017, Netflix

Jan Philipp Reemtsma: Vertrauen und Gewalt. Versuch über eine besondere Konstellation der Moderne. Hamburger Edition, Hamburg 2008

MIND THE GAP

Die Wikipedia-Utopie – *Seite 75*

Das Pew Research Center wird von der *New York Times*, der *Washington Post, Forbes* und Co. zitiert – wie man sieht, wenn man in news.google.co.uk »Pew Research Center« als Such-begriff eingibt und dann durch einige Seiten Suchergebnisse scrollt. Hier ein Artikel über die Verbreitung von Smartphones in der *Welt* vom 22.02.2016, gesichtet und her-untergeladen am 29.11.2016: www.pewglobal.org/2016/02/22/smartphone-ownership-and-internet-usage-continues-to-climb-in-emerging-economies/

»List of languages by total numbers of speakers – Wikipedia«, gesichtet und heruntergeladen am 29.11.2016: https://en.wikipedia.org/wiki/List_of_languages_by_total_number_of_speakers

Wikipedia – Liste der Sprachen der Wikipedia-Einträge, gesichtet und heruntergeladen am 29.11.2016: https://de.wikipedia.org/wiki/Wikipedia:Sprachen#Alle_Wikipedias

Wikipedia-Liste der Zugriffe auf die einzelnen Sprach-Einträge, gesichtet und herunter-geladen am 29.11.2016: https://stats.wikimedia.org/EN/TablesPageViewsMonthlyCombined.htm

Karte des Oxford Internet Institute der University of Oxford, die zeigt, mit welchen Ländern einzelne Wikipedia-Artikel geogetagged sind (also um welche Länder es in den Artikeln geht), basierend auf Daten von November 2012, gesichtet und heruntergeladen am 05.01.2017: http://geography.oii.ox.ac.uk/?page=the-geographically-uneven-coverage-of-wikipedia

Die menschliche Ignoranz und ihr Zahlenbeweis – *Seite 77*

Die Gapminder-Studie zur Ignoranz der Deutschen, gesichtet und heruntergeladen am 27.11.2016: https://www.gapminder.org/GapminderMedia/wp-uploads/German-Ignorance-2014.pdf

Die digitale Kluft – *Seite 79*

Die offizielle chinesische Statistik, die das *Forbes*-Magazin zitiert, gesichtet (aber nicht ver-standen, weil chinesisch) und heruntergeladen am 26.11.2016: www.cnnic.cn/hlwfzyj/hlwxzbg/201601/P020160122469130059846.pdf

Forbes-Artikel mit China-Zahl vom 25.01.2016, gesichtet und heruntergeladen am 26.11.2016: www.forbes.com/sites/melanieleest/2016/01/25/chinas-nearly-700-million-internet-users-are-hot-for-online-finance/#193682391391

Akamai – State of the Internet Report (1. Quartal 2016), gesichtet und heruntergeladen am 26.11.2016: http://wwwns.akamai.com/soti/soti_q116_figures.zip

Zahlen zur Elektrizität von der Weltbank (2016), gesichtet und heruntergeladen am 26.11.2016: http://data.worldbank.org/indicator/EG.ELC.ACCS.ZS?year_high_desc=false

Die Statistik (2016) der UNO-Organisation für Telekommunikation, ITU, gesichtet und heruntergeladen am 26.11.2016: https://www.itu.int/en/ITU-D/Statistics/Documents/facts/ICTFactsFigures2015.pdf

Eine umfangreiche Sammlung von Quellen zum Thema Afrika/Internet findet sich hier: www.oafrica.com/data/

Wer erwirtschaftet mehr? – *Seite 81*

Werte Arbeitszeit pro Kopf und Jahr, OECD-Statistik »Average annual hours actually worked per worker«, gesichtet und heruntergeladen am 01.11.2016: http://stats.oecd.org/index.aspx?DataSetCode=ANHRS

Werte BIP, OECD-Statistik »Gross domestic product (GDP)«, gesichtet und heruntergeladen am 1.11.2016: https://data.oecd.org/gdp/gross-domestic-product-gdp.htm

Nationen im Schwanzlängenvergleich – *Seite 83*

UNO-Statistik; Bevölkerung der Welt; plus geordnet nach Weltregionen 2013/2014, gesichtet und heruntergeladen am 29.10.2016: http://unstats.un.org/unsd/demographic/products/vitstats/serATab1.pdf

UNO-Statistik; Bevölkerung nach Ländern 2014/2015 (letztes Update am 17.10.2016), gesichtet und heruntergeladen am 29.10.2016: http://unstats.un.org/unsd/demographic/products/vitstats/serATab2.pdf

Bevölkerung der EU: Europäische Kommission, Daten vom 01.01.2016, gesichtet und heruntergeladen am 29.10.2016: http://ec.europa.eu/eurostat/tgm/table.do?tab=table&init=1&plugin=1&language=de&pcode=tps00001

Handlesen: Wie alt werde ich? – *Seite 85*

Quelle für Lebenserwartung WHO, Statistik »Life Expectancy«, letztes Update vom 06.06.2016, gesichtet und heruntergeladen am 31.10.2016: http://apps.who.int/gho/data/node.main.688

Quelle für Suizidrate der WHO, Statistik »Suicide Rates«, letztes Update vom 09.09.2016, gesichtet und heruntergeladen am 31.10.2016: http://apps.who.int/gho/data/node.main.MHSUICIDE?lang=en

Gute Nachrichten aus Afrika – *Seite 87*

Time-Artikel vom 03.03.2016, gesichtet und heruntergeladen am 26.11.2016: http://time.com/4246821/these-5-facts-explain-the-good-news-about-africa/

Weltbank-Artikel vom Oktober 2015, gesichtet und heruntergeladen am 26.11.2016: www.worldbank.org/en/region/afr/publication/africas-demographic-transition

Weltbank-Artikel vom 04.10.2015 über Armut, gesichtet und heruntergeladen am 26.11.2016: www.worldbank.org/en/news/press-release/2015/10/04/world-bank-forecasts-global-poverty-to-fall-below-10-for-first-time-major-hurdles-remain-in-goal-to-end-poverty-by-2030

Weltbank-Statistik über Armut im Sub-Sahara-Afrika, gesichtet und heruntergeladen am 07.05.2017: http://databank.worldbank.org/data/reports.aspx?source=poverty-and-equity-database#

Economist-Artikel vom 28.02.2013, gesichtet und heruntergeladen am 26.11.2016: www.economist.com/news/special-report/21572377-african-lives-have-already-greatly-improved-over-past-decade-says-oliver-august

Gleich, gleicher, ungleich – *Seite 89*
Das Income Inequality Update der OECD von November 2016, gesichtet und heruntergeladen am 27.11.2016: www.oecd.org/social/OECD2016-Income-Inequality-Update.pdf
Richard Wilkinson im Interview mit science.ORF.at am 25.11.2016, gesichtet und heruntergeladen am 27.11.2016: http://science.orf.at/stories/2811062/

Unglückliche Sieger im EU-Gehaltsvergleich – *Seite 91*
Meldung der österreichischen Presseagentur APA vom 13.03.2017, gesichtet und gespeichert am 11.04.2017: APA0142 2017-03-13/11:00
Eurostat-Statistik »Median hourly earnings, all employees (excluding apprentices)« vom 09.02.2017, gesichtet und heruntergeladen am 11.04.2017: http://appsso.eurostat.ec.europa.eu/nui/submitViewTableAction.do
Eurostat-Statistik »Comparative price levels, 2003–13«, gesichtet und heruntergeladen am 10.05.2017: http://ec.europa.eu/eurostat/statistics-explained/index.php/File:Comparative_price_levels,_2003%E2%80%9313_(%C2%B9)_(final_consumption_by_private_households_including_indirect_taxes,_EU-28%3D100)_YB15-de.png

Armut, Ungleichheit, Superreiche: eine ideologische Schlacht – *Seite 93*
Weltbankbericht »Taking on Inequality. Poverty and Shared Prosperity 2016«, Weltbank 2016, gesichtet und heruntergeladen am 10.03.2017: https://openknowledge.worldbank.org/bitstream/handle/10986/25078/9781464809583.pdf#page=55
FAO-Bericht »The State of Food Insecurity in the World 2015«, FAO 2015, gesichtet und heruntergeladen am 10.03.2017: www.fao.org/3/a-i4646e.pdf
Guardian-Artikel, in dem die Diskussion über die verschiedenen Methoden der Messung von Ungleichheit erklärt wird, vom 08.04.2016, gesichtet und heruntergeladen am 10.03.2017: https://www.theguardian.com/global-development-professionals-network/2016/apr/08/global-inequality-may-be-much-worse-than-we-think

Ethik und Business – *Seite 95*
Aufmerksam geworden auf die Studie durch einen Artikel der *Süddeutschen Zeitung* vom 05.04.2017, gesichtet und heruntergeladen am 10.04.2017: www.sueddeutsche.de/wirtschaft/korruption-jeder-vierte-manager-ist-bereit-zu-unethischem-verhalten-

1.3451998

Ernst & Young, Europe, Middle East, India and Africa Fraud Survey 2017, gesichtet und
   heruntergeladen am 10.04.2017: http://ey-fraudsurvey-prod.living-digital.com/media/
   1274/16079_ey_emea_fs_p_a4_2017_lr_single.pdf

Oben und unten, Norden und Süden, Himmel und Hölle – *Seite 97*
Zu Kai Krauses Afrika: *Economist*-Artikel vom 10.11.2010, gesichtet und heruntergeladen am
   12.11.2016: www.economist.com/blogs/dailychart/2010/11/cartography
Kai Krauses »The true size of Africa«, gesichtet und heruntergeladen am 27.12.2016:
   http://kai.sub.blue/de/africa.html
Zur Person Kai Krause: Wikipedia-Artikel, gesichtet und heruntergeladen am 12.11.2016:
   https://de.wikipedia.org/wiki/Kai_Krause
Zur McArthur-Karte: Wikipedia-Artikel, gesichtet und heruntergeladen am 12.11.2016:
   https://de.wikipedia.org/wiki/McArthur%E2%80%99s_Universal_Corrective_Map_of_
   the_World

Warum die Weißrussen so viel saufen – *Seite 99*
WHO-Report zum Thema Alkohol aus dem Jahr 2015, gesichtet und heruntergeladen am
   14.11.2016: www.who.int/substance_abuse/publications/global_alcohol_report/msb_
   gsr_2014_1.pdf?ua=1
Herausgerechnet von Wikipedia aus diesem Report die Rangliste nach Ländern mit
   Stand 2010 (und einer Schätzung für 2015), gesichtet und heruntergeladen am 14.11.2016:
   https://en.wikipedia.org/wiki/List_of_countries_by_alcohol_consumption_per_capita
OpenDemocracy-Artikel vom 14.07.2014, gesichtet und heruntergeladen am 14.11.2016:
   https://www.opendemocracy.net/od-russia/vadzim-smok/drowning-their-sorrows-in-
   belarus-alcohol-WHO-ranking
Artikel im Belarus Digest vom 27.05.2014, gesichtet und heruntergeladen am 14.11.2016:
   http://belarusdigest.com/story/who-belarusians-are-heaviest-drinkers-world-17958

Es gibt mehr Raucher – und weniger – *Seite 101*
Aufmerksam geworden auf das Thema durch einen Artikel von science.ORF.at vom
   06.04.2017, gesichtet und heruntergeladen am 10.04.2017: http://science.orf.at/
   stories/2835493
Die Studie »Smoking prevalence and attributable disease burden in 195 countries and
   territories, 1990–2015: a systematic analysis from the Global Burden of Disease Study
   2015«, veröffentlicht in *The Lancet* am 05.04.2017, gesichtet und heruntergeladen am
   10.04.2017: http://thelancet.com/pdfs/journals/lancet/PIIS0140-6736(17)30819-X.pdf
Zahl der Terrortoten 2014 aus *Frankfurter Allgemeine Zeitung* online, vom 17.11.2015, gesichtet
   und heruntergeladen am 10.04.2017: www.faz.net/aktuell/politik/ausland/zahl-der-terror-
   opfer-weltweit-auf-neuem-hoechststand-13916748.html

Wo big wirklich beautiful ist – *Seite 103*
Infos über Golfstaaten aus einem Al-Arabiya-Artikel vom 24.07.2013, gesichtet und herunter-
   geladen am 01.11.2016: http://english.alarabiya.net/en/life-style/2013/07/24/Obesity-
   Gulf-states-world-heavyweight-contenders-.html

WHO-Grafik zur weltweiten Fettleibigkeit, »Prevalence of obesity, ages 18+, 2010–2014«, gesichtet und heruntergeladen am 01.11.2016: http://gamapserver.who.int/gho/interactive_charts/ncd/risk_factors/obesity/atlas.html

CNN-Artikel samt Interview-Zitaten von Temo Waqanivalu vom 01.05.2015, gesichtet und heruntergeladen am 22.12.2016: http://edition.cnn.com/2015/05/01/health/pacific-islands-obesity/

Warum Südkoreaner bis ins Greisenalter arbeiten – *Seite 105*

Das gesetzliche Pensionsantrittsalter der Länder aus der OECD-Statistik »Average effective age of retirement versus the normal retirement age, 2009–2014«, gesichtet und heruntergeladen am 31.10.2016 (Zahlen sind Durschnitte von 2009 bis 2014): www.oecd.org/els/emp/Summary_2014_values.xls

Die Daten des tatsächlichen Pensionsantrittsalters von der OECD-Statistik »Average effective age of retirement«, Zahlen bis 2014, gesichtet und heruntergeladen am 22.12.2016: www.oecd.org/els/emp/Summary_1970%20values.xls

Die Infos über Korea stammen aus dem kostenlosen Online-Buch »Facing the Future: Korea's Family, Pension and Health Policy Challenges« der OECD aus dem Jahr 2007, das in Google gelesen werden kann; gesichtet am 31.10.2016: https://books.google.at/books?id=zo8TEYtsJD8C&printsec=frontcover&hl=de#v=onepage&q&f=false

Bullshit-Alarmismus vom Feinsten – *Seite 107*

Artikel in der *Welt* vom 06.04.2017, gesichtet und heruntergeladen am 10.04.2017: https://www.welt.de/wirtschaft/article163418845/Kriege-Terror-Instabilitaet-die-Welt-ist-ein-Pulverfass.html

Das Relativieren kommt in Mode – *Seite 109*

Steven Pinker: Gewalt. Eine neue Geschichte der Menschheit. S. Fischer, Frankfurt am Main 2011. Da vor allem: S. 95 bis S. 102

Zum Thema »einzelne Kritikpunkte« vor allem ein *FAZ*-Artikel vom 18.10.2011, gesichtet und heruntergeladen am 31.10.2016: www.faz.net/aktuell/feuilleton/buecher/rezensionen/sachbuch/steven-pinker-gewalt-alle-kurven-weisen-auf-den-ewigen-frieden-11497412.html

So viel Leid, entgegen der Statistik – *Seite 111*

New-York-Times-Artikel über Ciudad Juárez vom 13.12.2016, gesichtet und heruntergeladen am 13.12.2016: www.nytimes.com/2016/12/13/world/americas/mexico-drug-war-violence-donald-trump-wall.html

Artikel im *Hamburger Abendblatt* vom 31.01.2010, gesichtet und heruntergeladen am 12.07.2017: www.abendblatt.de/vermischtes/article107637426/20-Tote-in-der-Hauptstadt-der-Morde.html

Global Status Report on Violence Prevention 2014 – WHO, gesichtet und heruntergeladen am 13.12.2016: http://apps.who.int/iris/bitstream/10665/145086/1/9789241564793_eng.pdf?ua=1&ua=1

Johann Hari: Drogen. S. Fischer, Frankfurt am Main 2015

WWW – das WeltWeite Wichsen – *Seite 113*

Über die »Great Internet Sex Panic«: Wikipedia-Artikel zum »Communications Decency Act«, gesichtet und heruntergeladen am 14.04.2017: https://en.wikipedia.org/wiki/Communications_Decency_Act

Exon-Amendment, Rimm-Study, Donna Hoffman aus meiner alten Website (Uni-Arbeit von mir aus dem Jahr 1996 mit dem Titel »Zensur im Internet«), gesichtet und heruntergeladen am 14.04.2017: http://web.archive.org/web/20020115094014/www.unet.univie.ac.at/~a9403074/Zensur.htm

Artikel im *Forbes Magazine* vom 20.05.2011, Interview mit Ogas und Gaddam, gesichtet und heruntergeladen am 14.04.2017: www.forbes.com/sites/julieruvolo/2011/05/20/the-internet-is-for-porn-so-lets-talk-about-it/#78679f2c1807

Artikel im *Forbes Magazine* vom 07.09.2011 über das Buch von Ogas und Gaddam, gesichtet und heruntergeladen am 14. 04. 2017: www.forbes.com/sites/julieruvolo/2011/09/07/how-much-of-the-internet-is-actually-for-porn/#200be26661f7

Buch von Ogas und Gaddam: www.billionwickedthoughts.com/index.html

Ogi Ogas, Sai Gaddam: A Billion Wicked Thoughts: What the Internet Tells Us About Sexual Relationships. Plume, London 2012

Optenet-Presseaussendung vom 16.06.2010, gesichtet und heruntergeladen am 14.04.2017: www.optenet.com/en-us/new.asp?id=270

Studie »Marketing Pornography on the Information Highway«, letztes Update vom 07.11.1995, gesichtet und heruntergeladen am 14.04.2017: http://groups.csail.mit.edu/mac/classes/6.805/articles/pornscare/rimm-study/mrtext.html

Quelle des zitierten Memes mit der elaborierten Porno-Grafik, gesichtet und heruntergeladen am 14.04.2017: www.dailyinfographic.com/the-stats-on-internet-pornography-infographic

Hintergrundartikel der BBC vom 01.07.2013, der ebenfalls die Statistiken anzweifelt, gesichtet und heruntergeladen am 14.04.2017: www.bbc.com/news/technology-23030090

Artikel von »Extreme Tech« vom 04.04.2012 mit einer Annäherung zum Thema (wird andernorts aber kritisiert; wird häufig in diesem Zusammenhang zitiert), gesichtet und heruntergeladen am 14.04.2017: https://www.extremetech.com/computing/123929-just-how-big-are-porn-sites

FAZ-Artikel vom 23.01.2014 mit Alan-Moore-Zitat, gesichtet und heruntergeladen am 14.04.2017: www.faz.net/aktuell/feuilleton/medien/internet-pornographie-im-weltreich-der-nackten-daten-12764666.html?printPagedArticle=true#pageIndex_2

Die langweiligen Todesursachen – *Seite 115*

WHO-Zahlen (die frischesten zum Zeitpunkt der Recherche) von 2012, gesichtet und heruntergeladen am 27.11.2016: www.who.int/mediacentre/factsheets/fs310/en/

Terrorismus 2015 – Zahlen von www.state.gov – also der amerikanischen Regierung, gesichtet und heruntergeladen am 27.11.2016: https://www.state.gov/documents/organization/257738.pdf

Quelle für Zahl Weltbevölkerung 2015: Statista, gesichtet und heruntergeladen am 27.11.2016: https://de.statista.com/statistik/daten/studie/1716/umfrage/entwicklung-der-weltbevoelkerung/

Quelle für Zahl Weltbevölkerung 2014: Stiftung Weltbevölkerung, Datenreport 2014, gesichtet und heruntergeladen am 27.11.2016: www.weltbevoelkerung.de/fileadmin/content/PDF/Datenreport_2014_Stiftung_Weltbevoelkerung.pdf

Zahlen bewaffnete Konflikte 2014 – *Guardian* vom 20.05.2015, zitiert IISS-Zahlen, die aber kostenpflichtig wären, gesichtet und heruntergeladen am 27.11.2016: https://www.theguardian.com/world/2015/may/20/armed-conflict-deaths-increase-syria-iraq-afghanistan-yemen

World Drug Report 2016 der UNODC, gesichtet und heruntergeladen am 27.11.2016: www.unodc.org/doc/wdr2016/WORLD_DRUG_REPORT_2016_web.pdf

Haiattacken 2015 von CNN vom 09.02.2016, gesichtet und heruntergeladen am 27.11.2016: http://edition.cnn.com/2016/02/09/world/shark-attacks/

Flugzeugabstürze US Bureau of Aircraft Accidents, Zahlen 2015, gesichtet und heruntergeladen am 27.11.2016: www.baaa-acro.com/advanced-search-result/?type=crash&-display=entry&year_post=2015&continent=0&country=0&pavillon=0&aircraft=0&operator=0&cause=0&et_searchform_submit=et_search_proccess

UNODC-Zahlen zu Morden im Jahr 2012, gesichtet und heruntergeladen am 27.11.2016: https://www.unodc.org/gsh/en/big-picture.html

Für die Google-Zahlen: news.google.co.uk, gecheckt am 27.11.2016

VON RELATIONEN UND RELATIVIERUNGEN

Frauen oder Männer: Wer arbeitet mehr? – *Seite 119*
Quelle: UN Statistics Division; Gender Statistics; Allocation of time and time-use, letztes Update Mai 2016, gesichtet und heruntergeladen am 21.12.2016: http://unstats.un.org/unsd/gender/timeuse/

Mark Zuckerberg kauft WhatsApp. Ich kaufe mir eine Semmel – *Seite 121*
Quelle für den Verkaufspreis, Artikel im *Handelsblatt* vom 06.10.2014, gesichtet und heruntergeladen am 30.10.2016: www.handelsblatt.com/unternehmen/it-medien/kauf-abgeschlossen-whatsapp-gehoert-jetzt-zu-facebook/10800722.html

Calling Bullshit – *Seite 123*
Carl Bergstroms Text über Infografiknonsens auf der Uni-Website zu seiner Vorlesung »Calling Bullshit«, erstellt 2016, gesichtet und heruntergeladen am 10.03.2017: http://callingbullshit.org/tools/tools_misleading_axes.html

Website der Washington State University mit Kurzbiografie von Bergstrom, kein Datum, gesichtet und heruntergeladen am 10.03.2017: http://octavia.zoology.washington.edu/

Die Unstatistik des Monats von Thomas Bauer, Walter Krämer und Gerd Gigerenzer: https://www.mpib-berlin.mpg.de/de/presse/dossiers/unstatistik-des-monats

Gerd Gigerenzer: Das Einmaleins der Skepsis. Über den richtigen Umgang mit Zahlen und Risiken. Piper, München/Berlin 2002

Lügen, dass sich die Balken biegen – *Seite 125*

Artikel von *Der Standard* mit eingebettetem SOS-Mitmensch-Facebook-Posting; Artikel vom 12.08.2016, SOS-Mitmensch-Meme vom 11.08.2016; Artikel gesichtet und heruntergeladen am 10.03.2017: http://derstandard.at/2000042770666/Kritik-an-verzerrender-Krone-Grafik-zu-Mindestsicherung

Halbstarke Muslime – *Seite 127*

Website von think.difference: http://think-difference.com/

Quelle für die Zitate und Infos im Text, ein *Standard*-Artikel vom 16.10.2016, gesichtet und heruntergeladen am 31.10.2016: http://derstandard.at/2000045970613/Studie-zu-Radikalisierung-in-Wien-Junge-Muslime-gefaehrdet

Quelle dafür, dass Jugendarbeiter meinen, Jugendliche reden halt deppert, ein *Kurier*-Artikel vom 18.10.2016, gesichtet und heruntergeladen am 31.10.2016: https://kurier.at/chronik/oesterreich/nein-die-radikalisierungsstudie-sagt-nichts-ueber-muslimische-jugendliche-aus/226.077.753

Langweilige Nazis – *Seite 129*

Artikel des Neonazi-Blogs »Alpenschau.com« über Merkels »Umvolkungsplan«, vom 14.04.2016, gesichtet und heruntergeladen am 11.04.2017: http://alpenschau.com/2016/04/14/merkels-plan-geht-auf-so-werden-die-deutschen-ausgerottet/

Spiegel-Artikel vom 14.03.2017, gesichtet und heruntergeladen am 11.4.2017: www.spiegel.de/politik/deutschland/angela-merkel-nein-die-kanzlerin-hat-keinen-geheimen-fluechtlingsplan-a-1138529.html

Wenn Facebook eine Empfehlung ausspricht – *Seite 131*

Ein Artikel von mir vom 28.03.2017 für ORF.at, gesichtet und heruntergeladen am 11.4.2017: http://orf.at/stories/2385217/2385230/

Die Hobbys der Asylwerber – *Seite 133*

Mein eigener Artikel vom 14.06.2015, dennoch heruntergeladen am 15.11.2016: http://orf.at/stories/2285355/2283554/

Autos werden immer sauberer? – *Seite 135*

Forbes-Artikel vom 16.05.2016, gesichtet und heruntergeladen am 13.11.2016: www.forbes.com/sites/tychodefeijter/2016/05/16/five-things-you-need-to-know-about-the-chinese-car-market/2/#397edfa21a24

Wall-Street-Journal-Artikel vom 12.01.2015, gesichtet und heruntergeladen am 13.11.2016: www.wsj.com/articles/chinas-automobile-sales-slow-in-2014-1421046195

Statista (Deutsches Statistikunternehmen) zu weltweit zugelassenen Pkw, gesichtet und heruntergeladen am 13.11.2016: https://www.statista.com/statistics/281134/number-of-vehicles-in-use-worldwide/

Wachstum bei zugelassenen Pkw in China, ebenfalls Statista, gesichtet und heruntergeladen am 13.11.2016: https://www.statista.com/statistics/285306/number-of-car-owners-in-china/

Anteil Chinas an der weltweiten Pkw-Produktion, auch Statista, gesichtet und heruntergeladen am 13.11.2016: https://de.statista.com/statistik/daten/studie/216467/umfrage/
anteile-einzelner-staaten-und-regionen-an-der-pkw-produktion/

Zum Umsatz der Deutschen Automobilindustrie im Jahresvergleich, wieder Statista, gesichtet
und heruntergeladen am 13.11.2016: https://de.statista.com/statistik/daten/studie/160479/
umfrage/umsatz-der-deutschen-automobilindustrie/

Wikipedia, »List of countries by vehicles per capita«, gesichtet am 13.11.2016, heruntergeladen
am 27.12.2016: https://en.wikipedia.org/wiki/List_of_countries_by_vehicles_per_capita

Chinesen und Inder haben Kohle – *Seite 137*

Stephen Emmott: Zehn Milliarden. Suhrkamp, Berlin 2013, S. 202; die Kohlestatistik findet
sich auf den S. 88/89.

International Energy Outlook 2016 der US Energy Information Administration, gesichtet und
heruntergeladen am 14.11.2016: www.eia.gov/forecasts/ieo/coal.cfm

Greenpeace-Bericht zur Genehmigung von 210 Kohlekraftwerken durch die chinesische
Regierung, gesichtet und heruntergeladen am 14.11.2016: www.greenpeace.org/eastasia/
Global/eastasia/publications/reports/climate-energy/2016/Greenpeace_Doubling%20
Down%20on%20Coal%20Power%202015%20(update).pdf

New-York-Times-Artikel zum laut China sinkenden Kohleverbrauch, gesichtet und heruntergeladen am 14.11.2016: www.nytimes.com/2016/03/03/world/asia/china-coal-
consumption-down.html?_r=0

Der Trend geht in Richtung Bio? Nein – *Seite 139*

UNEP, Oktober 2012, Bericht »Growing Greenhouse Gas Emissions Due to Meat
Production«, gesichtet und heruntergeladen am 12.11.2016: www.unep.org/pdf/
unep-geas_oct_2012.pdf

Spiegel-Artikel vom 13.01.2016, der den »Fleischatlas 2016« (Heinrich-Böll-Stiftung und
Bund für Umwelt und Naturschutz) zitiert, gesichtet und heruntergeladen am 12.11.2016:
www.spiegel.de/wirtschaft/service/fleischatlas-2016-massentierhaltung-wird-zum-
standard-a-1071716.html

Die Umweltangst der Autofahrer – *Seite 141*

Infos von Christian Gratzer vom VCÖ (Verkehrsclub Österreich) via E-Mail vom 12.05.2017

Market-Umfrage 2012/1991, gesichtet und heruntergeladen am 28.11.2016, offenbar im April
2017 nicht mehr online.

Statistik Austria, Kfz-Bestand 2003/2004, gesichtet und heruntergeladen am 28.11.2016:
www.statistik.at/wcm/idc/idcplg?IdcService=GET_PDF_FILE&RevisionSelection
Method=LatestReleased&dDocName=020902

Statistik Austria, Kfz-Bestand Oktober 2016, gesichtet und heruntergeladen am 28.11.2016:
www.statistik.at/wcm/idc/idcplg?IdcService=GET_PDF_FILE&RevisionSelection
Method=LatestReleased&dDocName=062059

VCÖ-Aussendung via Vorarlberg Online vom 24.02.2011, gesichtet und heruntergeladen
am 28.11.2016: www.vol.at/vc-produktion-eines-autos-verursacht-so-viel-co2-wie-30-000-
kilometer/news-20110224-01133457

VCÖ-Bericht vom 25.11.2015 unter Berufung auf das Umweltbundesamt, gesichtet und heruntergeladen am 28.11.2016: https://www.vcoe.at/news/details/vcoe-oesterreicher-vermeiden-mit-klimafreundlicher-mobilitaet-43-millionen-tonnen-co2-pro-jahr

CO_2-Monitoring Pkw 2015 des Umweltbundesamtes von November 2015, gesichtet und heruntergeladen am 28.11.2016: https://www.bmlfuw.gv.at/dam/jcr:0b439c8e-bf8b-4d44-baeb-42e6b17bc7bb/CO2-Monitoring_Pkw%202015_final.pdf

Zahl der zugelassenen Kfz 1990 aus dem Bericht »Verkehr in Zahlen – Ausgabe 2011« von Herry-Verkehrsplanung/Consulting im Auftrag des Verkehrsministeriums, gesichtet und heruntergeladen am 11.12.2016: https://www.bmvit.gv.at/verkehr/gesamtverkehr/statistik/downloads/viz_2011_kap_5.pdf

Faktum, dass die gefahrenen Straßenkilometer weiter zunehmen, aus dem Bericht »Automatische Straßenverkehrszählung 2014 – Bundesweite Auswertung« von austriatech im Auftrag des Verkehrsministeriums, von März 2016, gesichtet und heruntergeladen am 11.12.2016: https://www.bmvit.gv.at/verkehr/strasse/autostrasse/statistik/downloads/autom_str_zaehlung2014.pdf

Die Ego-Shooter unter den Nationen – *Seite 143*

SIPRI-Bericht (Stockholm International Peace Research Institute) von 2016, Militärausgaben der Welt 1988–2015, gesichtet und heruntergeladen am 28.11.2016: https://www.sipri.org/research/armament-and-disarmament/arms-transfers-and-military-spending/military-expenditure#expanded

SIPRI-Bericht von 2016, Militärausgaben 2015 im Ländervergleich, gesichtet und heruntergeladen am 28.11.2016: https://www.sipri.org/research/armament-and-disarmament/arms-transfers-and-military-spending/military-expenditure#expanded

SIPRI-Bericht von 2016, Militärausgaben 2015 im Ländervergleich nach Anteil am BIP, gesichtet und heruntergeladen am 28.11.2016: https://www.sipri.org/research/armament-and-disarmament/arms-transfers-and-military-spending/military-expenditure#expanded

SIPRI-Bericht von 2016, Militärausgaben der Welt gesamt 2015, gesichtet und heruntergeladen am 28.11.2016: https://www.sipri.org/research/armament-and-disarmament/arms-transfers-and-military-spending/military-expenditure#expanded

SIPRI-Bericht von 2016, Vergleich Gesundheits- und Militärausgaben nach Regionen, gesichtet und heruntergeladen am 28.11.2016: https://www.sipri.org/research/armament-and-disarmament/arms-transfers-and-military-spending/military-expenditure#expanded

Wikipedia-Seite über SIPRI, gesichtet und heruntergeladen am 28.11.2016: https://de.wikipedia.org/wiki/Stockholm_International_Peace_Research_Institute

ALLTÄGLICHKEITEN

Das Smartphone – der Verblödungsknochen der Deutschen? – *Seite 147*

Die JIM-Studie 2016 (Jugend, Information, [Multi-]Media) des deutschen Medienpädagogischen Forschungsverbunds Südwest vom November 2016, gesichtet und heruntergeladen am 10.12.2016: www.mpfs.de/fileadmin/files/Studien/JIM/2016/JIM_Studie_2016.pdf

Auswertung der Allensbacher Markt- und Werbeträgeranalyse durch Meedia vom 02.07.2015, gesichtet und heruntergeladen am 10.12.2016: http://meedia.de/2015/07/02/vier-spannende-trends-bei-der-mediennutzung-in-deutschland/

Die ARD-ZDF-Onlinestudie vom 10.12.2016, heruntergeladen und gesichtet am 10.12.2016: www.ard-zdf-onlinestudie.de/

Online-Befragung mit 1024 Teilnehmern über die Smartphone-Zeit von myMarktforschung; myMarktforschung ist ein Marktforschungsinstitut, dessen Umfragen laut news.google.de von der *Süddeutschen Zeitung*, der *Welt* und dem *Stern* zitiert werden; veröffentlicht im September 2015, gesichtet und heruntergeladen am 10.12.2016: https://www.mymarktforschung.de/de/statistiken/tag/Handynutzung.html

Statista – Anteil der Leser von Online-Nachrichten auf dem Smartphone nach Altersgruppen in Deutschland im Jahr 2016, gesichtet und heruntergeladen am 10.12.2016: https://de.statista.com/statistik/daten/studie/511580/umfrage/lesen-von-online-nachrichten-auf-dem-smartphone-nach-alter-in-deutschland/

Fernsehen macht glücklich, sagt das Fernsehen – *Seite 149*
BBC-Artikel über eine Studie, wonach es glücklich macht, sich in der Natur aufzuhalten, vom 20.04.2016, gesichtet und heruntergeladen am 11.03.2017: www.bbc.co.uk/earth/story/20160420-how-nature-is-good-for-our-health-and-happiness

BBC-Studie, die besagt, dass es glücklich macht, sich Naturdokus anzuschauen, kein Datum angegeben, gesichtet und heruntergeladen am 11.03.2017: http://asset-manager.bbcchannels.com/workspace/uploads/bbcw-real-happiness-white-paper-final-v2-58a c1df7.pdf

Die ganze Welt und unser Leben auf einen Blick – *Seite 151*
Worldometers – ist als »outstanding« prämiert worden von der international renommierten American Library Association. Heruntergeladen und gesichtet (die deutsche Version) am 12.12.2016: www.worldometers.info/de/

Von dort kommt auch die Sieben-Billion-Website, heruntergeladen und gesichtet am 12.12.2016: www.worldometers.info/de/

Internet live stats – wird unter anderem von WWW-Erfinder Tim Berners-Lee und seiner World Wide Web Foundation zitiert. Heruntergeladen und gesichtet am 12.12.2016: www.internetlivestats.com/

Dort die Unterseite one second, heruntergeladen und gesichtet am 12.12.2016: www.internetlivestats.com/one-second/

Your life in weeks – von Tim Urban, heruntergeladen und gesichtet am 12.12.2016: www.internetlivestats.com/one-second/

Savoir-vivre: Franzose müsste man sein – *Seite 153*
Wie viel Freizeit die Länder haben: »Better Life Index – Edition 2016« der OECD, gesichtet und heruntergeladen am 12.12.2016: http://stats.oecd.org/Index.aspx?DataSetCode=BLI

Die Zufriedenheit mit der Work-Life-Balance: »Society at a Glance 2016« der OECD, Kapitel 7, »Social Cohesion Indicators«, gesichtet und heruntergeladen am 12.12.2016:

www.oecd-ilibrary.org/docserver/download/8116131ec026.pdf?expires=1481561022&id=
id&accname=guest&checksum=888419712D1846EFA08C8A978C5872FB

Argumente für den Arbeitskampf – *Seite 155*
WSI: Arbeit und Gesundheit im betrieblichen Kontext. 12/2016, gesichtet und heruntergeladen am 11.03.2017: www.boeckler.de/pdf/p_wsi_report_33_2016.pdf

Die Fünfzehn-Stunden-Woche – *Seite 157*
Guardian-Artikel vom 26.02.2017, gesichtet und heruntergeladen am 11.03.2017:
https://www.theguardian.com/books/2017/feb/26/rutger-bregman-utopia-for-realists-
interview-universal-basic-income#img-1

Die größte Angst der Amerikaner – *Seite 159*
Blogeintrag der *Washington Post* vom 30.10.2014, gesichtet und heruntergeladen am
12.12.2016: https://www.washingtonpost.com/news/wonk/wp/2014/10/30/clowns-are-
twice-as-scary-to-democrats-as-they-are-to-republicans/?utm_term=.9796327fbee1
»Chapman University Survey of American Fears« vom 11.10.2016, gesichtet und heruntergeladen am 12.12.2016: https://blogs.chapman.edu/wilkinson/2016/10/11/americas-top-
fears-2016/

Wem R2-D2 und C-3PO die Jobs stehlen – *Seite 161*
Buchzitat aus: Michio Kaku: Die Physik der Zukunft. Unser Leben in 100 Jahren. Rowohlt,
Reinbek 2012, S. 157
Statistiken der International Federation of Robotics. Deren Server down, Statistiken deshalb
auf der »Atlas«-Website, gesponsert von Generel Eletrics, gefunden, gesichtet und
heruntergeladen am 26.11.2016: https://www.theatlas.com/charts/HJgIZoDyl
https://www.theatlas.com/charts/HkVdxjwyg
https://www.theatlas.com/charts/B1BQyjv1l
NZZ-Interview vom 12.11.2016 mit David Autor, gesichtet und heruntergeladen am 23.11.2016:
www.nzz.ch/wirtschaft/david-autor-im-gespraech-kein-wunder-sind-die-leute-
wuetend-ld.127986
Ländervergleich, wo die größte Dichte an Robotern in der Produktion herrscht, aus einer
Presseaussendung der International Federation of Robotics via GlobeNewswire vom
23.11.2016 (gehört zur NASDAQ), der auf den »World Robotics Report 2016« Bezug
nimmt, gesichtet und heruntergeladen am 23.11.2016: https://globenewswire.com/news-
release/2016/11/23/892312/0/en/International-Federation-of-Robotics-US-Industry-135-
000-new-robots-bring-jobs-back-home.html

Na dann, gute Nacht – *Seite 163*
Die Länge des Schlafs im Wochenschnitt im Vergleich hat *Daily Mail* in einem Artikel vom
04.05.2015 herausklamüsert, fußend auf Daten der »Sleep Cycle Alarm Clock«, gesichtet
und heruntergeladen am 28.11.2016: www.dailymail.co.uk/sciencetech/article-3042230/
Sleeping-habits-world-revealed-wakes-grumpy-China-best-quality-shut-eye-South-
Africa-wakes-earliest.html

Zwei Statistiken direkt von der Website der »Sleep Cycle Alarm Clock«, die erste vom 15.04.2015, »How the World Sleeps: Days of the Week«, heruntergeladen und gesichtet am 28.11.2016: https://www.sleepcycle.com/news/how-the-world-sleeps-days-of-the-week/; die zweite vom 26.04.2015, »Night Owls and Early Birds oft the World«, heruntergeladen und gesichtet am 28.11.2016: https://www.sleepcycle.com/news/night-owls-and-early-birds-of-the-world/

Schlafraubritter, verkleidet als süße Babys – *Seite 165*
Aufmerksam geworden durch einen Artikel von science.ORF.at vom 03.04.2017, gesichtet und heruntergeladen am 10.04.2017: http://science.orf.at/stories/2834906
Die britische Metastudie »Systematic Review and Meta-Analysis: Fussing and Crying Durations and Prevalence of Colic in Infants«, publiziert 2017 in *The Journal of Pediatrics*, gesichtet und heruntergeladen am 10.04.2017: www.jpeds.com/article/S0022-3476(17)30218-4/pdf
Helen Walsh: Ich will schlafen! Kiepenheuer & Witsch, Köln 2012

Matchball: Facebook versus katholische Kirche – *Seite 167*
Facebook Report Second Quarter 2016, gesichtet und heruntergeladen am 29.10.2016: https://investor.fb.com/investor-news/press-release-details/2016/Facebook-Reports-Second-Quarter-2016-Results/default.aspx
Katholische Kirche international, aus dem päpstlichen Jahrbuch 2016, gesichtet und heruntergeladen am 29.10.2016: https://press.vatican.va/content/salastampa/en/bollettino/pubblico/2016/03/05/160305b.html

GUT GELAUNTER SKEPTIZISMUS

Mehr Sex für Journalisten – *Seite 171*
Spiegel-Artikel vom 03.03.2016, gesichtet und heruntergeladen am 07.03.2017: www.spiegel.de/karriere/berufe-diesen-berufsgruppen-vertrauen-die-deutschen-a-1080403.html
Tinder-Blogeintrag vom 24.02.2016, gesichtet und heruntergeladen am 07.03.2017: http://blog.gotinder.com/tinders-most-right-swiped-jobs/
»Feuerwehrleute sind vertrauenswürdigste Berufsgruppe«, *Presse*-Artikel vom 10.03.2016, gesichtet und heruntergeladen am 07.03.2017: http://diepresse.com/home/panorama/oesterreich/4943697/Feuerwehrleute-sind-vertrauenswuerdigste-Berufsgruppe

Die blutige Spur des Killers auf meinem Frühstückstisch – *Seite 173*
bild.de: »Die blutige Spur des Killers im Netz«, vom 11.03.2017, gesichtet und heruntergeladen am 11.03.2017: www.bild.de/news/inland/kindesmord/war-4-tage-auf-der-flucht-50797258.bild.html
focus.de: »Das ist die Formel, die über die Höhe Ihrer Rente entscheidet«, vom 11.03.2017, gesichtet und heruntergeladen am 11.03.2017: www.focus.de/finanzen/altersvorsorge/rente/entgeltpunkte-zugangsfaktor-rentenwert-das-ist-die-formel-die-ueber-die-hoehe-ihrer-rente-entscheidet_id_6768931.html

spiegel.de: »Merkel will mit Trump Klartext über Importsteuer reden«, vom 11.03.2017, gesichtet und heruntergeladen am 11.03.2017: www.spiegel.de/politik/deutschland/angela-merkel-will-mit-donald-trump-klartext-ueber-importsteuer-reden-a-1138249.html

welt.de: »Röttgen gegen doppelte Staatsbürgerschaft«, vom 11.03.2017, gesichtet und heruntergeladen am 11.03.2017: www.n-tv.de/politik/Roettgen-gegen-doppelte-Staatsbuergerschaft-article19741233.html

n-tv.de: »Röttgen gegen doppelte Staatsbürgerschaft«, vom 11.03.2017, heruntergeladen und gesichtet am 11.03.2017: www.n-tv.de/politik/Roettgen-gegen-doppelte-Staatsbuergerschaft-article19741233.html

Mit diesen Jobs geht es bergab – Journalisten sind vorn dabei – *Seite 175*

CareerCast zum Rückgang bei Journalisten, gesichtet und heruntergeladen am 07.03.2016, kein Datum angegeben. CareerCast überprüft bei news.google.co.uk: Wird von *Forbes* und CNBC zitiert; kommen aus Kalifornien, ein Jobs- und Karriere-Branchendienst: www.careercast.com/slide/most-endangered-jobs-2016-newspaper-reporter

Sparzwang und Excel-Blödsinn – *Seite 177*

Studie von Thomas Herndon, Michael Ash und Robert Pollin vom 24.12.2013, gesichtet und heruntergeladen am 09.12.2016: http://cje.oxfordjournals.org/content/early/2013/12/17/cje.bet075.full.pdf+html

Die Studie von Reinhart und Rogoff, gesichtet und heruntergeladen am 09.12.2016: www.nber.org/papers/w15639.pdf

Huffington-Post-Artikel vom 16.04.2013, in dem das alles zusammengefasst ist, gesichtet und heruntergeladen am 09.12.2016: www.huffingtonpost.com/2013/04/16/reinhart-rogoff-austerity-research-errors_n_3094015.html?utm_hp_ref=business

Die Antwort der Kritisierten via E-Mail, veröffentlicht von der *Huffington Post* am 17.04.2013, gesichtet und heruntergeladen am 09.12.2016: www.huffingtonpost.com/mark-gongloff/reinhart-rogoff-research-response_b_3099185.html

Was das Volk sagt, und was es wählt – *Seite 179*

Presse-Artikel zur Diskrepanz Umfragen/Ergebnis erste Runde Ö-Präsidentenwahl, gesichtet und heruntergeladen am 14.11.2016: http://diepresse.com/home/politik/bpwahl/4975013/Meinungsforscher_Fliegen-im-Nebel-gerade-auf-Sicht

Atlantic-Analyse vom 09.11.2016 nach der US-Wahl, gesichtet und heruntergeladen am 14.11.2016: www.theatlantic.com/politics/archive/2016/11/what-went-wrong-polling-clinton-trump/507188/

Kurier-Artikel mit Häupl-Zitat vom 17.05.2013, gesichtet und heruntergeladen am 14.11.2016: https://kurier.at/politik/inland/nationalratswahl-bundespraesident-heinz-fischer-haelt-dreierkoalition-fuer-moeglich/12.990.955

Kurier-Artikel über Meinungsumfragen vom 20.04.2016, gesichtet und heruntergeladen am 14.11.2016: https://kurier.at/politik/inland/bundespraesidentschaftswahl-die-macht-der-wahlumfragen/194.102.079

Presse-Artikel vom 20.12.2016 mit den genauen Wahlmänner-Zahlen zur US-Wahl, gesichtet und heruntergeladen am 27.12.2016: http://diepresse.com/home/politik/aussenpolitik/5136566/Wahlmaenner-waehlten-Donald-Trump-zum-Praesidenten

Zahlen zur Brexit-Umfrage (Durchschnitt der Meinungsumfragen zum letztmöglichen Zeitpunkt vor der Abstimmung) aus einem Artikel des *Telegraph*, gesichtet und heruntergeladen am 08.06.2017: www.telegraph.co.uk/news/2016/06/24/eu-referendum-how-right-or-wrong-were-the-polls/

Zeit-Artikel vom 22.09.2013 über tendenziöse Umfragen, gesichtet und heruntergeladen am 14.11.2016: www.zeit.de/politik/deutschland/2013-09/wahlumfragen-parteilichkeit-bundestagswahl

Zeit-Interview vom 02.11.2016 mit Politologen Shapiro, gesichtet und heruntergeladen am 14.11.2016: www.zeit.de/politik/ausland/2016-11/wahlumfragen-usa-praesidentschaftswahl-auswirkung-politikwissenschaftler-columbia-university

Standard-Kolumne mit Argument gegen Umfrageverbot vom 23.06.2013: http://derstandard.at/1371170387575/Kontra-Verbot-von-Umfragen-vor-Wahlen-Besser-als-Getuschel

Telegraph-Artikel mit Analyse US-Wahl/Meinungsforscher vom 14.11.2016, gesichtet und heruntergeladen am 14.11.2016: www.telegraph.co.uk/news/2016/11/09/how-wrong-were-the-polls-in-predicting-the-us-election/

New-York-Times-Wahlmänner-Prognose vor der US-Wahl 2016, gesichtet und heruntergeladen am 08.06.2017: https://www.nytimes.com/interactive/2016/upshot/presidential-polls-forecast.html?_r=0

Ganz Österreich ist blau – *Seite 181*

ORF.at-Artikel über die erste Runde der österreichischen Bundespräsidentenwahl 2016 – mit blau eingefärbter Bezirkskarte, heruntergeladen und gesichtet am 09.12.2016: http://orf.at/stories/2336439/2336440/

ORF.at-Artikel über die erste Runde der Stichwahl der österreichischen Bundespräsidentenwahl 2016 – mit blau eingefärbter Bezirkskarte, heruntergeladen und gesichtet am 09.12.2016: https://ws9.orf.at/newspreview/news/stories/2340557/

Die endgültigen Stimmenzahlen der ersten Runde der Wahl aus einem *Presse*-Artikel vom 25.04.2016, gesichtet und heruntergeladen am 09.12.2016: http://diepresse.com/home/politik/bpwahl/4975342/Endgueltiges-Gesamtergebnis_Hundstorfer-vor-Khol

Europa versinkt im Faschismus – oder nicht? – *Seite 183*

New-York-Times-Artikel mit der beanstandeten Grafik vom 05.12.2016, gesichtet und heruntergeladen am 09.03.2017: https://www.nytimes.com/interactive/2016/05/22/world/europe/100000004429604.mobile.html?_r=0

Für die Prozentzahlen der Parteien bei den Wahlen: die Websites der nationalen Wahlbehörden Europas, zitiert nach dieser Seite (abgerufen am 09.03.2017): www.parties-and-elections.eu/references.html

Der Papst (unseriös) und die nackte Frau Trump (seriös) – *Seite 185*

Buzzfeed-Artikel vom 16.11.2016, gesichtet und heruntergeladen am 08.03.2017: https://www.buzzfeed.com/craigsilverman/viral-fake-election-news-outperformed-real-news-on-facebook?utm_term=.qcwyLYj18#.jm7qkP5ZJ

Trump und die Mainstream-Medien – *Seite 187*

Der Tyndall Report wird zitiert von der *Washington Post*, Wired, dem *Business Insider*, *New Republic* und Buzzfeed.

Der Tyndall Report 2016, 2017, gesichtet und heruntergeladen am 10.03.2017: http://tyndallreport.com/yearinreview2016/

New-Republic-Artikel vom 02.11.2016, in dem der Tyndall Report zitiert wird, wonach im Wahlkampf die großen Netzwerke nur 32 Minuten über Sachpolitik berichtet haben, gesichtet und heruntergeladen am 10.03.2017: https://newrepublic.com/article/138310/low-can-political-journalism-sink

Business-Insider-Artikel vom 27.10.2016, wo die 32 Minuten TV-Berichterstattung über Sachpolitik aus dem Tyndall Report zitiert werden, gesichtet und heruntergeladen am 10.03.2017: www.businessinsider.de/evening-news-election-2016-10?r=US&IR=T

Trump und die Wahrheit I – *Seite 189*

Washington-Post-Artikel vom 24.08.2016, gesichtet und heruntergeladen am 12.11.2016: https://www.washingtonpost.com/news/fact-checker/wp/2016/08/24/trumps-misleading-claim-that-58-percent-of-black-youth-are-unemployed/

Statistik des »United States Department of Labor«, gesichtet und heruntergeladen am 12.11.2016: www.bls.gov/cps/cpsaat03.htm

Trump und die Wahrheit II – *Seite 191*

PolitiFact-Fact-Check vom 23.11.2015, gesichtet und heruntergeladen am 15.11.2016: www.politifact.com/truth-o-meter/statements/2015/nov/23/donald-trump/trump-tweet-blacks-white-homicide-victims/

CNN-Artikel vom 23.11.2015, der das aufgreift, gesichtet und heruntergeladen am 15.11.2016: http://edition.cnn.com/2015/11/22/politics/donald-trump-black-crime-police-retweet/

Telegraph-Artikel, der das aufgreift, gesichtet und heruntergeladen am 15.11.2016: www.telegraph.co.uk/news/worldnews/donald-trump/12012107/Donald-Trump-retweets-inaccurate-statistics-about-black-murders.html

Little-Green-Footballs-Artikel, in dem behauptet wird, dass das Meme von einer Neonazis zumindest nahestehenden Seite (runde Swastika als Profilbild) kommt. Warum ich das nicht reingenommen habe: Keine zweite renommierte Quelle bestätigt das. Habe nach dem Usernamen gegoogelt in Verbindung mit Trump und nur wenig vertrauenswürdige Quellen gefunden. Artikel gesichtet und heruntergeladen am 15.11.2016: http://littlegreenfootballs.com/article/45291_We_Found_Where_Donald_Trumps_Black_Crimes_Graphic_Came_From

Immun werden gegen Fake News – *Seite 193*

Sander van der Linden, Anthony Leiserowitz, Seth Rosenthal, Edward Maibach: Inoculating the Public against Misinformation about Climate Change, 27.01.2017, letztes Update vom 08.03.2017, gesichtet und heruntergeladen am 09.03.2017: http://onlinelibrary.wiley.com/doi/10.1002/gch2.201600008/full

Aufmerksam geworden auf die Studie durch einen Artikel von Lukas Wieselberg auf science.

ORF.at vom 23.01.2017, gesichtet und heruntergeladen am 09.03.2017: http://science.orf.at/stories/2821489/

So viel Spaß macht Genozid – *Seite 195*
Rithy Panh mit Christophe Bataille: Auslöschung. Ein Überlebender der Roten Khmer berichtet. Hoffmann und Campe, Hamburg 2013, S. 71
Eine der »Hitlisten« der Tyrannen, im Medium *Männer-News*, gesichtet und heruntergeladen am 13.11.2016: www.maennernews.info/php/diktatoren__tyrannen,83,2780.html
Amazon-Verkaufsseite für das Quartett Tyrannen2, gesichtet und kopiert und als Word gespeichert (Website-Download wurde verweigert) am 13.11.2016: https://www.amazon.de/dp/B004HGEJ46?tag=openzine-21&camp=1410&creative=6378&linkCode=as1&creativeASIN=B004HGEJ46&adid=0E20SHFW5AQ1B4KQVZX7&

Zwölf von zehn Zahnärzten empfehlen – *Seite 197*
Telegraph-Artikel vom 17.01.2007, gesichtet und heruntergeladen am 30.10.2016: www.telegraph. co.uk/news/uknews/1539715/Colgate-gets-the-brush-off-for-misleading-ads.html

Wenn's der Herr Doktor sagt – *Seite 199*
Quelle zur Kritik von Metastudien, Artikel der Zeitschrift *Heart Lung and Vessels* aus dem Jahr 2013, wiedergegeben in der Onlinedatenbank der US National Library of Medicine, Titel: Meta-analysis: pitfalls and hints; gesichtet und heruntergeladen am 09.12.2016: https://www.ncbi.nlm.nih.gov/pmc/articles/PMC3868184/
Auf das Thema der Bias in Artikeln über Studien aufmerksam geworden durch einen *Standard*-Artikel vom 16.07.2015, gesichtet und heruntergeladen am 09.12.2016: http://derstandard.at/2000019229385/Massive-Kritik-an-Diabetes-Studien
Blogeintrag der »Medizinischen Kurznachrichten der Deutschen Gesellschaft für Endokrinologie« von Prof. H. Schatz, Bochum, vom 13.07.2015, gesichtet und heruntergeladen am 09.12.2016: http://blog.endokrinologie.net/super-triaslisten-diabetesmedikamente-2098

Das Hirn durchleuchten und Farben sehen – *Seite 201*
Die Lachs-Studie von Craig M. Bennett aus dem Jahr 2009, gesichtet und heruntergeladen am 09.12.2016: http://prefrontal.org/files/posters/Bennett-Salmon-2009.pdf
Spiegel-Interview mit Felix Hasler vom 16.12.2012, gesichtet und heruntergeladen am 09.12.2016: www.spiegel.de/wissenschaft/mensch/kritik-an-fmrt-hirnscans-interview-mit-felix-hasler-a-867591.html
Süddeutsche-Zeitung-Artikel über den Lachs vom 14.12.2012, gesichtet und heruntergeladen am 09.12.2016: www.sueddeutsche.de/wissen/neuronenforschung-ein-fisch-schaut-in-die-roehre-1.36460

Wie Eitelkeit die Wissenschaft bremst – *Seite 203*
Silas Boye Nissen, Tali Magidson, Kevin Gross, Carl T. Bergstrom: Publication bias and the canonization of false facts. Publiziert im britischen Fachjournal eLife am 20.12.2016, gesichtet und heruntergeladen am 09.03.2017: https://elifesciences.org/content/5/e21451

Zusammenfassung dieser Studie auf der Website der University of Washington, publiziert ebenfalls am 20.12.2016, gesichtet und heruntergeladen am 09.03.2017: www.washington. edu/news/2016/12/20/researchers-model-how-publication-bias-does-and-doesnt-affect-the-canonization-of-facts-in-science/

Zucker ist gesund und macht schlank – *Seite 205*
ORF.at-Artikel von Martin Steinmüller vom 24.03.2017, gesichtet und heruntergeladen am 11.04.2017: http://orf.at/stories/2384267/2384266/

Über den »Arbeitskreis Jodmangel«, die »Informationsstelle für Kariesprophylaxe« und die »Gesellschaft zur Information über Vitalstoffe und Ernährung« vom 20.10.2016 aus der *Zeit*, gesichtet und heruntergeladen am 11.04.2017: www.zeit.de/wirtschaft/2016-10/ lobbyismus-gesundheit-krankheitsbilder-industrie-tarnvereine-entlarven

Kurier-Artikel, in dem das »forum.ernährung heute« zitiert wird, vom 01.07.2016, gesichtet und heruntergeladen am 11.04.2017: https://kurier.at/wissen/suesses-macht-nicht-immer-dick/207.233.647

»Geimpfte Kinder fangen an zu masturbieren« – *Seite 207*
Die folgende Impf-Infografik wurde für »Upworthy« von Leon Farrant anhand von Daten der CDC von Jänner 2011 erstellt, gesichtet und heruntergeladen am 09.03.2017 von der Website Ferrants, wo er auch detailliert auf die Quellenlage eingeht: https://www.behance. net/gallery/2878481/Vaccine-Infographic

www.upworthy.com/ever-wonder-why-people-100-years-ago-died-so-much-younger-its-these-14-reasons

oe24.at hat seinen Impf-Masturbations-Artikel offenbar aufgrund der Kritik gelöscht. Verfasst wurde er am 17.02.2017. Die Original-URL lautete: www.oe24.at/welt/Geimpfte-Kinder-fangen-an-zu-Masturbieren/269529701

Im Webarchive ist der oe24.at-Artikel archiviert; gesichtet und heruntergeladen am 09.03.2017: https://web.archive.org/web/20170217155300/www.oe24.at/welt/Geimpfte-Kinder-fangen-an-zu-Masturbieren/269529701

Informationsseite zum Thema Impfungen samt Antworten auf die Argumente der Impf-gegner der Website des deutschen Robert-Koch-Institutes, Stand 22.04.2016, gesichtet und heruntergeladen am 09.03.2017: www.rki.de/DE/Content/Infekt/Impfen/Bedeutung/ Schutzimpfungen_20_Einwaende.html

Was Scheidungen mit Margarine zu tun haben – *Seite 209*
Scheidungsstatistik von CDC, Centers for Disease Control and Prevention, »Divorce rates by State: 1990, 1995, and 1999–2014«, gesichtet und heruntergeladen am 30.10.2016: www.cdc.gov/nchs/data/dvs/state_divorce_rates_90_95_and_99-14.pdf

Ehestatistik von CDC, Centers for Disease Control and Prevention/NCHS, National Vital Statistics System, State Marriage Rates 1990, 1995 and 1999–2014, gesichten und herunter-geladen am 30.10.2016: www.cdc.gov/nchs/data/dvs/state_marriage_rates_90_95_and_ 99-14.pdf

Der Vergleich stammt von Tyler Vigens Website »Spurious Correlations«, gesichtet und her-untergeladen am 30.10.2016: http://tylervigen.com/spurious-correlations

Der Konsum von Butter und Margarine in den USA, USDA (US-Department of Agriculture),
  Food Availability Data; gesichtet und heruntergeladen am 30.10.2016: www.ers.usda.gov/
  webdocs/charts/july16_finding_bentley_fig01png/july16_finding_bentley_fig01.png
Washington-Post-Artikel vom 17.06.2014, gesichtet und heruntergeladen am 30.10.2016:
  https://www.washingtonpost.com/news/wonk/wp/2014/06/17/the-generational-battle-of-
  butter-vs-margarine/
USDA (US-Department of Agriculture), Butter and Margarine Availability Over the Last
  Century, gesichtet und heruntergeladen am 30.10.2016: www.ers.usda.gov/amber-waves/
  2016/july/butter-and-margarine-availability-over-the-last-century/
Portland Press Herald vom 25.08.2011, gesichtet und heruntergeladen am 30.10.2016:
  www.pressherald.com/2011/08/25/maine-divorce-rate-census/
Tyler Vigen: Spurious Correlations. Hachette Books, New York 2015

Faktastische Frauen – *Seite 211*
»Faktastisch«-Video »12 schräge Fakten über Frauen«, gesichtet am 02. 07. 2017:
  http://faktastisch.net/video/12-schraege-fakten-ueber-frauen
Telegraph-Artikel vom 09.07.2009 über die Matalan-Umfrage, gesichtet und heruntergeladen
  am 15.11.2016: www.telegraph.co.uk/news/uknews/5783991/Women-spend-nearly-one-
  year-deciding-what-to-wear.html
Offenbar der Blogpost einer Agenturmeldung, die ich sonst nirgendwo gefunden habe, außer
  auf drei, vier anderen Blogs. Hier (ausgerechnet) auf der Seite GoFeminin vom 07.05.2008,
  gesichtet und heruntergeladen am 15.11.2016: http://liebe.gofeminin.de/forum/menschen-
  ohne-katalysator-im-abgastest-frauenfurze-riechen-deftiger-fd190524
Independent-Artikel vom 04.08.1998, in dem die Studie erwähnt wird, gesichtet und
  heruntergeladen am 15.11.2016: www.independent.co.uk/arts-entertainment/health-
  having-a-gas-in-the-lab-1169545.html
Salon.com-Artikel vom 24.02.2000, in dem der Furz-Forscher interviewt wurde – und sehr
  seriös wirkt, gesichtet und heruntergeladen am 15.11.2016: www.salon.com/2000/02/24/
  farts/

Die wirklich wahre Wahrheit über 9/11 – *Seite 213*
Google-Suchtrefferseite zu »The truth about 9/11«, gesichtet und heruntergeladen am
  28.11.2016: https://www.google.at/?gfe_rd=cr&ei=muc7WMfsH4Xe8gfUijg&gws_rd=
  ssl#q=%22The+truth+about+9%2F11%22
Google-Suchtrefferseite zu »The truth behind 9/11«, gesichtet und heruntergeladen am
  28.11.2016: https://www.google.at/?gfe_rd=cr&ei=muc7WMfsH4Xe8gfUijg&gws_rd=
  ssl#q=%22The+truth+behind+9%2F11%22
URL der YouTube-Seite mit dem Video, aus dem das Eingangszitat stammt, hochgeladen
  von User Construuct am 08.08.2012 unter dem Titel »THE REAL 9/11 TRUTH – NO
  PLANES USED Part 1 of 2 .mp4«, gesichtet (nicht heruntergeladen) am 28.11.2016:
  https://www.youtube.com/watch?v=YQHD4trjCoo
Infos über David Robert Grimes von Wikipedia, gegengecheckt bei *The Guardian* (ob er
  wirklich für sie schreibt), heruntergeladen und gesichtet am 28.11.2016:
  https://en.wikipedia.org/wiki/David_Robert_Grimes

Blogeintrag bei »Little Atoms« von Martin Robbins mit Kritik an Grimes' Methode, gesichtet und heruntergeladen am 28.11.2016: http://littleatoms.com/david-grimes-conspiracy-theory-maths

David Robert Grimes' Studie »On the Viability of Conspiratorial Beliefs«, veröffentlicht von PLOS one am 26.01.2016, heruntergeladen und gesichtet am 28.11.2016: http://journals.plos.org/plosone/article/file?id=10.1371/journal.pone.0147905&type=printable

Wikipedia – Blindes Vertrauen bringt oftmals Schmerz – *Seite 215*

Liste der Wikipedia-Hoaxes mit Stand 10.12.2016, gesichtet und heruntergeladen am 10.12.2016: https://en.wikipedia.org/wiki/Wikipedia:List_of_hoaxes_on_Wikipedia

Spiegel-Artikel über Wikipedia-Hoaxes vom 29.05.2013, gesichtet und heruntergeladen am 10.12.2016: www.spiegel.de/fotostrecke/wikipedia-hoaxes-schwindel-in-der-online-enzyklopaedie-fotostrecke-110348-4.html

Sternderl schauen bei Amazon – *Seite 217*

The Wirecutter ist ein Medium für Produktbesprechungen, das der *New-York-Times*-Gruppe gehört. Aus ihrem Artikel vom 13.05.2016 weiß ich von fakespot.com; gesichtet und heruntergeladen am 12.12.2016: http://thewirecutter.com/blog/lets-talk-about-amazon-reviews/

Die fakespot.com-Analyse des Physiotherapieprodukts, durchgeführt am 12.12.2016, gesichtet und heruntergeladen am 12.12.2016: http://fakespot.com/product/massage-ball-peanut-lacrosse-ball-ideally-suited-for-myofascial-release-trigger-point-therapy-and-deep-tissue-massage-best-mobility-ball-for-crossfit-and-yoga-lifetime-guarantee

Die Amazon-Seite für das Physiotherapieprodukt, gesichtet und heruntergeladen (in ein Word-File kopiert, ließ sich nicht anders herunterladen) am 12.12.2016: https://www.amazon.com/Peanut-Lacrosse-Ball-Massage-Myofascial/dp/B016V5JEJA/ref=sr_1_2?ie=UTF8&qid=1481572450&sr=8-2-spons&keywords=peanut+ball&psc=1

WISSENSDURST UND BILDERRAUSCH

Die ersten Statistiker – *Seite 221*

Wikipedia, unter Berufung auf untenstehende Bücher, gesichtet und heruntergeladen am 07.03.2017: https://de.wikipedia.org/wiki/Frankokantabrische_H%C3%B6hlenkunst

Wikipedia, gesichtet und heruntergeladen am 07.03.2017: https://de.wikipedia.org/wiki/H%C3%B6hlenmalerei

»Wer malte die rote Scheibe?« – Artikel in der *Süddeutschen Zeitung* vom 15.06.2012, gesichtet und heruntergeladen am 07.03.2017: www.sueddeutsche.de/wissen/aelteste-hoehlenmalerei-der-welt-entdeckt-wer-malte-die-rote-scheibe-1.1383640

»Älteste Kunst der Welt entdeckt« – Artikel in der *Süddeutschen Zeitung* vom 15.05.2012, gesichtet und heruntergeladen am 07.03.2017: www.sueddeutsche.de/wissen/hoehlenmalerei-aelteste-kunst-der-welt-entdeckt-1.1357840

André Leroi-Gourhan: Prähistorische Kunst. Die Ursprünge der Kunst in Europa. Herder, Freiburg 1975

Michel Lorblanchet: Höhlenmalerei. Ein Handbuch. Jan Thorbecke Verlag, Stuttgart 2001
Plus eine einordnende Quelle: Lexikon der Weltgeschichte. Gondrom, Bindlach 1985,
    Stichwort »Eiszeitkunst«, S. 368

Was das alles kostet seit 1201 – *Seite 223*
GESIS – Historische Datenbank, Statistik der Weizenpreise, gesichtet und heruntergeladen
    am 14.04.2017: www.gesis.org/histat/de/table/details/74E345926CC58A47944EE256
    EC21B7AD

Der Held – *Seite 225*
Günther Sandner: Otto Neurath. Eine politische Biographie. Paul Zsolnay Verlag, Wien 2014
science.ORF.at-Artikel über Otto Neurath vom 01.06.2015, gesichtet und heruntergeladen
    am 10.12.2016: http://sciencev2.orf.at/stories/1759397/index.html
science.ORF.at-Artikel über Otto Neurath vom 20.3.2014, gesichtet und heruntergeladen
    am 10.12.2016: http://sciencev2.orf.at/stories/1735302/index.html
science.ORF.at-Artikel über Otto Neurath vom 06.11.2016, gesichtet und heruntergeladen
    am 10.12.2016: http://science.orf.at/stories/2806874

Die Enzyklopädie der Kompromisse – *Seite 227*
Studie von Shane Greenstein und Feng Zhu von der Harvard Business School aus dem
    Jahr 2012, gesichtet und heruntergeladen am 29.11.2016: www.hbs.edu/faculty/Publication
    %20Files/15-023_e044cf50-f621-4759-a827-e9a3bf8920c0.pdf
Infos über die Anzahl der Artikel bei Wikipedia von Wikipedia selbst, gesichtet und herunter-
    geladen am 29.11.2016: https://de.wikipedia.org/wiki/Wikipedia#cite_note-143

Was die Menschen wirklich interessiert – *Seite 229*
Wikipedia-Top-25 Mai 2016, gesichtet und heruntergeladen am 29.11.2016:
    https://en.wikipedia.org/wiki/Wikipedia:Top_25_Report/May_15_to_21,_2016
Wikipedia-Top-25 November 2016, gesichtet und heruntergeladen am 29.11.2016:
    https://en.wikipedia.org/wiki/Wikipedia:Top_25_Report
Wikipedia-Top-25 2016, gesichtet und heruntergeladen am 07.05.2017:
    https://blog.wikimedia.org/2017/01/05/wikipedia-most-read-2016/

Eine Generation ohne Bullshit-Barometer – *Seite 231*
Aufmerksam geworden durch die in der ORF.at-Redaktion herumgemailte Story des Tech-
    News-Channels t3n vom 23.11.2016, gesichtet und heruntergeladen am 26.11.2016:
    http://t3n.de/news/news-werbung-internet-unterscheiden-jugendliche-769460/
Die Stanford-Studie »Evaluating Information: The Cornerstone of Civic Online Reasoning«,
    2016, gesichtet und heruntergeladen am 26.11.2016: https://sheg.stanford.edu/upload/
    V3LessonPlans/Executive%20Summary%2011.21.16.pdf
Die Ofcom-Studie (britische Medienaufsichtsbehörde) vom November 2015, »Children and
    Parents: Media Use and Attitudes Report«, gesichtet und heruntergeladen am 26.11.2016:
    https://www.ofcom.org.uk/__data/assets/pdf_file/0024/78513/childrens_parents_
    nov2015.pdf

Die OECD-Studie Students, »Computers and Learning – Making the Connection« vom
15.11.2015, gesichtet und heruntergeladen am 26.11.2016: www.oecd-ilibrary.org/docserver/
download/9815021e.pdf?expires=1480162054&id=id&accname=guest&checksum=
1C14E6B0254975A5274F4801DFDF6E63

Ist Demokratie Jugendlichen egal? – *Seite 233*
Washington-Post-Artikel vom 05.12.2016, gesichtet und heruntergeladen am 13.12.2016:
https://www.washingtonpost.com/news/monkey-cage/wp/2016/12/05/that-viral-graph-
about-millennials-declining-support-for-democracy-its-very-misleading/?postshare=
3811480973569859&tid=ss_tw&utm_term=.4784e6a41e6e
New-York-Times-Artikel vom 29.11.2016, gesichtet und heruntergeladen am 13.12.2016:
www.nytimes.com/2016/11/29/world/americas/western-liberal-democracy.html?_r=1
Website der World Values Survey, wo man sich Einzeldaten auswerfen lassen kann:
www.worldvaluessurvey.org/wvs.jsp
Artikel von Yascha Mounk vom Juni 2016, in dem er seine These erläutert, gesichtet und
heruntergeladen am 13.12.2016: www.journalofdemocracy.org/sites/default/files/
Foa%26Mounk-27-3.pdf

Wenn die Filterblase platzt – *Seite 235*
»Filter Bubbles, Echo Chambers, News Consumption«, Studie von Seth Flaxman, Sharad
Goel und Justin M. Rao (»Public Opinion Quarterly«, 04.04.2016), gesichtet und heruntergeladen am 10.12.2016: https://5harad.com/papers/bubbles.pdf
Report des Pew Research Center vom 21.10.2014, gesichtet und heruntergeladen am
10.12.2016: www.journalism.org/interactives/media-polarization/table/trust/
Süddeutsche-Zeitung-Artikel über Filterblasen – der allerdings auch eine Facebook-freund-
liche Studie zitiert, die von Facebook-Mitarbeitern gemacht wurde, ohne dies auszuweisen, vom 28.11.2016, gesichtet und heruntergeladen am 10.12.2016: www.sueddeutsche.
de/wissen/erkenntnistheorie-der-mythos-von-der-filterblase-1.3254772

Wie Big Data zu Big Brother wurde – *Seite 237*
Artikel von *Das Magazin* vom 03.12.2016, gesichtet und heruntergeladen am 13.12.2016:
https://www.dasmagazin.ch/2016/12/03/ich-habe-nur-gezeigt-dass-es-die-bombe-gibt/
Artikel der *Neuen Zürcher Zeitung* vom 09.12.2016, gesichtet und heruntergeladen am
13.12.2016: www.nzz.ch/digital/aktuelle-themen/cambridge-analytica-und-trump-drei-
antworten-auf-die-bombe-ld.133763

Der Mordstadtplan von L.A. – *Seite 239*
»The Homicide Report«, *Los Angeles Times* online, gesichtet und heruntergeladen am
12.11.2016: http://homicide.latimes.com/
David Simon: Homicide. Ein Jahr auf mörderischen Straßen. Kunstmann, München 1991/2006

Eine sternklare Nacht über dem Datenozean – *Seite 241*
Quellen: Eigentlich keine – das ist meine eigene Vergangenheit. Aber Links: rhizome.org –
https://en.wikipedia.org/wiki/Rhizome_(organization) – www.marktribe.net/starrynight/

Danksagung

Mein Dank gilt zuallererst meiner Frau Birgit Hadler, die es mir ermöglicht hat, neben meinem Ohnehin-schon-fünfzig-Stunden-Job sechs Monate lang end-gültig abzutauchen. Vielen Dank ihr und meinen Söhnen Jonas und Jan auch dafür, mir als Erstleser schon während der Entstehung des Buches entschei-dende Hinweise gegeben zu haben. Ohne Euer Feedback wäre gar nichts ge-gangen! Herzlichen Dank gilt den Redaktionen von ORF.at und science.ORF. at – die ich hier jedoch nicht in Geiselhaft nehmen will. Was auch immer an diesem Buch falsch oder seltsam sein sollte, die Kolleginnen und Kollegen ha-ben nichts damit zu tun; jedoch ist meine Mailbox mit ihren Rundmails mein wichtigstes Medium, und auf zahlreiche der Statistiken und verwendeten Arti-kel wurde ich auf diesem Weg aufmerksam. Besonderer Dank gilt Datenjour-nalismus-Experten Günter Hack, der mir entscheidende Hinweise gegeben hat. Ein großes Dankeschön an meinen lieben Freund Thomas Unger fürs Vor-Lek-torieren, damit ich mich beim Verlag nicht blamiere. Und, allen voran: Ein rie-sengroßes Dankeschön an das Team des Deuticke-Verlages und ihre Kollegen bei Zsolnay und Hanser, besonders »meiner« Lektorin Bettina Wörgötter. Das Buch war Eure Idee – Ihr habt in jeder Phase seiner Entstehung an den Erfolg geglaubt und selbst mein monatelanges Gezicke bei der Titelfindung ertragen. An Stefan Rauter: Wenn ich es mir leisten könnte, würde ich Dir sämtliche Gra-fiken zum Buch abkaufen und damit ein Museum ausstatten. Du bist der Beste! Herzlichen Dank auch an Max Schröder fürs Nachrechnen und an Christian Gratzer vom Verkehrsclub Österreich (VCÖ) fürs Aushelfen mit validen Daten zu den Texten über Mobilität. Schließlich noch ein Dank an meine Mutter, die mit sieben Geschwistern im härtesten Kiez von Wien-Margareten aufwuchs – und mir als bibliophile Bibliothekarin und Buchhändlerin beigebracht hat, dass Lesen so wichtig wie Atmen ist.

Don't Panic!
So long, and thanks for all the fish.

Aus dem
Hitchhiker's Guide to the Galaxy
von Douglas Adams